狭い部屋でも 快適 に暮らすための

家具配置のルール

一級建築士
しかまのりこ

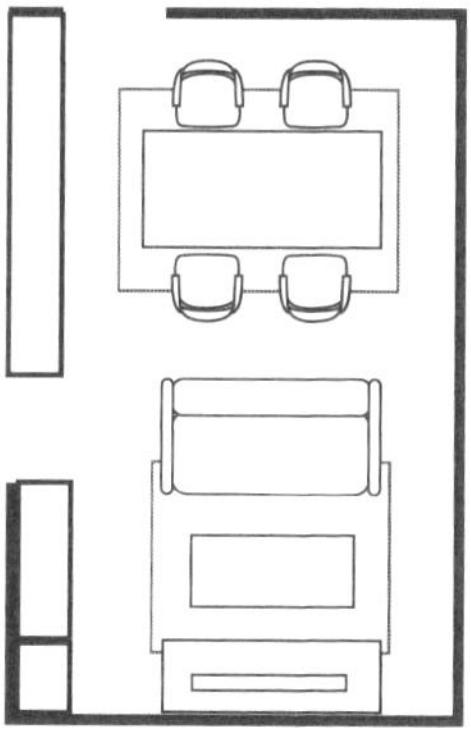

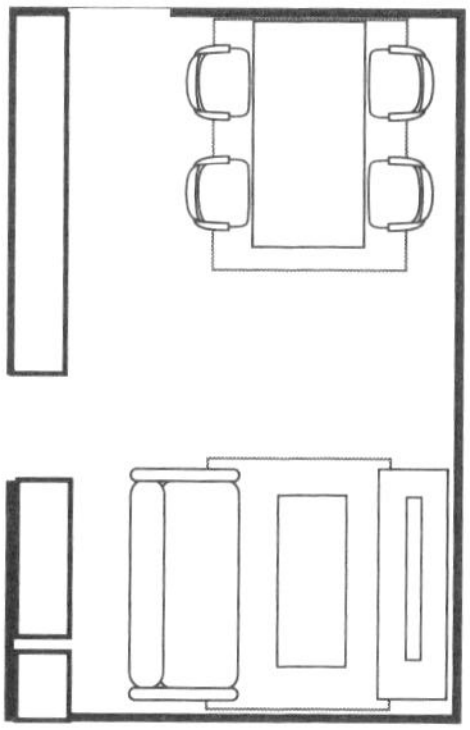

彩図社

はじめに

リビング崩壊の現状

あなたの家では次のようなことが起こっていませんか？

・ダイニングテーブルやキッチンカウンターの上に物が散乱している
・ソファが物置状態になっている
・床に脱いだ洋服やカバンが散らかっている

物であふれ、「くつろぐ場」というリビングの本来の機能が失われてしまっている状態です。私はこのような状態を**〝リビング崩壊〟**と呼んでいます。

忙しすぎて丁寧に片付ける気力が失われているという場合に、リビング崩壊は起こりがちですが、とくに起きやすいのは子育て世代の方々です。子供が生まれると、物が増え、それまでは片付け上手であった人も、片付けが上手くできなくなり、最も多く人が集まるリビングにそのしわ寄せがくるのです。

イライラする部屋の原因は家具配置！

私は一級建築士兼模様替え作家として、この20年間で約5000件以上の新築および中古住宅の設計や検査、内装や模様替えにかかわってきました。家具の配置、つまり家具レイアウトで悩む人は多く、日々の業務の中で、たくさんの人から相談があります。

中でも多い相談は、部屋にいるとイライラしてくつろげない、家が好きになれない、家を片付けられない、という悩みです。先ほどのリビング崩壊の悩みもこの中に含まれます。

なぜ、居心地の悪い部屋になってしまうのでしょうか？

部屋が狭いからでしょうか？　物が多いからでしょうか？

そうではありません。**部屋の居心地が悪いのは、間違った家具レイアウトや収納をしているから**です。正しくない家具レイアウトをしているから、家が片付かず、物があふれてイライラしてしまうのです。

ちなみに、物を減らせば家が快適になる、と思っている方がいらっしゃいますが、そうとも言い切れません。

「断捨離をしてものが減ったけれど、住み心地が悪く、あまり変わらない。何とか暮らしやすくできないものか？」と、ご相談に来る人が増えています。

「物が減っても住み心地が悪い」ということは、家が快適でない原因は、「部屋が狭いから」という理由だけではなく、間違った家具レイアウトによることが多いということです。

家具のレイアウトは、本来は難しいもの

ところで、なぜ私たちは間違った家具レイアウトをしてしまうのでしょうか？

それは、家具をレイアウトする場合、「キッチンの前にはダイニングテーブル」、「ソファのそばにはテレビ」、などといったように**一般的な固定観念に沿ってレイアウトしてしまっている**からです。

しかし、暮らしやすい部屋を造るためには、部屋の形や、窓や扉、柱、梁、コンセントやテレビアンテナの位置などの細部を加味した、自分の部屋に合ったレイアウトを考える必要があります。

さらに、家族構成やライフスタイル、目に見えない動線（人が動く空間）も考えなければなりません。

こう聞くと難しそうに感じられるかもしれませんが、大丈夫です。

本書では動線の考え方や間取り図からは見えない部屋の細部に合わせた家具レイアウトのコツを、第1章と第2章でたくさん紹介しています。これらのコツを知って家具レイアウトを行なえば、きっと、快適で大好きな部屋になることでしょう。

収納家具の正しい選定と正しい配置が重要

また、私たちの収納に対する意識にも、部屋が片付かなくなる原因があります。

その1つが、収納家具に対するものです。

私たちは、収納家具を買えば、部屋が片付くと思いがちです。そのため、手軽に購入できる100均の収納グッズや、安価なカラーボックスを安易に購入しがちです。

しかし、**収納グッズや家具の選定は、収納するものに合ったサイズのものを、どこにレイアウトするかなど、計画的に選ぶことが必要**になります。この選定をきちんとせずに、

手近な100均収納やカラーボックスなどで安易に済ませようとすると、収納したいものが家具に納まらず、片付かないばかりか、収納家具がかえって邪魔になり、ますます狭く動きにくい部屋になってしまうのです。

そのため、家具のレイアウトに加えて収納家具の選定も、部屋の居心地の良さを決める重要なポイントとなります。

この点については第3章で紹介しますので、まずは家具レイアウトの変更をしてみて、余力があればぜひ検討してみてください。

本書によって正しい家具レイアウトを身に付けていただき、リビング崩壊を起こさない、快適に暮らせる部屋づくりを行なっていただければと願っております。

〈今すぐチェック！〉

あなたは"リビング崩壊症候群"になりやすい？

収納力

①キッチンカウンターの上に、時計や携帯、ハンカチ、アクセサリーなどを置いている

②ソファの上に、上着などの洋服やバッグを置いている

③子どものおもちゃがリビングに散らかったままである

④ダイニングテーブルの上が、物置状態になりやすい

空間力

⑤インテリアや家具を衝動買いしやすい

⑥使わないまま、いつか使うと思って、とってある家具がある

⑦部屋に置いてある家具の高さがバラバラである

⑧洗濯機やトイレの上に使われていないデッドスペースがある

動線力

⑨ベッドやソファなどの家具で、バルコニーや庭への出入り口をふさいでしまっている

⑩ソファやダイニングテーブルに足をぶつけることが多い

⑪冬は寒いので、給気口を閉じてしまうことが多い

⑫家具は、壁に沿わせるか、部屋の真ん中に置くことが多い

上記のチェックリストは、家具レイアウトに必要な収納力・空間力・動線力を確かめるものです。①～④までは収納力、⑤～⑧までは空間力、⑨～⑫までは動線力をチェックする内容になっています。

各項目とも、チェックが１個以上当てはまるなら“リビング崩壊症候群”の可能性があります。本書を読んで、正しい家具レイアウトを実践してみてください。

\Report/

家具レイアウトで部屋を変えた人の嬉しい声

捨てても片付けても、単にものが少ない部屋になるだけで、楽しみのない気に入るところのない部屋でしたが、家が好きになりました。

（30代 女性）

家具の配置に困り、どうにも不便で生活しづらい、暮らしづらい状態でした。家具のレイアウトを変えただけで、部屋がおしゃれに広くなり、今、すごくわくわくしています。　（40代 女性）

どこか諦めのようになっていたリビングでしたが、家族で目標となるプランが明確になったことで、夫もまたどうにかしたいという気持ちがわきあがってきたようでした。週末の家族会議で、模様替えを進めていきたいと思います。

（40代 女性）

夫や娘の協力を得ながら、模様替えを実践したところ、見慣れた我が家が素敵に暮らしやすく生まれ変わりました。
(30代 女性)

性別が違う兄弟の為、間取りに限界を感じながら住んでいましたが、数年先の変化も見越した模様替えを実践できたことで、不安が楽しみに変わりました。
(40代 女性)

狭いと思っていたリビング・ダイニングが意外に広くスッキリとして見え、驚きました!(30代 男性)

現在の家具の配置に納得できていませんでしたが、どうするのがおしゃれで生活しやすいのか…答えを出すことができました。
(40代 男性)

LDKがとにかく使いづらく、料理・食事・移動・育児と何をするにも不便でストレスフル、全然くつろげないだけでなく、幼児には危険がいっぱいだし片付かない・・・といった現状から、安全で快適なLDKに変わりました。　(30代 女性)

今までの自分たちでは思いつかない家具の配置を経験して、部屋をとても狭く使っていたことに気がつきました。(40代 女性)

Contents

Step1
部屋が広く見える 家具配置のルール

Step2 リビングが片付く 家具配置のルール

Contents

Step4
悩みを解決するための家具配置

Contents

Step 1

部屋が広く見える 家具配置のルール

ルール1

間取り図からは分からない、部屋のほんとうの広さを知る

部屋の中には、目に見えない「動線」がある

「部屋が狭く、動きにくい」という悩みを訴えて、私の元へ相談に来られる方の多くが、リビング・ダイニングが10畳程度の間取りにお住まいです。確かに、決して広くはありませんが、狭すぎるというほどでもない広さの部屋で暮らしています。

ではなぜ、狭いと感じてしまうのか。それは家具のサイズが合っていないのかもしれません。

部屋の広さを考えて購入したはずの家具なのに、なぜか部屋が狭く感じられてしまう、ということはありませんか?

引っ越しや住宅購入などで、入居する部屋の広さを考えるときは、間取り図を見ること

が多いと思います。その間取り図には、「LD○○畳」などの情報が記載されており、その部屋の広さを知った上で、もしくは実際に部屋を見てその空間的広さを目で確認されてから新居に移られる方がほとんどでしょう。

しかし、確認して準備したはずの家具をレイアウトしたら、想定よりもだいぶ狭くなってしまった、ということはよく起こります。この現象はなぜ起きてしまうのでしょうか？

それは、**「動線」部分を考慮していない**からです。

「動線」とは、人が部屋の中で動くラインのことで、目には見えない空間です。多くの方は、この動線を意識した家具レイアウトを行なっていません。そのため、部屋の広さを考えて家具を購入したのに、家具が大きすぎて部屋が狭くなったり、または動きにくいという問題が生じてしまうのです。

動線の基本的な考え方は、ドアからドア

ところで、「動線」はどこにあると考えれば良いのでしょうか？

基本的には部屋と部屋の移動のライン、つまりドアとドアを最短距離で結んだ線が効率

的な「動線」になります。また室内から、お庭やバルコニーなど、外部への出入りになる掃き出し窓を結んだラインも「動線」です。多くの作業をするキッチンの場合、料理や食材・食器の出し入れなどの作業をする家具をつなぐラインも「動線」の１つです。

ただし、必ずしもすべてのドアとドア、掃き出し窓をつなぐ必要はありません。例えばリビングから庭に出る掃き出し窓※が２か所ある場合、理想的にはそれぞれの窓に向かう動線を確保するべきです。しかし、どちらも庭に出るという同じ機能の動線ですので、どちらかの動線だけにしてしまっても良いのです。

動線の幅は、その人の体格にもよりますが、人が１人で動く場合は60～70センチ以上、２人ですれ違う場合は約１１０～１２０センチ程度必要です。また、リビングセットやダイニングセットなど、家具の周囲にも最低でも60センチ程度の動線が必要です。

ですので、とくに狭い部屋では、**同じ機能を持つ複数の動線は１本にまとめてしまう**など、必要最小限にすることが、部屋を広く使うためには大切です。

動線部分を除いた広さが、家具などを置ける空間

図1－1

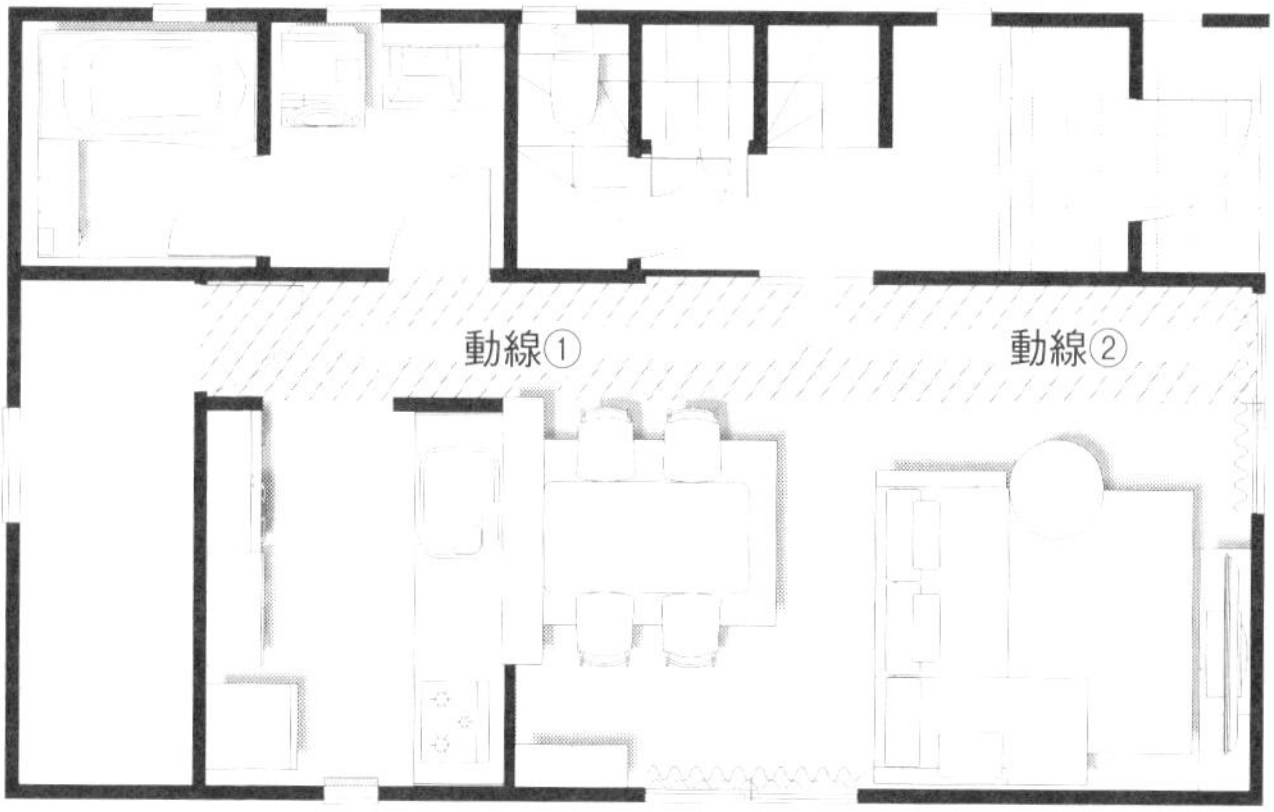

この動線ですが、人の動くラインですので、そのライン上には障害物となる家具などを置くことはできません。つまり、「部屋○○畳」と間取り図に記載されていても、実際には動線部分を除いた空間にしか、家具などを置くことはできないのです。

それでは、どのようにして、家具などを置くことができる広さを確認するのでしょうか？

実際の間取り図で見てみましょう。

図1－1は「LD12畳」2階建て戸建ての間取り図です。

この間取りの中で、動線を確認します。

まず、動線①のように、廊下からリビング・ダイニングに入りキッチンや収納・洗面室に向かう動線（矢印）が1本あります。

そして動線②のように、廊下からリビング・

ダイニングに入り、庭に出入りする掃き出し窓に向かう動線（矢印）も1本あります。この2本の動線を含む、斜線を引いた「3畳」部分には家具などが置けません。そのため「LD12畳」から動線「3畳」を除いた「9畳」部分（黄色の部分）が、この部屋の家具などが置ける広さになります。

これが間取り図からは読むことのできない、実際の部屋の広さなのです。

このように、**動線の位置や、家具を置くことができる実際の広さを知ることが、インテリアを考えるうえでは、とても大切**になってきます。

では実際に、部屋の動線を確認し、実際の部屋の広さから、適切な家具を選び設置する方法を、解決例1で、詳しく見ていきましょう。

解決例1 **12畳のリビング・ダイニングが、とても動きにくく、狭く感じます**

こちらの部屋は戸建てのLDKです。「12畳のリビング・ダイニングが、とても動きにくく、狭く感じます」というお悩みでした。

図1－2

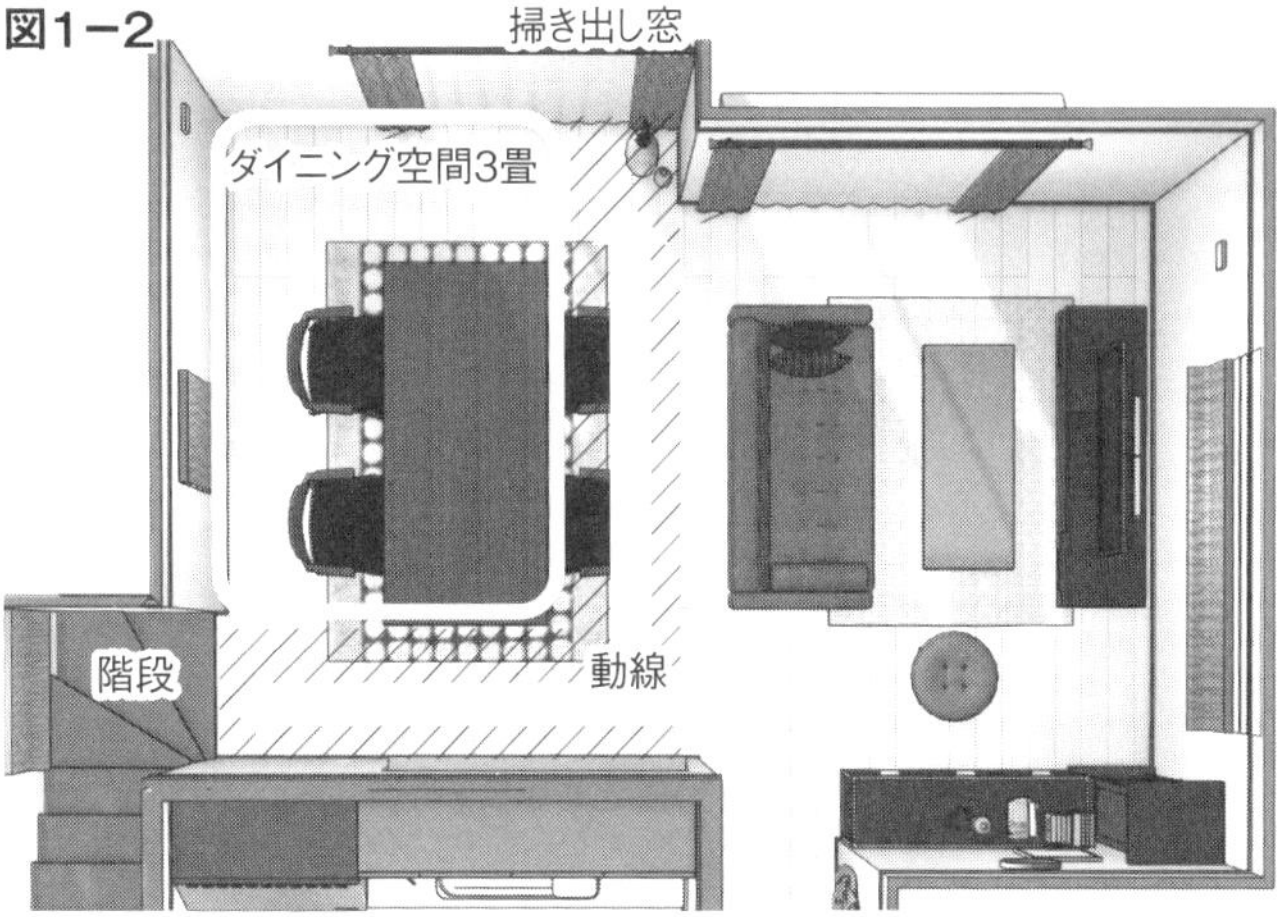

間取り図で見る部屋の広さは、リビング6畳・ダイニング6畳、併せて12畳となっています。

ここで、動線の位置を確認し、実際の部屋の広さを確認してみました。

すると、図1－2のように、間取り図では6畳もあったダイニング空間の中には、階段への動線と庭に出る掃き出し窓への動線が3畳もありました。

そのため、実際のダイニング空間の広さは6畳ではなく、この動線3畳を除いた3畳となります。

その3畳のダイニングに幅190センチ、奥行90センチと、すこし大きめのダイニングテー

図1−3

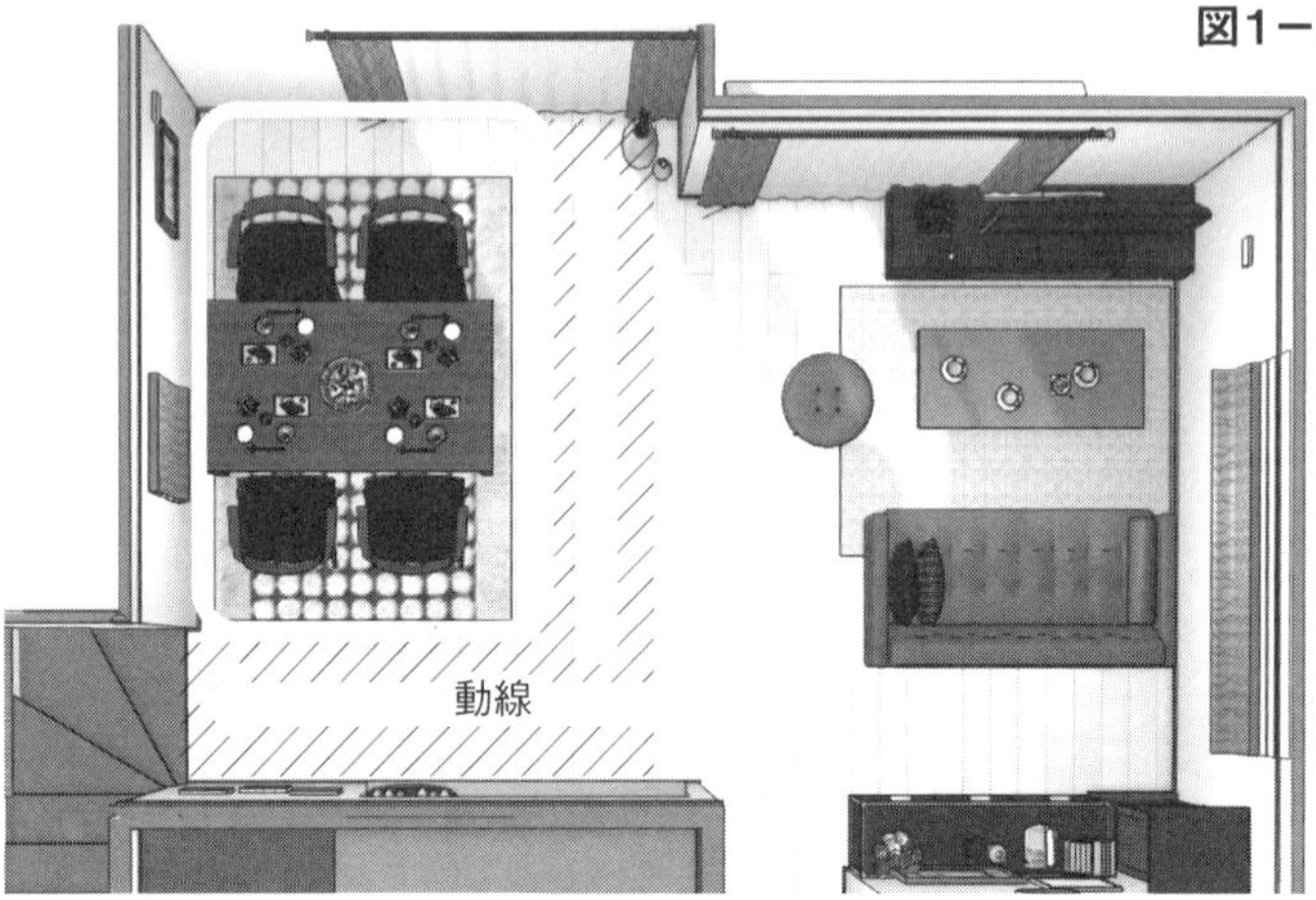

ブルが設置されていたのです。
そのため、部屋内の動線がテーブルや椅子にぶつかり、動きにくく、また空間に圧迫感を抱く部屋になっていました。

そこで部屋を動きやすく広く見せるために、実際は3畳のダイニング空間に納まる家具を、選びなおしました。（図1－3）

まずダイニングテーブルを、幅150センチと1サイズ小さいものにし、動線を避ける位置に設置しました。

また部屋の中央に置かれたソファも、リビング空間に方向を変えてレイアウトし直しました。

部屋に合ったサイズのダイニングテーブルをレイアウトし、スムーズな動線を確保したこと

図1−4

で、動きやすく広い部屋になりました。（図1−4）

間取り図からは読むことのできない実際の部屋の広さを知ることで、適正な家具の配置や選択ができるようになります。

※掃き出し窓：窓の下が床まである背の高い引き戸のこと。庭やバルコニーに面したリビング・寝室などに設けられることが多い。

ルール2

空間分けと余白を意識することで、家具レイアウトの失敗がなくなる

空間を分けることで、レイアウトできる家具のサイズが明確になる

ルール1で、家具をレイアウトする場合には、「動線」を除いた、実際の部屋の広さを知ることが大切というお話をしました。

そして、部屋の広さを知ったうえで、次に大切なことは、**機能による空間分け**です。機能による空間分けとは、つながった1つのリビング・ダイニング空間を、ソファなどを置いてくつろぐためのリビング空間と、食事をするためのダイニング空間に分けることです。

例えば12畳のＬＤＫで動線が3畳だとしたら、まずは動線分の3畳を除き、さらにリビング空間は4・5畳、ダイニング空間は4・5畳というように空間分けをします。（図2－1）

図2−1

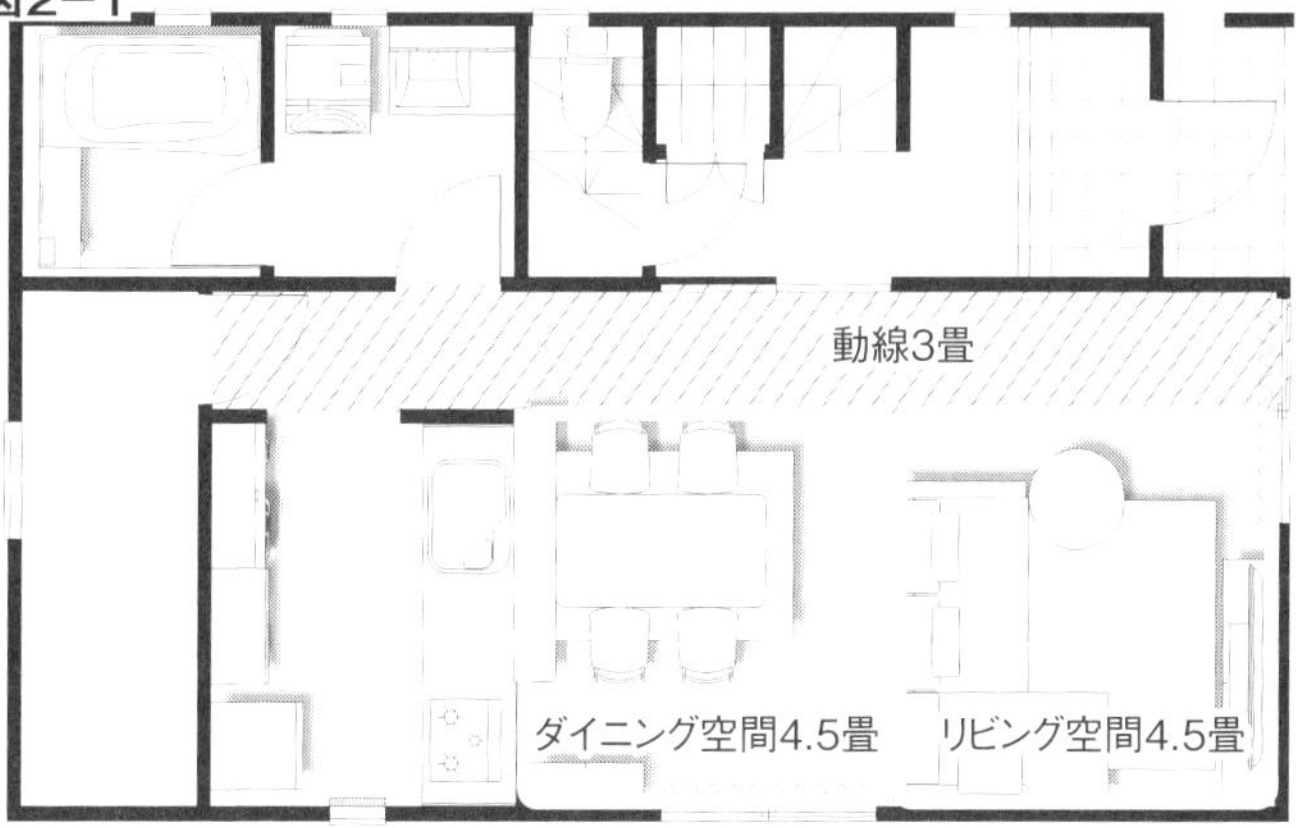

空間には「余白」を造る

空間分けを行ない、動線を確保できれば、置ける家具のサイズもおおむね分かってきます。

しかし、実際にダイニングテーブルやソファを置いてみると、その周辺を移動するための動線も必要であることが分かります。ルール１でも述べましたが、最低60センチは必要です。

この家具周りの動線を除いた分が、実際に家具を置けるスペースとなりますが、部屋を快適にするためには、まだ家具の配置を決めてしまってはいけません。

さらに**「余白」**について考える必要があります。この「余白」とは、よくデザインなどで使われる、物の周りに何もない状態を造ることで、物そのものを引き立てる技法です。

家具レイアウトにおいても、部屋に家具を詰められるだけ詰めるのではなく、ある程度ゆとりの空間を残しておくことが重要です。家具のショールームや住宅展示場などで部屋が広く見えるのは、家具の周りにしっかりと余白があるからなのです。

動線に加えて余白部分を家具の周りに確保しながらレイアウトすれば、動きやすくかつ広く見える部屋が完成します。

例えば、家具や観葉植物・フロアライトなどを並べてレイアウトする場合は、ぴったり並べて置くのではなく、間隔を空けてレイアウトして、空間に余白を持たせます。この余白部分の寸法は、大きすぎると間延びした空間になるため、**10センチ〜30センチ程度**の寸法に納めましょう。

高さ方向に余白を持たせると、圧迫感がなくなり部屋が広く見えます。例えば、同じ横幅奥行の家具でも、背の低いものを使うと圧迫感がなくなります。

狭い部屋の場合は、家具のデザインやサイズに注意して、この余白部分を造ることが大切になってきます。

空間分けを行ない、余白を造ることで、家具のレイアウトがどのように変わるのか、実際の事例で見てみましょう。

解決例2　リビング・ダイニングが狭く、ダイニングとリビングが動きにくい

図2－2（P29）はリビング・ダイニング部分が約10畳の部屋の様子です。都内にてご夫婦とお嬢様2人の4人家族で暮らしていらっしゃいます。

高級感がありシックなダイニングセットは、ショールームで一目ぼれしたそうです。しかし、10畳のリビング・ダイニングに置けるサイズということは確認して購入したものの、実際にレイアウトしてみると「思っていたイメージと違い、リビング・ダイニングが狭く、とくにダイニングとリビングが動きにくい」という不満に悩まされるようになってしまいました。

そこで、間取りを図2－3のように空間分けをして、動線も確認してみました。

ソファやテレビボード、リビングテーブルなどのリビング空間は、動線を確保し、適度

な余白を持たせてレイアウトされています。

しかし、ダイニングテーブルの幅が１８０センチと大きめのため、ダイニング空間の中に納まらず、矢印で表示した幅60センチの動線の部分にはみ出していました。

そのため、リビング・ダイニング周りが狭く「動きづらい」状態になっていました。

また、図２－２のようにダイニングチェアもハイチェアと呼ばれる背が95センチもあるタイプの椅子でした。このハイチェアは背もたれ部分が大きいためゆったり腰かけてくつろげるというメリットはありますが、背が高いため、空間に余白部分がなくなり圧迫感を抱かせてしまいます。

そこで、ダイニング空間に見合ったダイニングテーブル、ダイニングチェアを選びなおすことで、動きやすく広く見えるリビング・ダイニングに変えてみました。

ソファやテレビボード、リビングテーブルなどは問題ないサイズですので、ダイニングセットのみ変更します。

ダイニングテーブルは幅１８０センチでしたが動線部分にはみ出していたため、ワンサイズ小さい幅１６０センチのものに変更しました。４人家族でも十分な大きさです。

テーブルの幅が20センチサイズダウンすることで、図２－５のようにダイニング空間の

図2−2

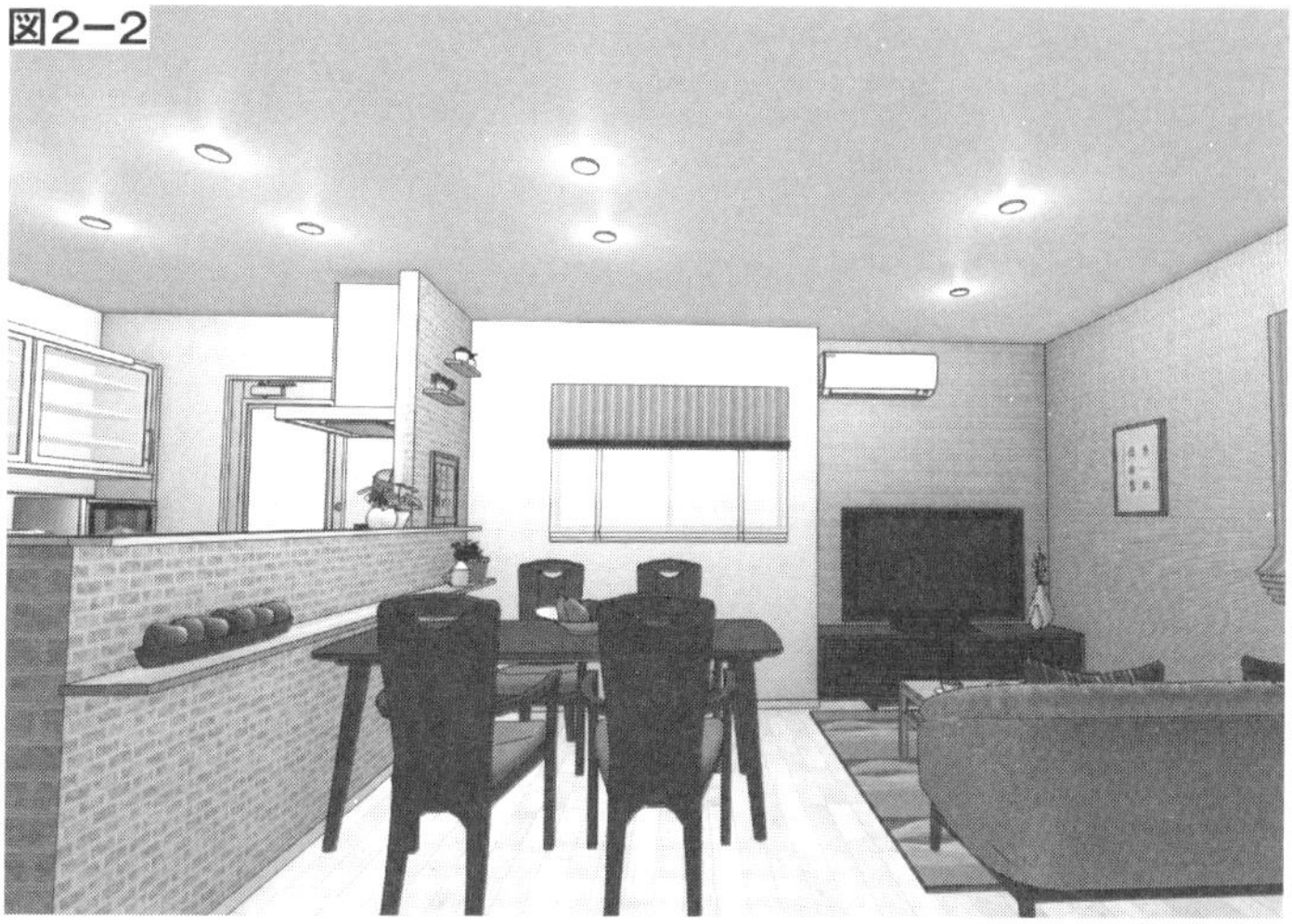

図2−3

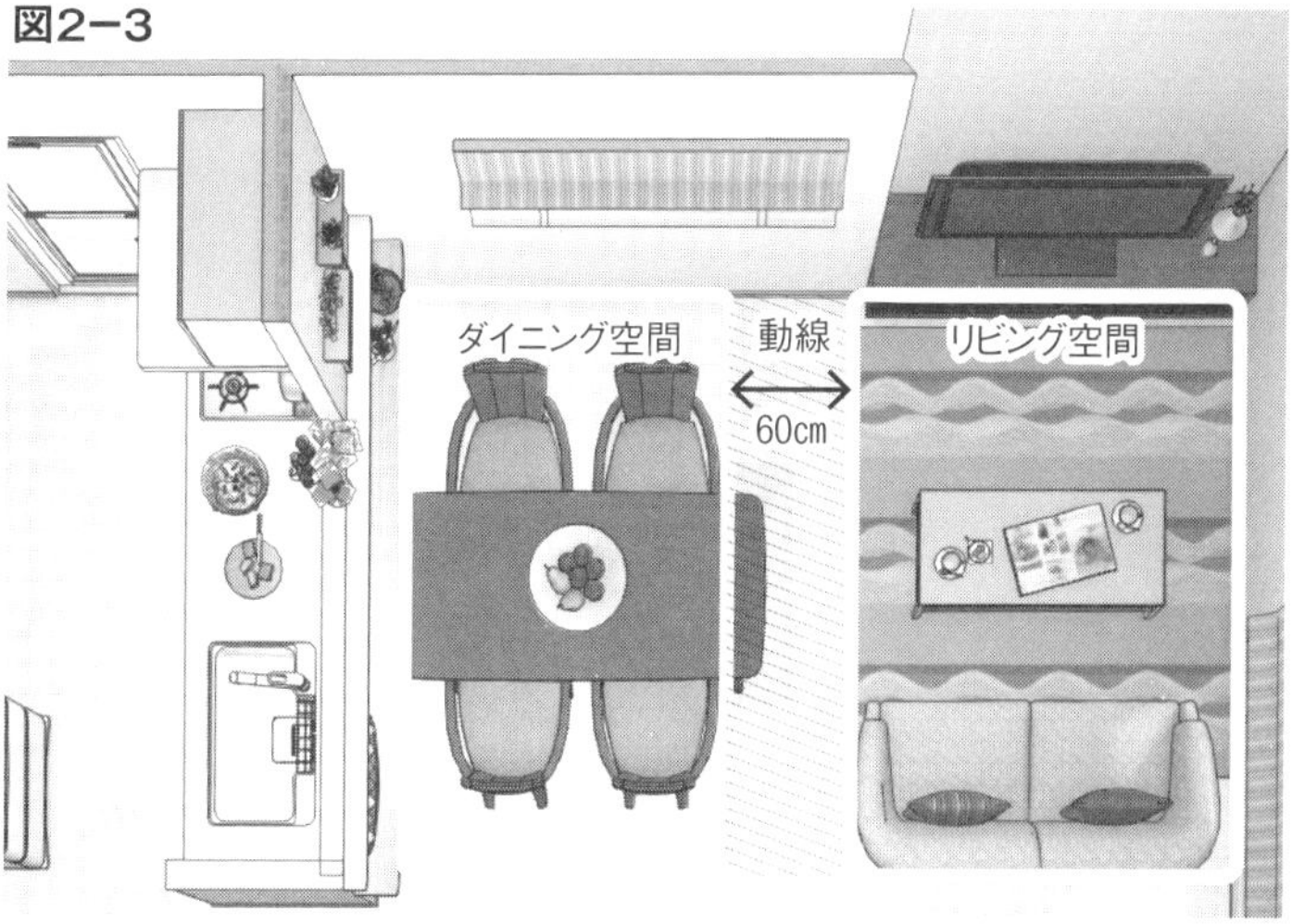

中に納まり、また動線は60センチ確保できました。このことで、狭かったリビング・ダイニング周りが広くなり、動きやすくなりました。

ダイニングチェアは、ハイタイプから背の低いものに変更し、高さ方向の空間に余白を造ることで圧迫感がなくなり、部屋が広く見えます。（図2－4）

このように、部屋の空間分けをして、動線や余白を考えると、部屋のサイズに合った家具をレイアウトすることができ、家具選びの失敗が少なくなります。

図2−4

図2−5

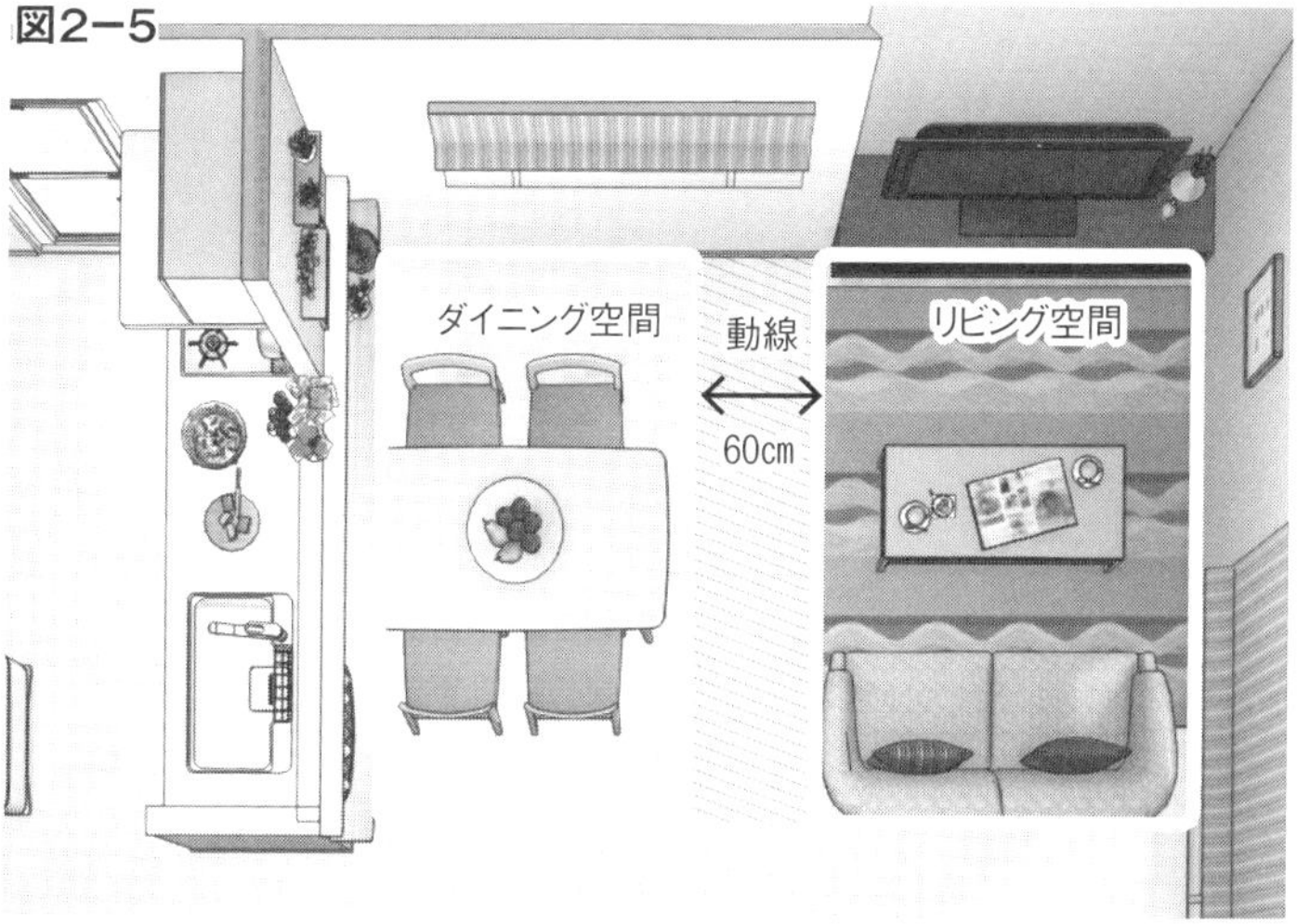

ルール3

部屋の真ん中に、大きめの家具を置かない

部屋の真ん中に、ソファなどの大きめな家具を置く人が多い

部屋が狭く、動きにくいという悩みを訴える方の部屋を拝見してみると、ソファなどの大きめの家具を、部屋の真ん中に置いてしまっている場合が多くありますが、この配置は部屋を広く見せたいなら避けるべきです。

ルール1で「動線」についてお話ししましたが、部屋を移動する際に、動線同士がぶつかったり、または家具などの障害物にぶつかると、当然ですがとても不便です。とくに、広くない部屋の真ん中にソファなどの大きな家具を置くと、部屋の中を移動する動線がソファにぶつかります。

スムーズに部屋を動くためには、毎回、このソファを避けて移動しなくてはなりません。そのため、大変ストレスフルで動きづらい部屋に感じてしまうのです。

しかし、部屋が狭く感じられてしまう原因は、動線だけではありません。
実はもう1つ、大きな原因があるのです。

部屋の真ん中は、視線の抜け感を重視する

部屋に入り、まず目に入る場所は部屋の中心部分です。この中心部分に大きめのソファが置いてあると、視線が自然とそこに集まってしまうため、視覚的に圧迫感を抱いてしまいます。

さらに、部屋のインテリアや窓から広がる風景の印象も薄らいでしまい、ソファの存在感が増し、より圧迫感を抱いてしまうため、実際より部屋が狭く感じてしまうのです。

このことから、部屋を広く見せるには、**部屋の中心部分に、視線の抜け感をもたせることが大切**なのです。

ソファなどの大きめの家具は、壁に寄せるのが基本

このように部屋を動きやすく広く見せるためには、スムーズな動線の確保と、視線の抜

け感が大切になってきます。

そのためには、ソファなどの大きめの家具は、動線がぶつかりやすく、また視界が遮られやすい**部屋の真ん中には置かずに、壁ぎわなど、部屋の端に寄せることが基本**となります。

部屋を動きやすく広く見せるための方法を、解決例3で、詳しく見ていきましょう。

解決例3 思い出のソファを置いていますが、部屋が窮屈に感じます

図3－1は都心マンションのLDKです。「捨てられない思い出のソファを置いていますが、部屋が窮屈に感じます」、というお悩みでした。

リビング・ダイニングの広さ10畳に対し、お持ちのソファが幅190センチ、奥行90センチと、すこし大きめのサイズです。

そのソファを図3－2のようにリビング・ダイニングの真ん中に設置していらっしゃいました。そのため、キッチンやダイニングからリビングに移動する動線が、ソファとぶつ

図3−1

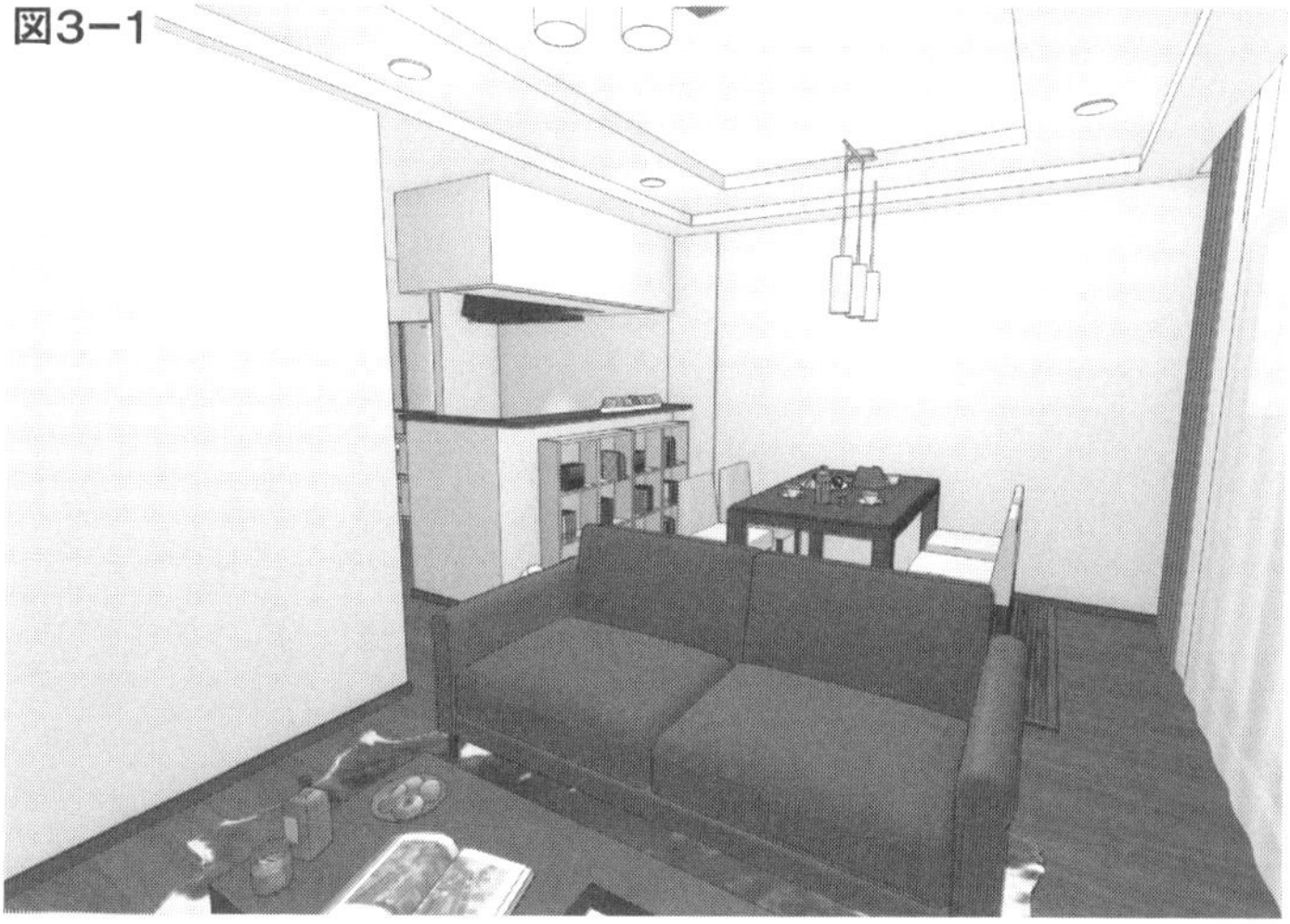

図3−2

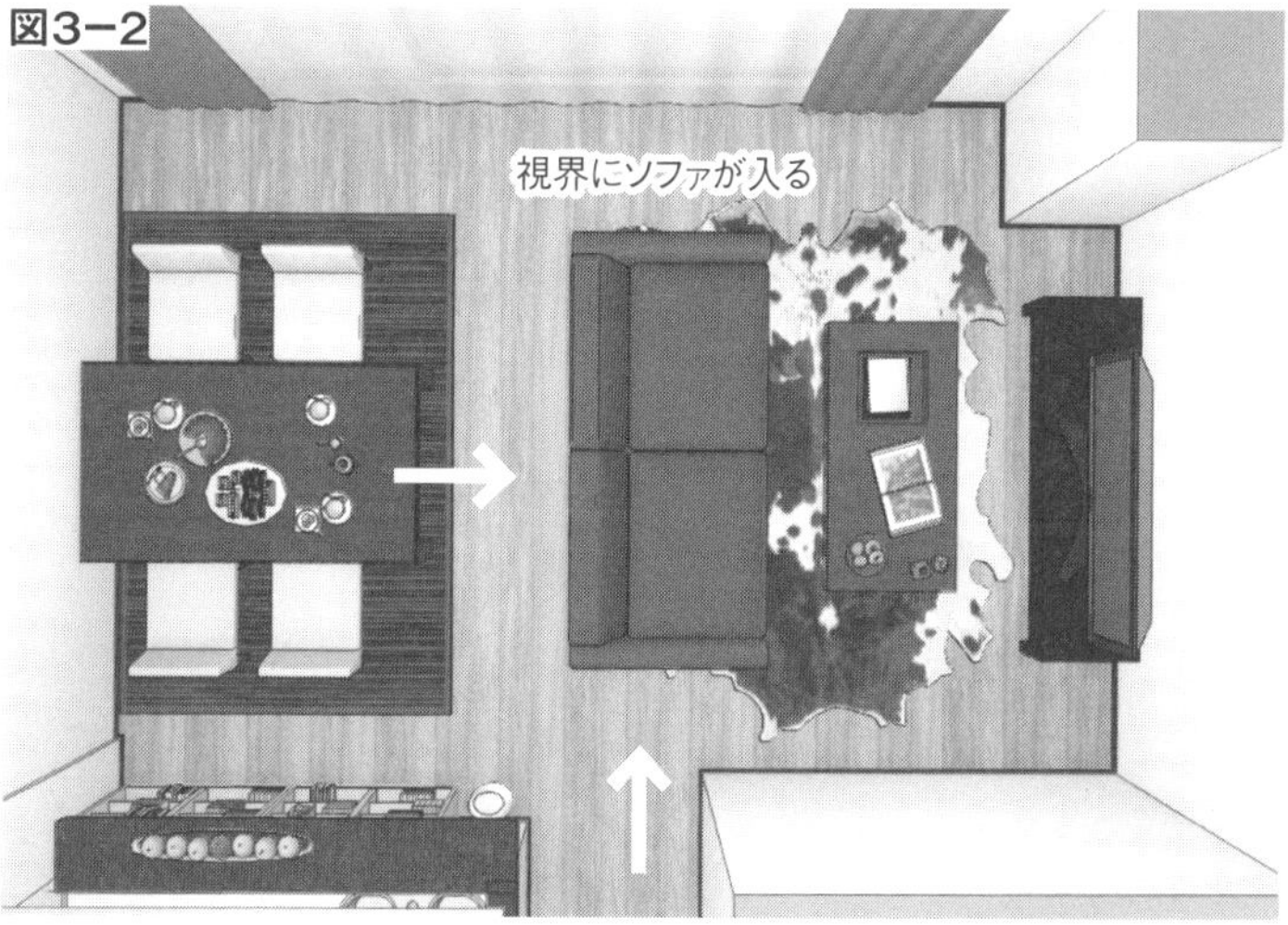

かってしまいます。

部屋の中心にソファがあるため、部屋のどこにいても、まずソファが視界に入ってしまいます。

ソファの存在感・圧迫感が強調されるため、せっかくのインテリアや窓からの景色がぼやけてしまい、部屋が実際より狭く感じられてしまいます。

そこで部屋を広くみせるためにソファの間違ったレイアウトを変更します。

まずソファを部屋の中心から、視線に入りにくく、また動線を遮らない壁面に移動します。

ソファに合わせて、テレビはソファに対して平行に設置しなおします。

ソファにより分断されていたリビングとダイニングが、ソファを壁に寄せたことでスムーズにつながり、動きやすくなりました。

また図3－4のように、部屋の中心部に視界の抜け感ができたことで、部屋が広く見えるようになりました。

大きめの家具を部屋の中心部に置かないだけで、部屋が動きやすく、スッキリ広く見えるという効果が期待できます。

図3−3

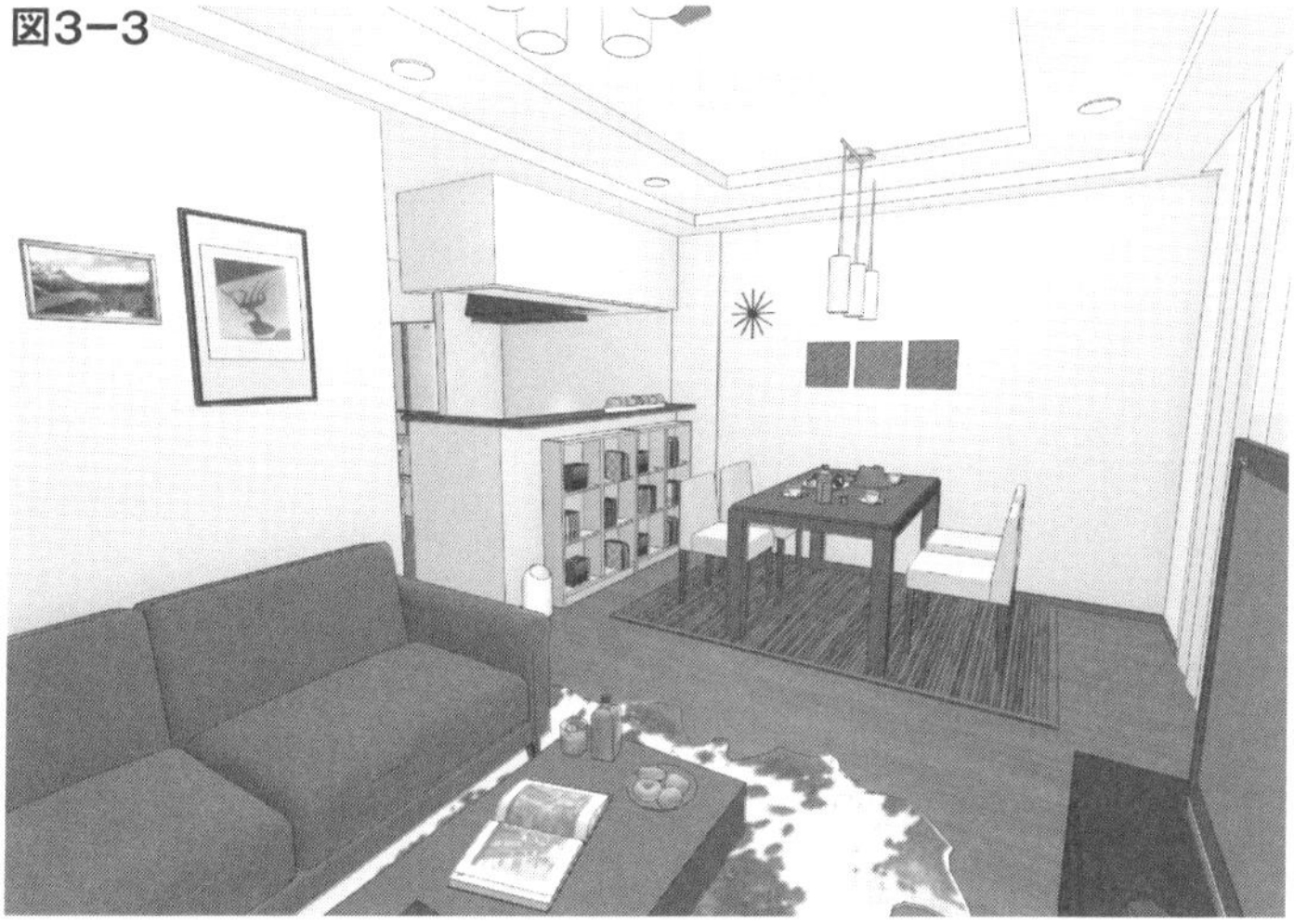

図3−4

ルール4
家具のレイアウトは、部屋の形に合わせる

狭く感じる理由は、部屋の形にも原因がある？

ルール1で「家具を置くことのできる部屋の広さ」についてお話ししましたが、実際に家具のレイアウトを考える場合、その広さ以外に、部屋の「形」を考える必要があります。部屋の形によって、家具の形やレイアウトも変わってくるからです。

とくに部屋の形が長方形や台形など、長辺と短辺の差があると、細長い空間になり、家具のレイアウトが難しくなります。

部屋が狭く、落ち着いて食事ができないという悩みを訴える方の部屋を拝見してみると、ダイニングテーブルなどの細長い家具を、部屋の形に合わせてレイアウトできていない場合が多くあります。

家具のレイアウトは部屋の形に合わせてレイアウトする

それではどうやって合わせていけば良いのでしょうか。

１番大切なことは、ダイニングテーブルやカウンターテーブルなどの**細長い家具は、その幅（長辺）を、部屋の形の長手方向に合わせる**ということです。その逆にレイアウトしてしまいますと、大変動きづらい部屋になってしまいます。

とくに、広くない部屋の場合、部屋の形を考えずに家具をレイアウトすると、部屋がより狭くなってしまいますので、注意が必要です。

部屋の形に合わせた家具レイアウトの方法を、解決例４で、詳しく見ていきましょう。

解決例４　テレビの前のローテーブルで食事をしていますが、落ち着きません

図４－１の部屋は都心戸建ての１階ＬＤＫです。

「テレビの前のローテーブルで食事をしていますが、部屋が狭いため、落ち着いて食事が

できません」、というお悩みでした。

キッチンを除くリビング・ダイニングの広さは約10畳ですが、図4－2のように動線を確認してみると、2階に上がる階段や和室・洗面室・庭などに向かう動線部分は、併せて約4・5畳ありました。そして、その動線を除いて空間分けを行なうと、テレビ前のダイニング空間は約3畳、子供がリビングで学習するためのリビング学習コーナーは約2・5畳でした。

この**実際の広さに見合ったサイズの家具を置くことが、まず大切**になります。

また、テレビ前のダイニング空間の形は図4－2のように、長方形でした。

そのため、ダイニングテーブルなどの細長い家具は、長方形の形に沿わせて平行にレイアウトするべきです。

しかし、こちらのダイニングの場合、長方形の形に沿わせることとは反対に、直角にローテーブルが置かれていました。そのため、ローテーブルが動線部分にはみだしていて、家族が移動する動線とぶつかり、落ち着かないダイニングになっていたのです。

そこで、落ち着いて食事などができるように、家具レイアウトを変更してみました。

テレビ前のダイニング空間約3畳の形は、長方形です。そのため、ダイニングテーブル

図4−1

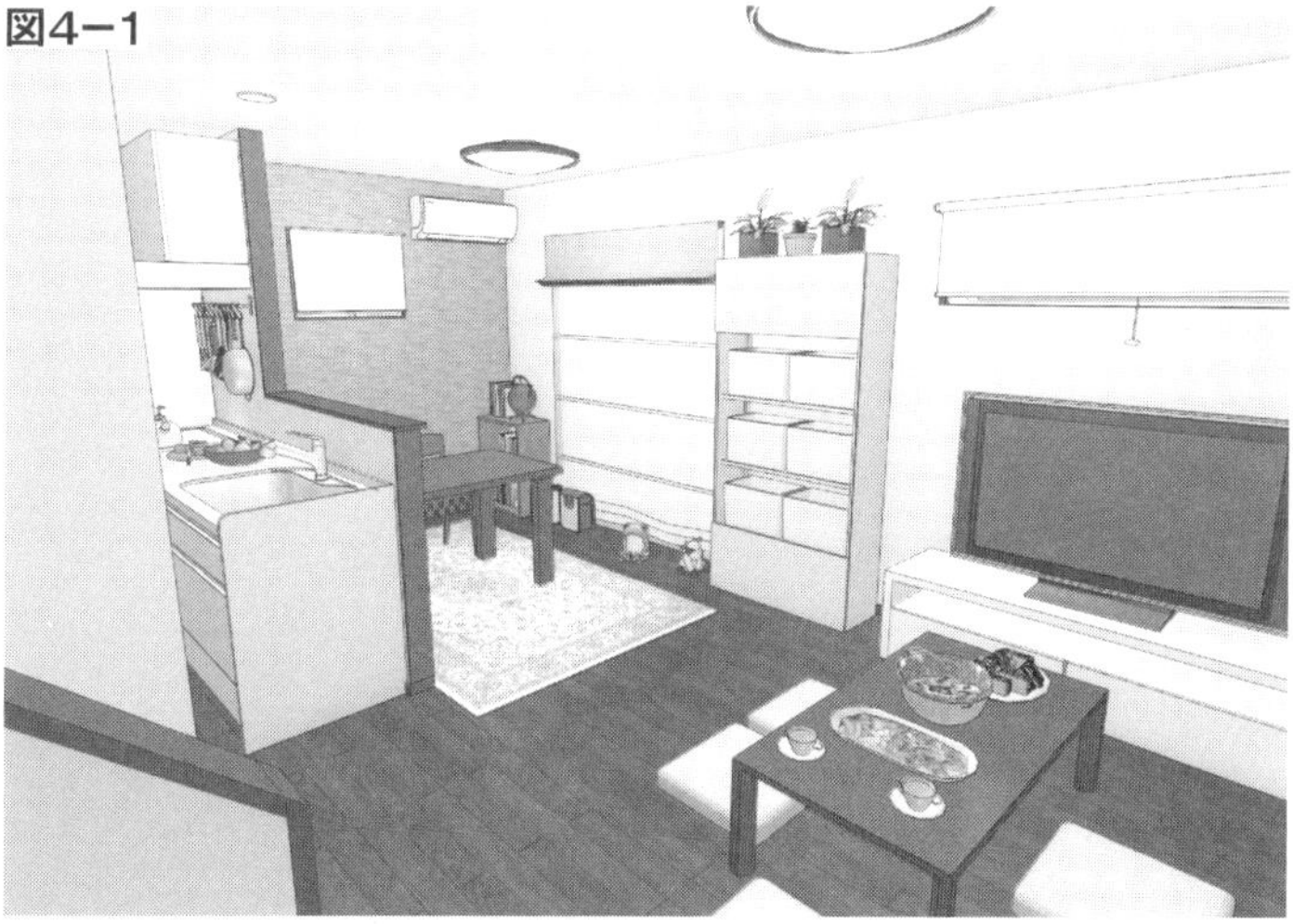

図4−2

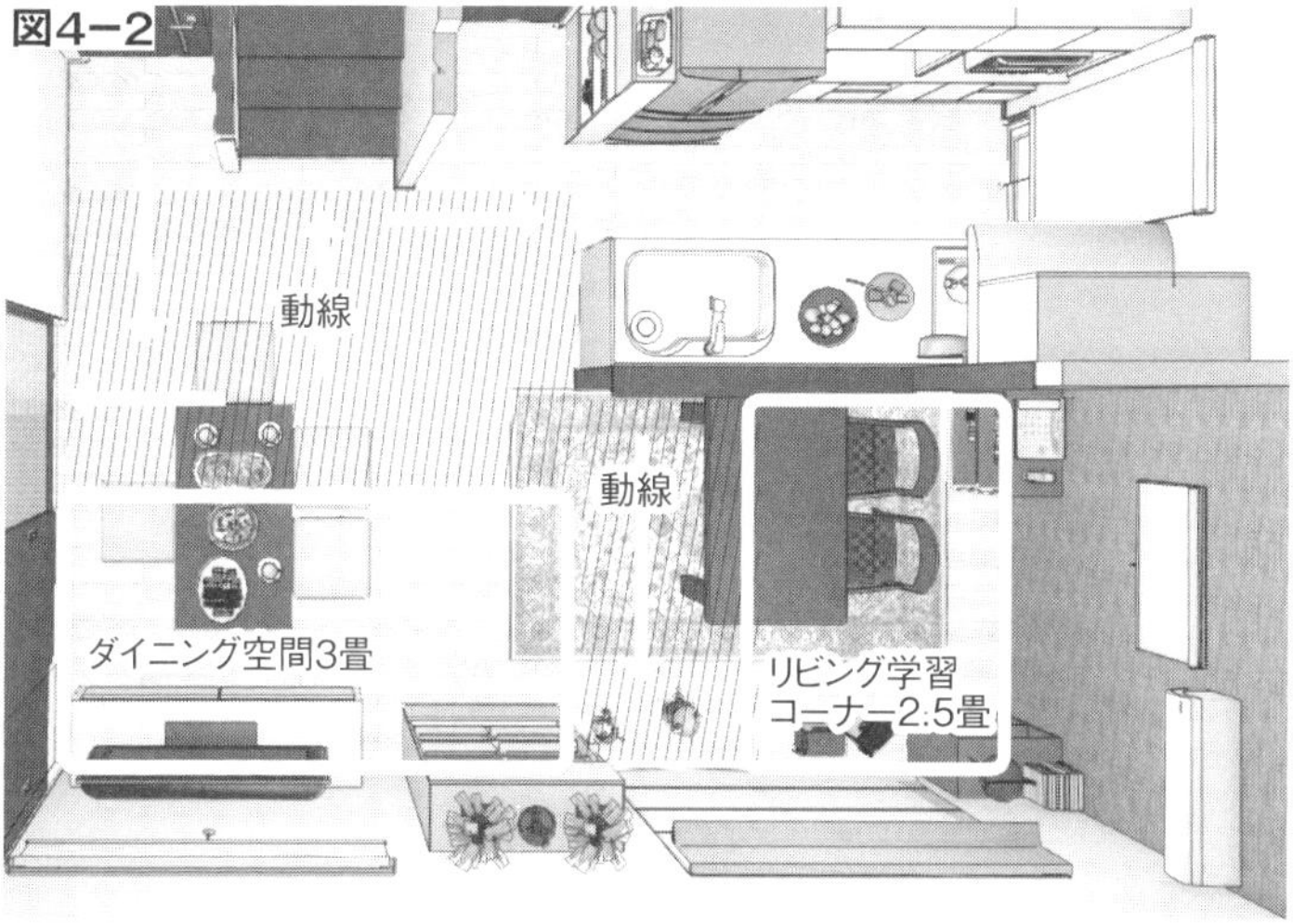
動線
動線
ダイニング空間3畳
リビング学習
コーナー2.5畳

の長手部分を図4－3のように部屋の形に沿わせたものに変更し、さらにテレビを壁掛けにすることでダイニングテーブルを壁に寄せて置くことにしました。

部屋の形に沿わせてレイアウトしたため、動線部分にダイニングテーブルがはみ出すことがなくなり、家族が動く動線との衝突もなくなりました。

また、空間に無駄がなくなったため、以前より大きな、奥行90センチ×幅275センチのダイニングテーブルをレイアウトすることができました。

横並びに座るダイニングテーブルは違和感があるかもしれません。しかし、心理学者の研究によると、人は正面に座ると緊張や対立が生まれやすく、横に座る場合は親愛や同調が生まれるという報告もあります。

そして、約2・5畳のリビング学習コーナーも、勉強机として使うカウンターテーブルをスペースの形に合わせてレイアウトしました。そのため、庭に向かう動線もスムーズになりました。

部屋の形に合わせて家具をレイアウトすることで、ダイニング空間がスッキリ広くなり、落ち着いてお食事ができるようになりました。

図4−3

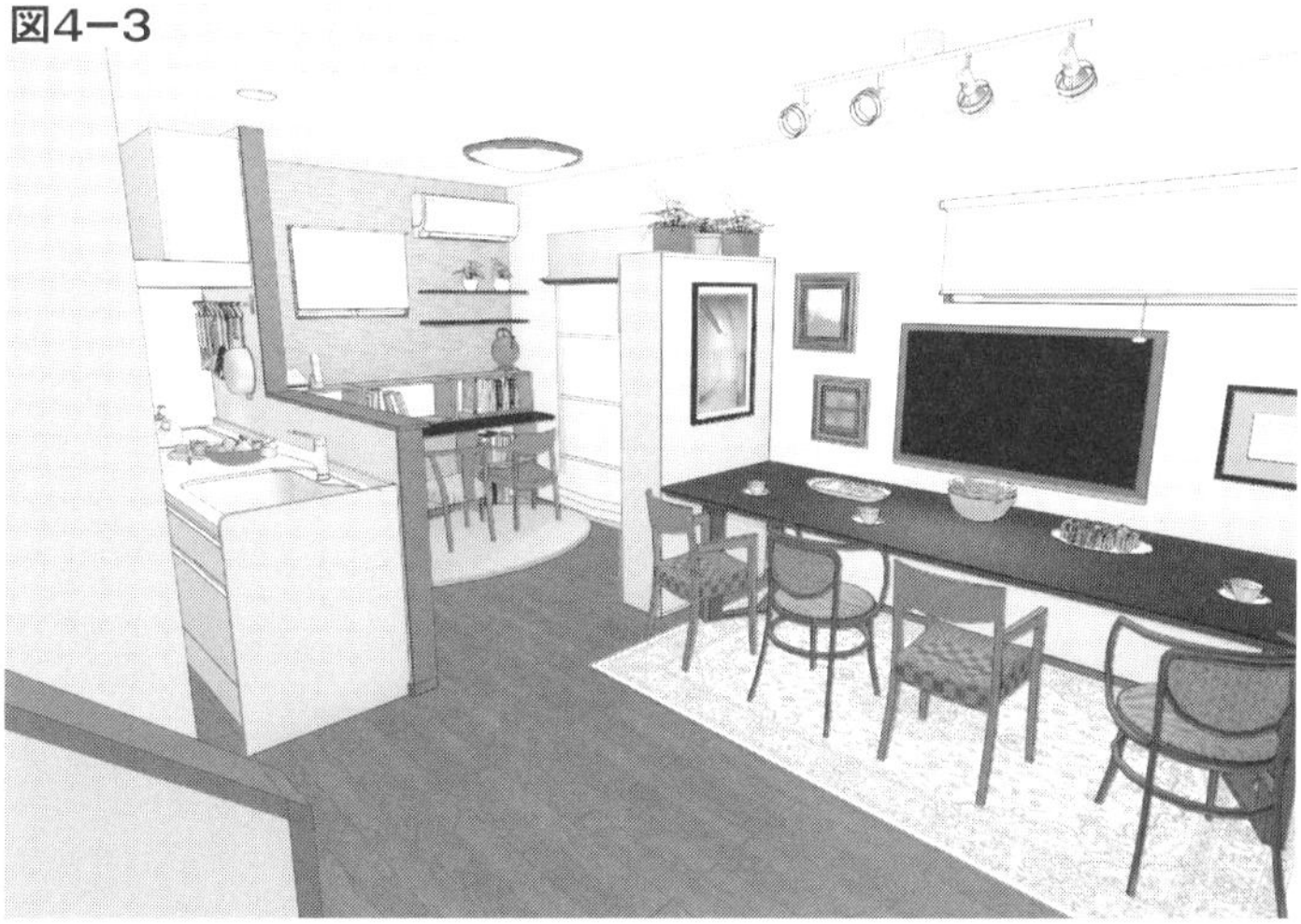

図4−4

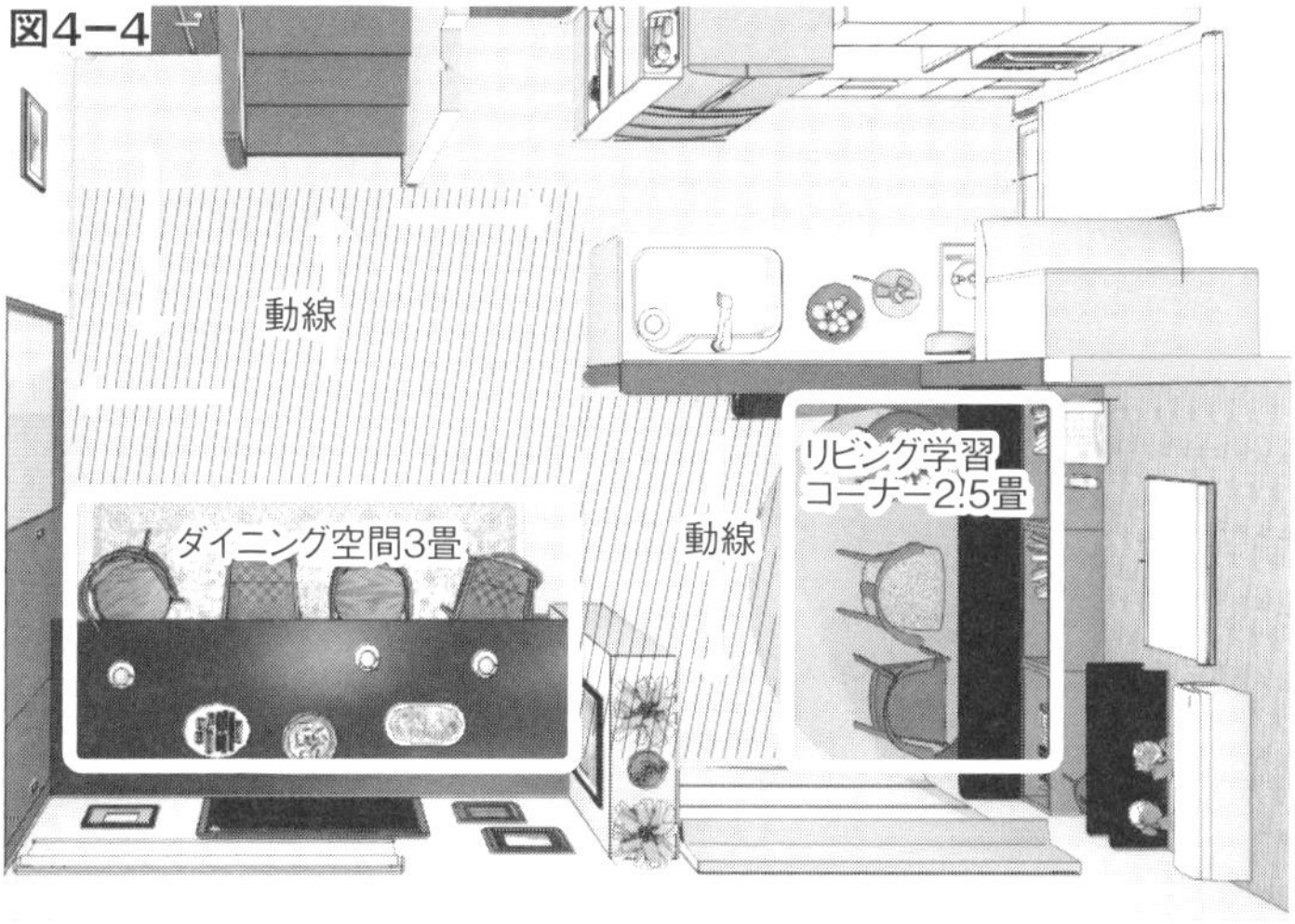
動線
リビング学習
コーナー2.5畳
ダイニング空間3畳
動線

ルール5

狭いリビング・ダイニングは「引き算インテリア」で解決する

リビングやダイニングが狭いのはなぜ？

多くのご家庭では、リビングにはソファセットが、ダイニングにはダイニングセットが置かれています。

20畳以上あるような広いＬＤＫならば、それでも問題ないかもしれません。しかし、都心の狭小住宅によくあるような、10畳程度のＬＤＫの場合、ルール１でもお伝えしたように、実際に家具が置けるスペースは、動線を除いた狭い空間となってしまいます。

ここにリビングセットとダイニングセットの両方を詰め込んでしまうために、狭くて使い勝手が悪いＬＤＫが誕生してしまうのです。

それでは、広くはないリビング・ダイニングの場合、どのような家具を選べば、快適な部屋になるのでしょうか？

リビング・ダイニングでは、どのように過ごしたいか

本来、リビングの役割はソファやテレビを置いてくつろぐことです。またダイニングの役割は料理をおいしく楽しくいただくことです。

しかし、最近ではリビングで子供が勉強したり、ダイニングテーブルでお母さんが仕事をしたりと、リビング・ダイニングの使い方は多様化しています。

そのため、**「ダイニング＝お食事をするダイニングテーブル」「リビング＝くつろぐソファ」と決めつけるのではなく、リビングやダイニングではどのように過ごしたいかを考え、その使用目的に合った家具を置く**ことが大切になります。

「引き算インテリア」で、狭いリビング・ダイニングを広く使う

そして、狭い部屋では、**「引き算インテリア」**を行ないましょう。引き算インテリアとは、機能が重複する家具を処分し、最小限に整えることです。

例えば、ダイニングには、ダイニングテーブルとチェア、リビングにもリビングテーブ

ルとソファをそれぞれ置かないで、1台2役の機能を持つ「ダイニングソファセット」を置くなどの方法があります。

必要最小限の家具にすることで、狭い部屋を広く、動きやすくすることができます。

狭いリビング・ダイニングを動きやすく広く見せるための「引き算インテリア」について、解決例5で、詳しく見ていきましょう。

解決例5 LDKが動きにくく、くつろぐことができません

図5－1の部屋は都心マンションのLDKです。

「ソファとダイニングテーブルを置いていますが、動きにくく、くつろぐことができません」、というお悩みでした。

間取り図に記載されているリビング・ダイニングの広さは約12畳です。

ここで、動線の位置を確認し、さらに部屋をリビング空間・ダイニング空間と空間分けをしてみました。

図5−1

図5−2

そうすると、図5－2のように矢印で示した動線スペースは6畳ほどあることが分かり、その動線などを除いた、実際に家具が置ける広さは、ダイニング2畳とリビング4畳のわずか6畳程度になることが分かりました。

この6畳ほどのスペースに、ダイニングテーブル、ダイニングチェア、ソファ、リビングテーブルと、多くの家具を置いたため、狭く動きづらい部屋になってしまったのです。

そこでリビング・ダイニングで「引き算インテリア」をしてみました。（図5－3）

75センチ角のダイニングテーブルですが、食事をするにも、仕事などの作業をするにも小さすぎるため、幅120センチ×奥行80センチのダイニングテーブルに変更しました。

そしてリビングテーブルは、その機能を新しいダイニングテーブルで兼用させるため、「引き算インテリア」で処分いたしました。

またソファは、幅140センチと、夫婦2人でくつろぐには小さいサイズでしたので処分しました。そして代わりに、コの字型のダイニングソファを置きました。

ダイニングテーブルも大きいため、食事だけでなく、勉強や仕事といった作業も楽にできます。またダイニングソファも、幅220センチと広くなり、ゆったりとくつろいで座ることができるようになりました。

図5−3

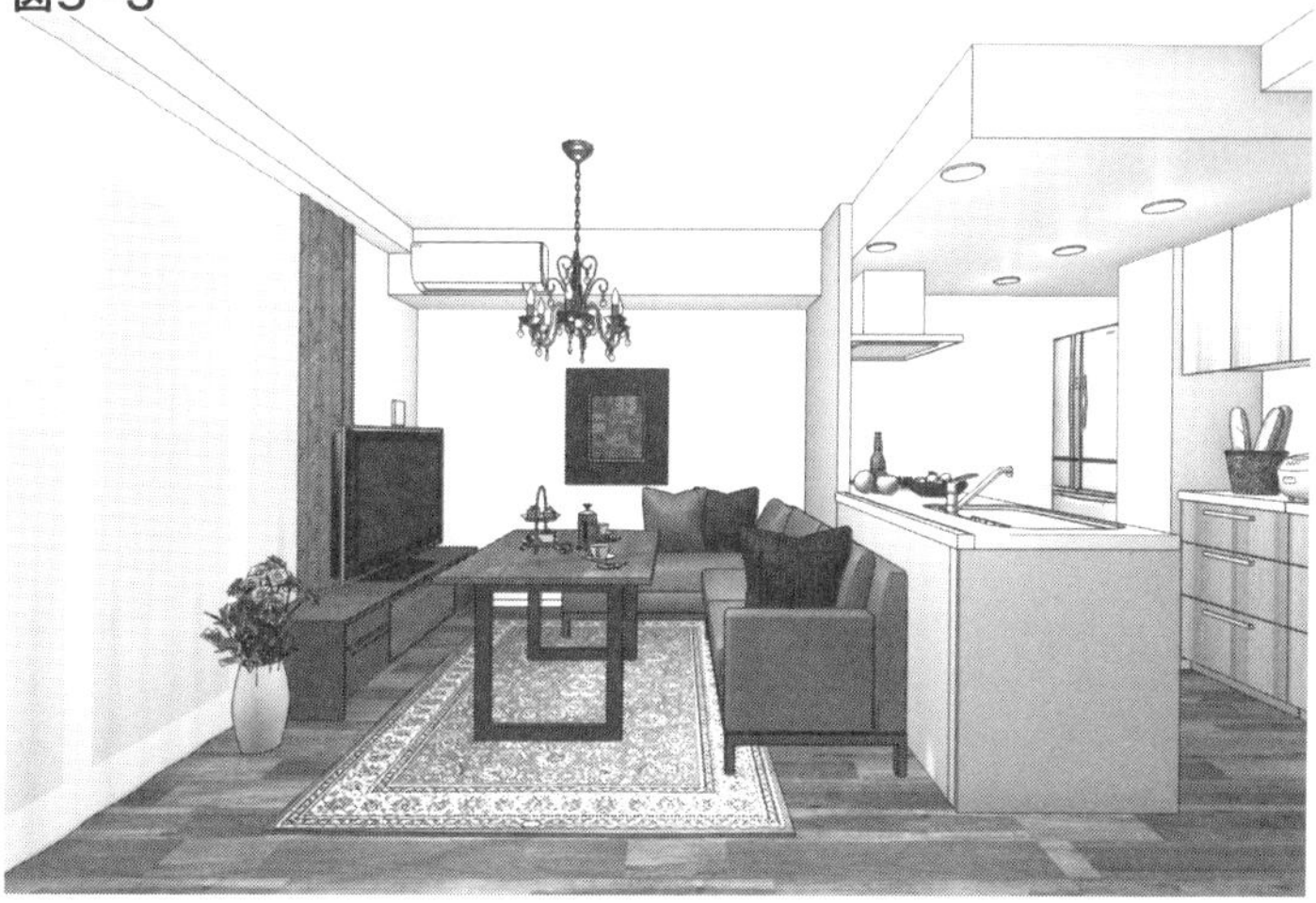

図5−4

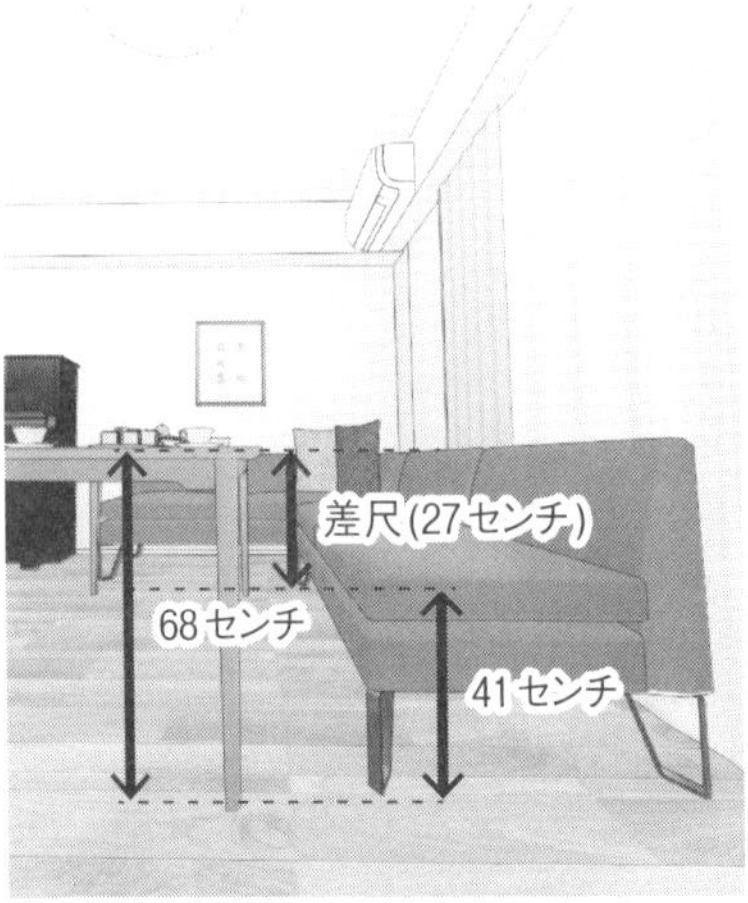

〈身長165センチの場合〉

※小数点以下切り捨て

○ダイニングソファの理想的な座面高さ

165センチ×$\frac{1}{4}$≒41センチ

○差尺

165センチ×$\frac{1}{6}$≒27センチ

○ダイニングテーブルの天板の理想的な高さ

ダイニングソファの座面の高さ(41センチ)＋差尺(27センチ)＝68センチ

※ダイニングソファの座面の高さは、ソファ座面そのものの高さではなく、座った状態での高さ

このダイニングソファとダイニングテーブルですが、必ずしもセットで購入する必要はありません。

しかし、**大切なことは、ダイニングテーブルの高さとダイニングソファの座面の高さの関係を確認すること**です。

ダイニングソファの理想的な座面の高さは、身長×1／4で計算できます。そして、ダイニングテーブルの天板の高さと、ダイニングソファの座面の高さの差を、差尺といいますが、この差尺を求める計算式は、身長×1／6で表されます。この差尺にダイニングソファの座面の高さを加えたものが、理想的なダイニングテーブル天板の高さになります。

つまり身長165センチの人の場合、ダイニングソファは座面の高さが41センチ前後でダイニングテーブルの高さが68センチ前後のものを選ぶことが理想的な目安になります。

また家族で身長差がある場合は、**背の低い人（子供を除く）に合わせる方が上手くいきます**。なぜなら、食事の際にはどんぶりなどの背の高い食器を使うことも多く、テーブルが高いよりも低い方が、食事がしやすいからです。

そのほか、座面が柔らかいダイニングソファを選ぶと、座ったときに沈み込みが大きくなります。食事時の姿勢が不安定にならないように、沈み込みの少ない硬いものをお勧めいたします。

また成長が著しいお子様がいる場合は、キッズチェアなど、高さの変えられる椅子を置き、身長の変化に応じて、適宜椅子の高さを変えてあげましょう。

家具の数も減ったので、リビング・ダイニングが動きやすくなり、ストレスフリーな空間になりましたね。

狭い部屋では、「引き算インテリア」で、必要最小限の家具にすることが大切です。

Column1　出窓は結露被害だけでなく省エネにも向かない

住宅は、その窓や壁、換気などから、常に熱が出入りしています。なかでも窓から出入りする熱の割合が、壁や屋根、換気口などに比べ、1番多くなっています。例えば、一般的なアルミサッシを使った窓の場合、冬に流出する熱の割合は、窓からが約60%と大半を占めています。

つまり、冬場の暖房でせっかく暖めた空気が逃げてしまう場所は、窓からが1番多いのです。

また、夏場の場合も同じことが言えます。

夏場に外気の暑い熱が入ってくる割合は、庇《ひさし》がない場合、窓からが約70%にもなるのです。冷房をかけても部屋が冷えない場合は、窓からの熱の侵入が原因となっている場合が多いのです。

このようにアルミサッシなどの一般的な窓は、冷暖房効率を著しく下げ、省エネ性能が劣ります。つまり、住宅に窓が多いと、冷暖房効率が下がるのです。そのため、窓が大きく多い住まいは、とくに窓の断熱化が大切になります。

また、出窓の場合、窓面積が大きく、外気にあたる面積も上下左右と増えるので、さらに熱の出入りが激しくなります。省エネに向かないことは、容易にご想像できると思います。

外の景色が大きく見えるため、開放的に見える出窓ですが、実際は結露を起こしやすく、省エネにも向かないのです。出窓はつけないのがベストですが、どうしても検討したい場合は、断熱サッシや出窓部分の床や屋根の断熱をしっかり行なうなど、慎重に検討してください。

どうしても出窓をつけたい場合や、すでに出窓がある場合は、以下の方法により冷暖房を逃げにくくすることが可能です。

①ガラスだけではなく出窓ごと断熱サッシに取り換える方法
②内窓を取り付け2重サッシにする方法
③内側に障子や断熱カーテンをつける方法
④出窓の外側に外付けブラインドを設置する方法

機会を見つけて、リフォームやDIYなどを実施して、窓の断熱化に取り組んでみてください。

Step 2

リビングが片付く 家具配置のルール

ルール6

カラーボックスを沢山置くより奥行のある家具を少し置いたほうが片付く

家族みんなが集まるリビング・ダイニングは、物が散らかりやすい場所

人が過ごす場所には、衣類やカバン・趣味の物など多くの物が集まっています。とくにリビング・ダイニングは家族全員が集まる場所ですから、寝室や子供部屋以上に物があふれ、散らかりやすくなります。

その一方で、部屋が狭いと、これらの多くの物の収納場所も当然少なくなります。そのため、部屋が狭いというお悩みを抱える方の多くは、部屋が片付かないというお悩みも同時に抱えています。

実際ご相談にいらっしゃる方のリビング・ダイニングには、家族のコートや帽子、カバンや勉強道具、漫画や雑誌・雑貨やお菓子などといった多くのものが散らかっています。

収納家具を多く置けば、部屋は片付く？

部屋が片付かないというお悩みを持つご相談者の部屋を拝見してみると、収納家具に関してある共通点があります。それは**カラーボックスなど奥行の少ない収納家具を部屋に多く並べている**ということです。

カラーボックスは安価で容易にインターネットや量販店で購入できるというメリットがあります。しかし奥行が29センチ程度しかなく、収納できる物が限定されます。そのため、想像していたほど物が収納できないということになりがちです。奥行の少ない収納家具をいくら部屋に置いても、収納量が限られるため、部屋は片付かないのです。

収納家具は、収納量のあるものを計画的に選ぶ

では、どのような収納家具を選べば、部屋が片付きやすくなるのでしょうか。

家具選びでとくに重要なのは収納家具の奥行です。

奥行が30センチ程度の収納家具は、単行本や漫画、学習用品などは収納できますが、少し大きめの雑誌や雑貨、おもちゃや小物などをまとめるかごや整理箱などは、小さいもの

しか収納できません。

そのため、リビングであれば**奥行が40センチ以上**の収納家具を選べば、少し大きめの雑誌や様々なタイプの整理箱が収納でき、部屋が片付けやすくなります。たった10センチの奥行の違いが、片付けには大きく影響します。

このように収納家具は、収納量を考え、計画的に選ぶことが大切です。

収納家具を変えることで、どの程度収納量が増え、部屋が片付くようになるのか、実際の事例で見てみましょう。

解決例6　収納家具はたくさんあるのですが、リビングが上手く片付きません

図6－1はリビング・ダイニング部分が約10畳の戸建ての様子です。

ご夫婦＋ご子息1人の3人で暮らしていらっしゃいます。リビングの中心にテレビを置き、その両隣りにカラーボックスを置いて、DVDや雑誌、小物などを収納していました。

しかし、「収納家具は置いていますが、リビングの片付けが上手にできません」とのお

図6−1

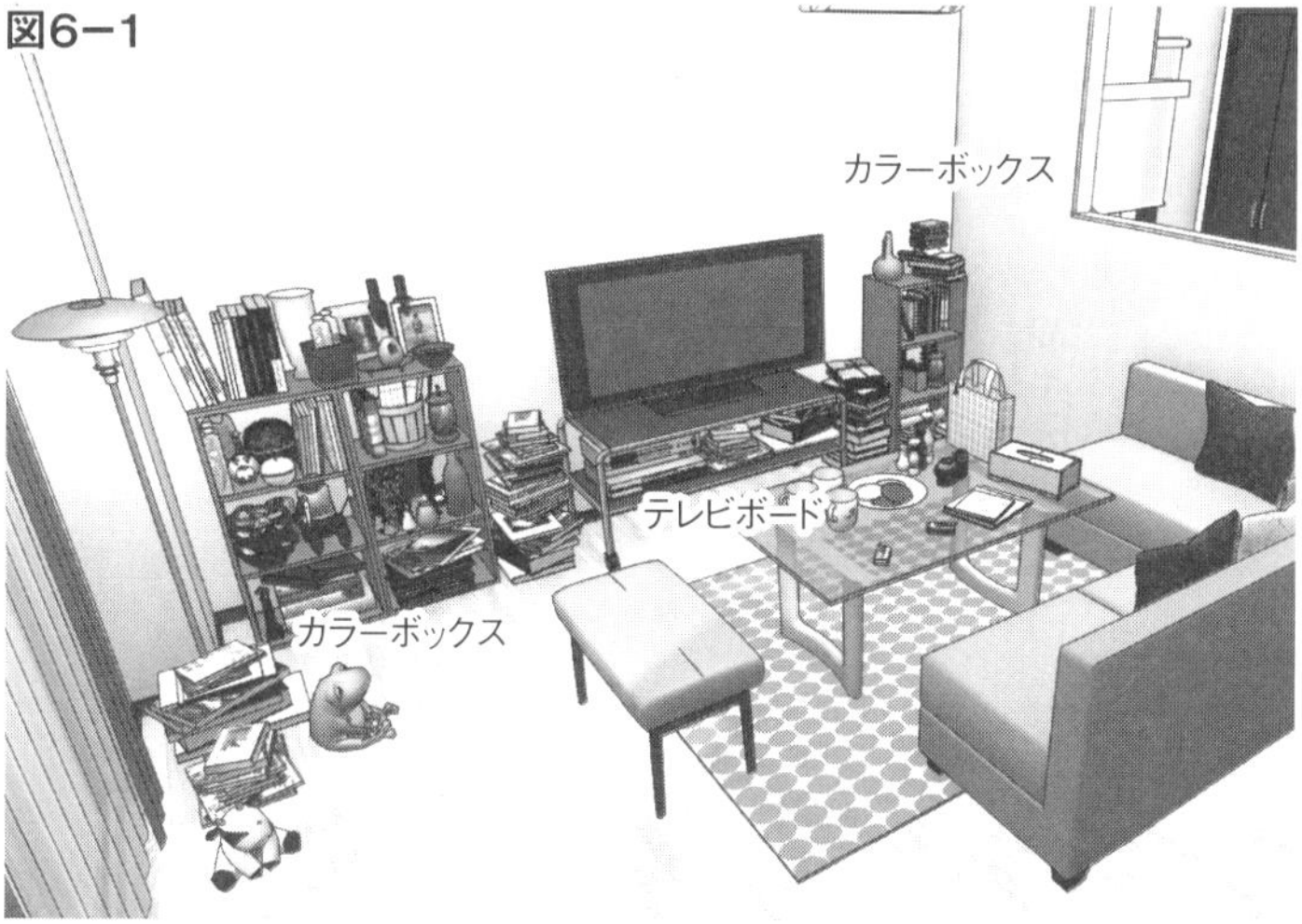
カラーボックス
テレビボード
カラーボックス

図6−2

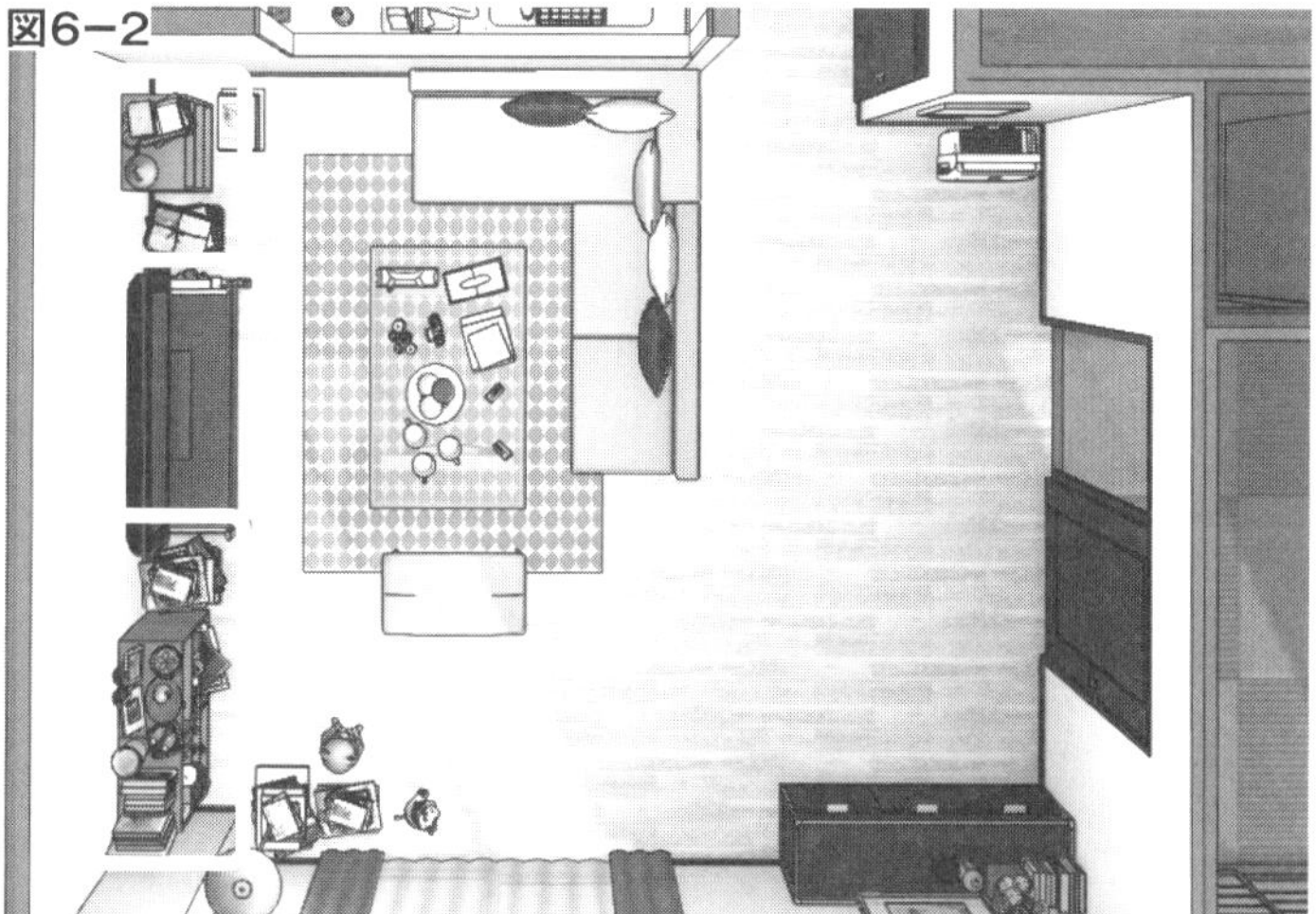

悩みから、家具の見直しも含めた模様替えをご希望されていました。

部屋を拝見すると、リビングにはカラーボックスが並べられています。

しかし、収納家具を置けば、部屋が片付くというものではありません。

とくにカラーボックスは、前述の通り奥行が29センチ程度と小さいため、大きめの雑誌や小物・整理箱など収納できないものも多く、収納物が限られてきます。

また、テレビボードは奥行が50センチあるのですが、棚が1段のみですので、収納量が多くありませんでした。

そこで、カラーボックスやテレビボードなどの収納家具を、収納量のある家具に変更してみました。

漫画から雑誌、小物や雑貨・整理箱など、大きさの違うものを上手に収納するには、収納家具の奥行は40センチ以上必要になります。

そこで図6－3のように、シェルフとリビングボード、テレビボードは奥行40センチのものに買い替えて、壁際に置きました。シェルフは高さを150センチと低めのものにして、圧迫感を抑えました。

図6−3

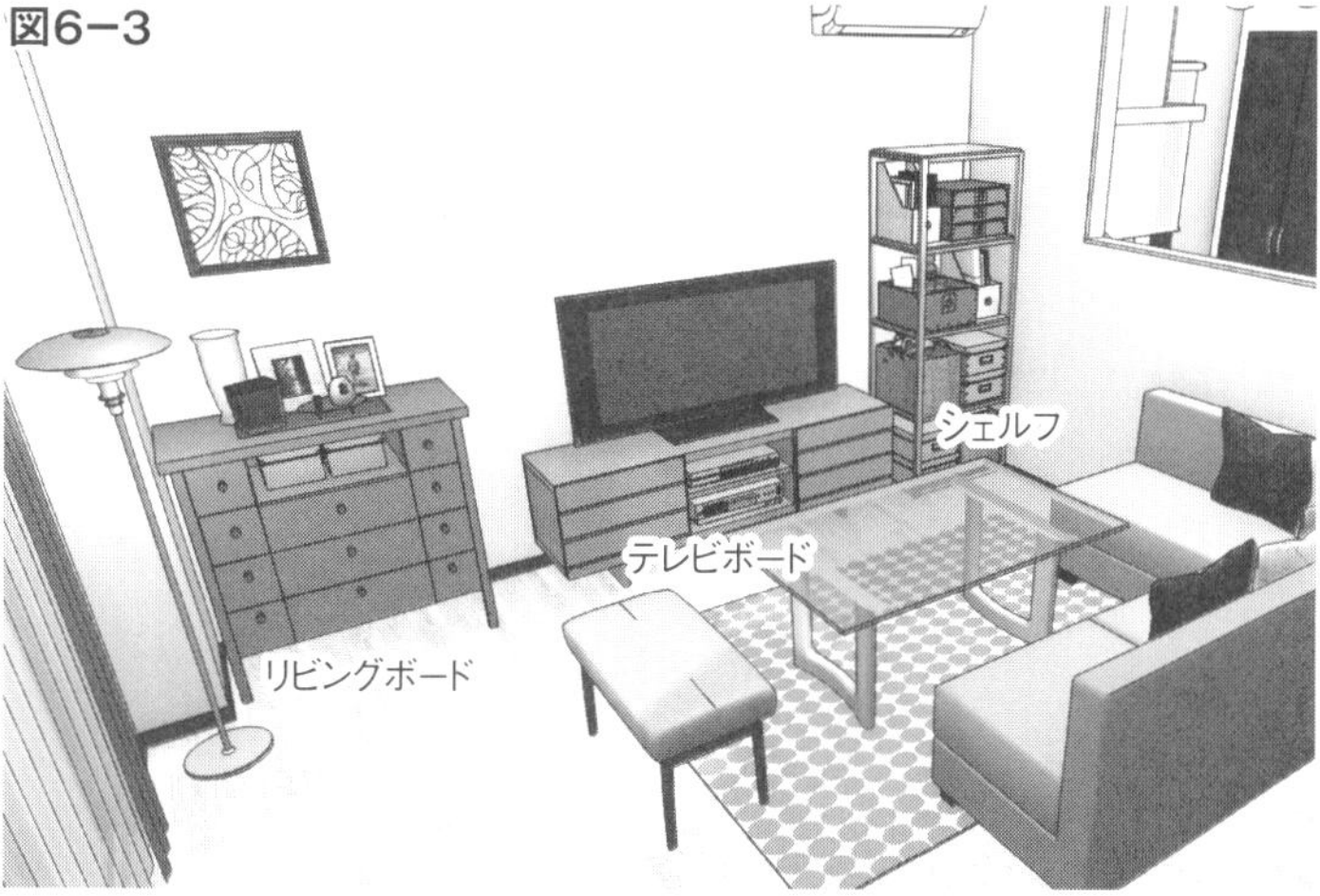

奥行が10センチ広くなりましたので、様々なタイプの整理箱や収納ケースに小物や雑貨をまとめて収納することができました。

また、**リビングボードは、引き出しの多いタイプのものがお勧めです。収納する物を仕分けして、それぞれの引き出しに収納することができます**。

そのほか、テレビボードは引き出しと棚のあるタイプに変更したため、収納がしやすく、また収納量も増えました。

収納家具の奥行を10センチ変えただけで、収納できるものが増え、リビングが片付きやすくなりました。

片付けやすい部屋にするには、奥行があり、収納量のある家具を選ぶことが大切です。

ルール7

造りつけ収納風家具配置で空間分けをしながら片付ける

収納がないのは、設計者側の都合？

ルール6で収納家具は収納量で考えるというお話をしましたが、キッチンの食器や調理器具、子供のおもちゃやリビング周りの小物や雑貨など、大量の収納物を片付けるには、どうしてもそれなりの収納スペースが必要です。

1番望ましいのは、カップボードや吊戸棚、リビング収納やダイニング収納など、部屋に造りつけの収納スペースがあることです。造りつけの収納家具は、床から天井まで空間の無駄もなくサイズも大きいため、収納量が大きいことが最大のメリットです。また、地震時に転倒などの危険もありません。

しかし、キッチンやリビング・ダイニングに、初めからこのような収納スペースを確保した間取りは、とても少ないのが現状です。

なぜ収納スペースを、あらかじめ部屋に確保していない間取りが多いのでしょうか。

それには、設計者側の都合があります。

部屋を借りる場合や、自宅を購入する際は、いくつかの物件の資料を取り寄せ、間取り図などの情報を見比べます。その時、最初に比較・確認するのが、「ＬＤ12畳」など、その部屋の広さです。

もし、部屋にリビング収納などの収納スペースを造ってしまうと、そのぶん部屋が狭くなります。本来なら「ＬＤ12畳」の部屋でも、1畳の収納スペースを作れば、間取り図の記載は「ＬＤ11畳」になってしまうため、狭い部屋という印象を与えてしまいます。

そのため、実際には家具を置いてしまうぶん狭くなる部屋であっても「ＬＤ12畳」という広い部屋という印象を強くするため、収納スペースをあえて作らないのです。

工夫次第で収納は簡単に造ることができる

このように、設計者の都合で収納スペースが造られないことはとても多く、その結果、入居してから収納に困ってしまいます。

そしてその場合は、不足する収納スペースは家具で賄わなければなりません。この時、**家具の置き方次第で、収納を確保するとともに、部屋の空間分けをすることで片付きやすい部屋にすることができます。**

では、収納スペースを造りながら部屋を空間分けする実際の方法を、解決例7で詳しく見ていきましょう。

解決例7 子供が生まれてから物が増え、ＬＤＫが片付きません

図７－１はリビング・ダイニング部分が約7畳、キッチン部分が約5畳の合計12畳であるマンションです。ご夫婦と赤ちゃん１人の３人で暮らしていらっしゃいます。

リビング・ダイニングとキッチンの間に壁やカウンターなどの仕切りがないワンルームタイプの間取りのため、哺乳瓶やお皿などキッチンで使う物と、おもちゃ・雑貨などリビングで使う物の境界線がなく、物が入り交じり、乱れていました。

「子供が生まれてから物が増え、ＬＤＫが散らかり放題で片付かない」とのお悩みから、

図7−1

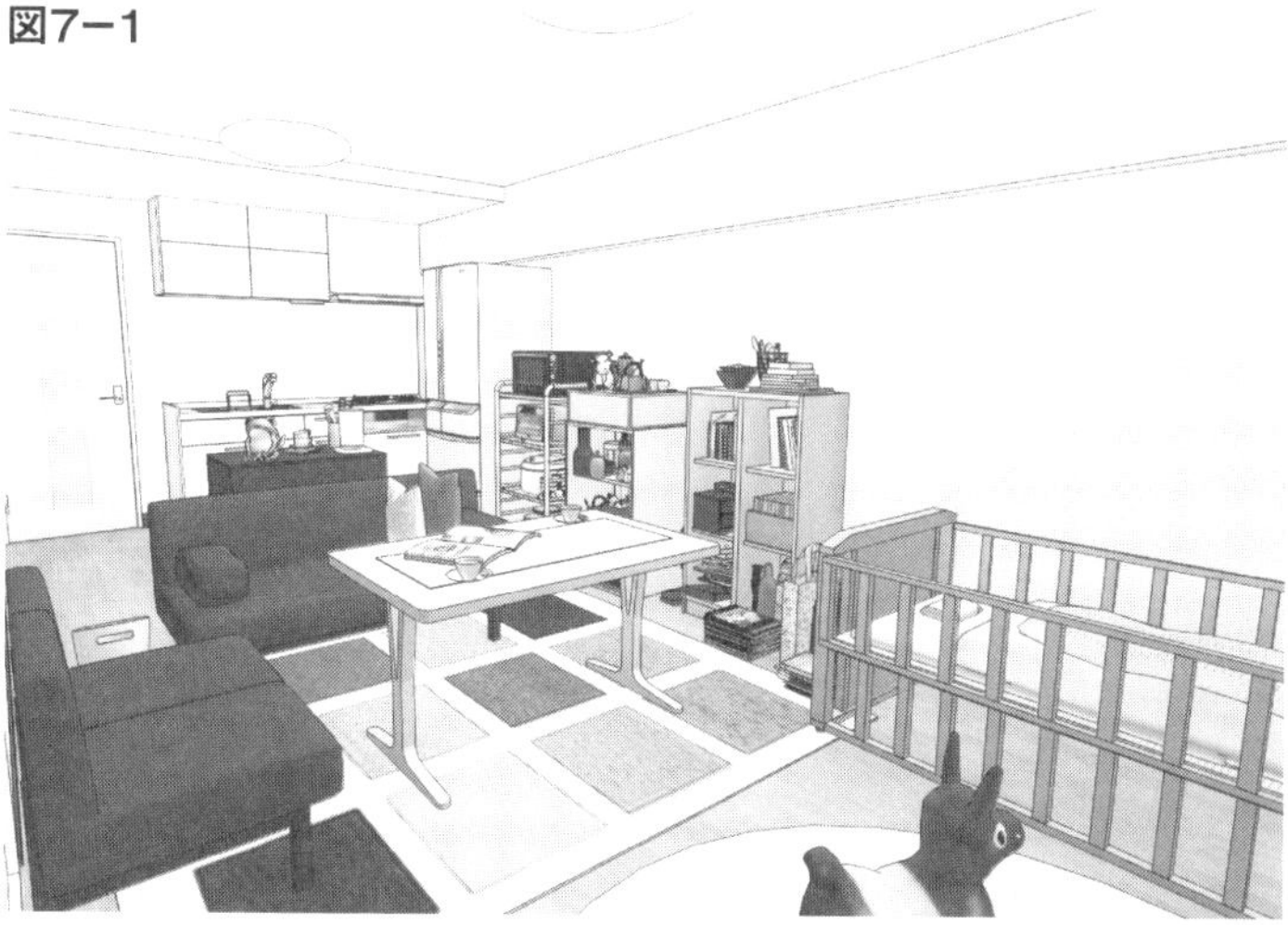

図7−2

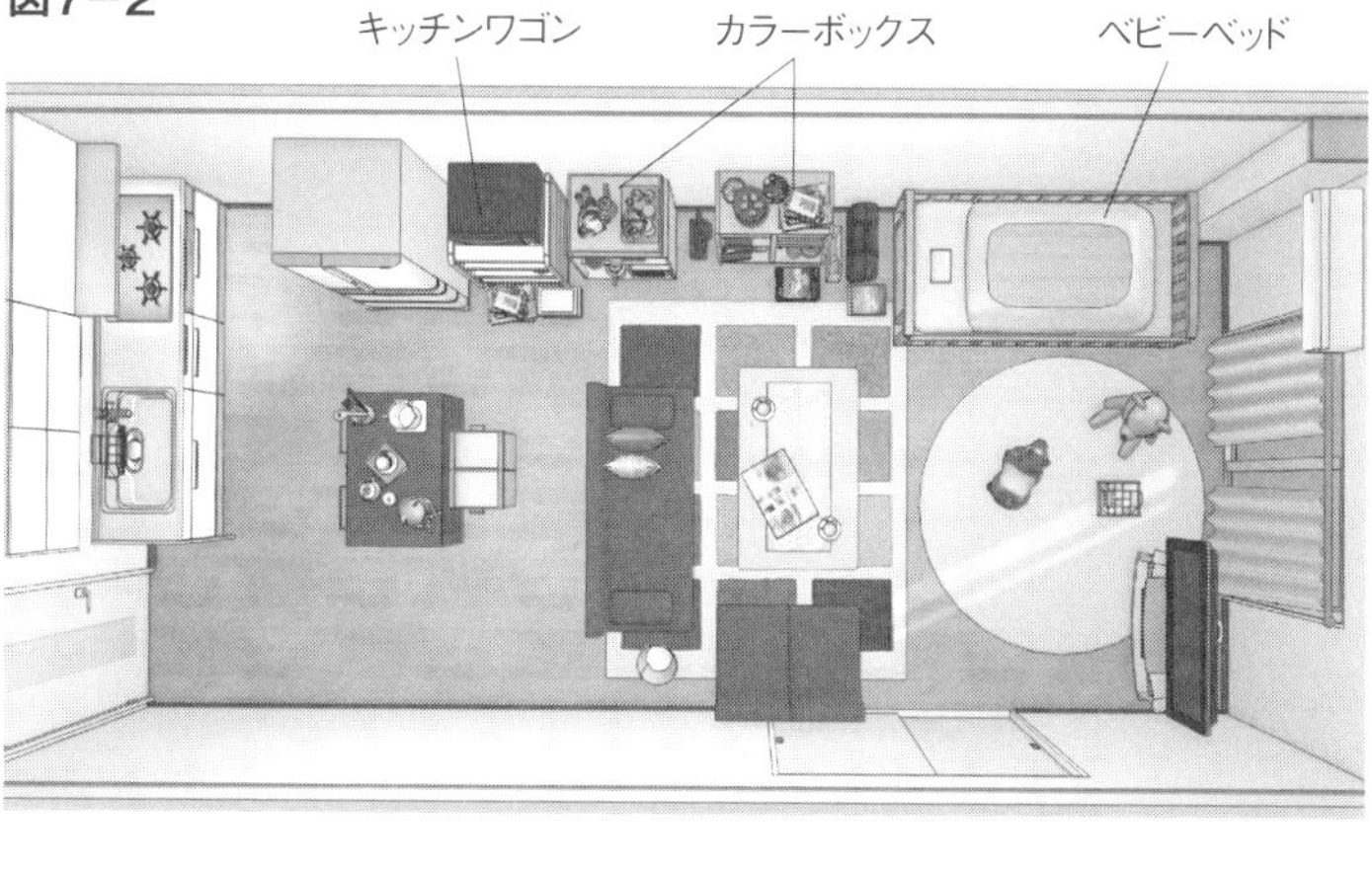
キッチンワゴン
カラーボックス
ベビーベッド

収納家具の見直しも含めた、模様替えをご希望されていました。

キッチン・リビング・ダイニングは、キッチンワゴンやカラーボックスなどを壁際に置くことで、収納を確保していました。しかし、どこからどこまでがキッチンで、どこからがリビング・ダイニングという明確な空間分けはされていませんでした。

そこで、収納家具を配置し、その収納家具でキッチンとリビング・ダイニングの空間を分けて、さらに物を収納できるようにすることにしました。

具体的には、キッチンカウンター風に市販のリビング収納家具を置き、キッチンとリビング・ダイニングを分けました。

まず、キッチンは、図7－3のように収納が少ない状態でした。そのため、背が高く収納量のあるスチール棚を、図7－4のように、冷蔵庫の高さに合わせて壁際に、また背の低いカウンター収納を部屋の中心にレイアウトすることで、圧迫感を防ぎながら収納量を確保しました。

カウンター収納や背の高い収納家具は、それぞれキッチン側・リビング・ダイニング側から、物の出し入れができるように、並べ方を工夫しました。

図7−3

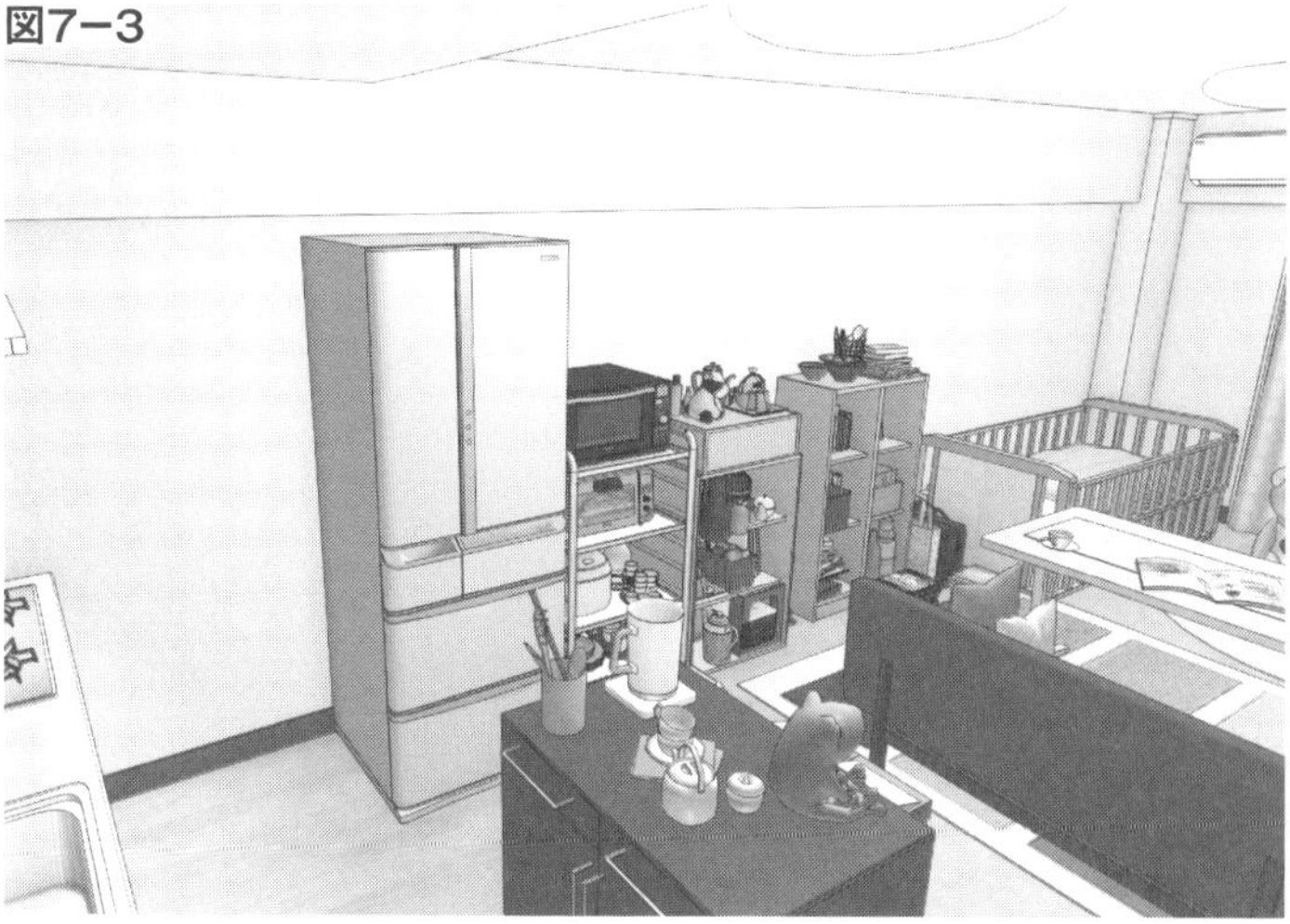

図7−4

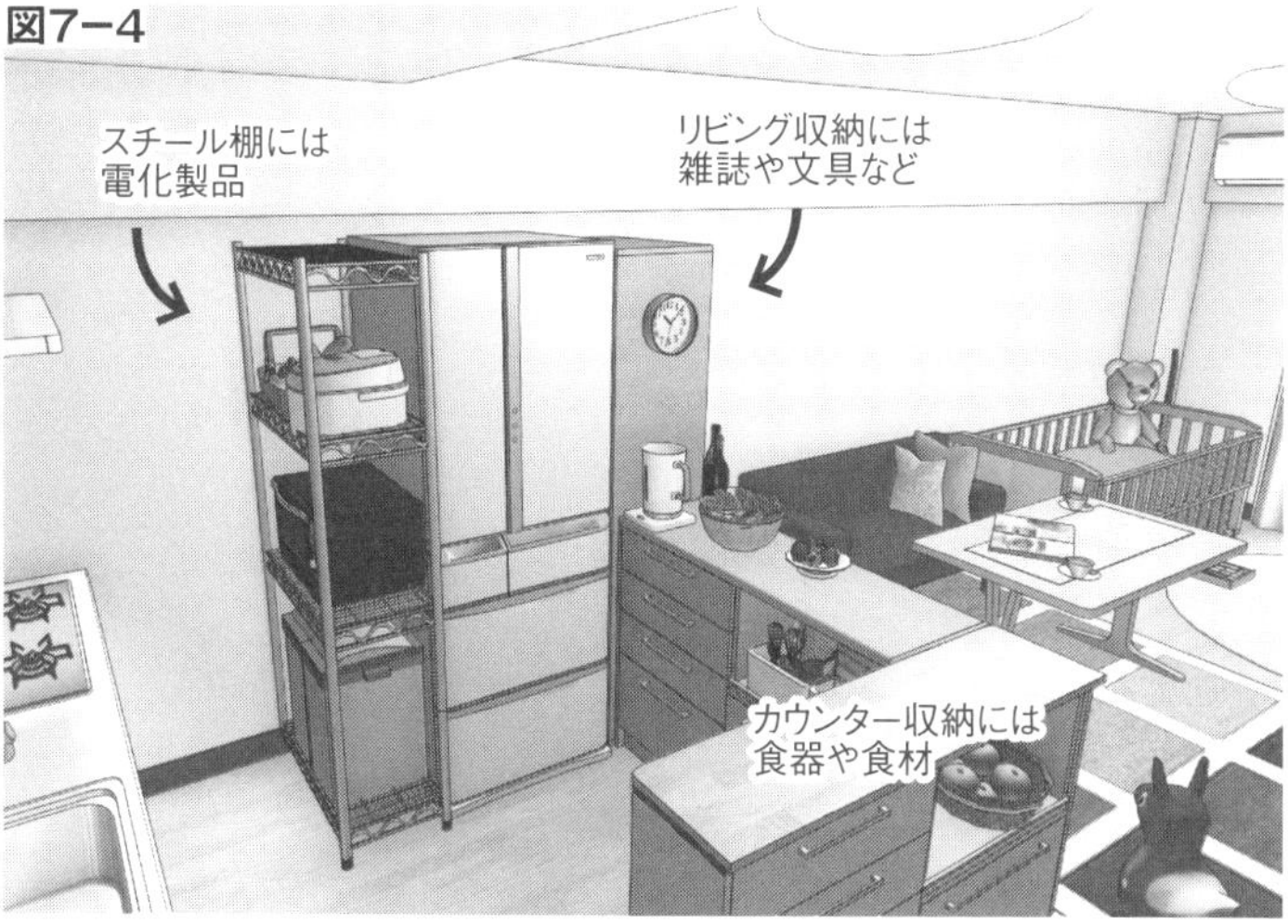
スチール棚には
電化製品
リビング収納には
雑誌や文具など
カウンター収納には
食器や食材

このように**リビング収納家具を置くだけで、簡単にキッチンとリビング・ダイニングが空間分けできます**。

空間分けすることで、物が入り交じることが少なくなります。

そして、調理器具・電化製品などは背の高いスチール棚に、雑誌や文具などのリビング雑貨はリビング収納に、食器や食材などはカウンター収納に収納しました。物の収納場所を決めることで、部屋がスッキリ片付けやすい空間に変わりました。（図7－5、図7－6）

部屋にリビング収納などを造ることで、簡単に空間分けができ、また片付けやすい部屋にすることができます。

図7−5

図7−6

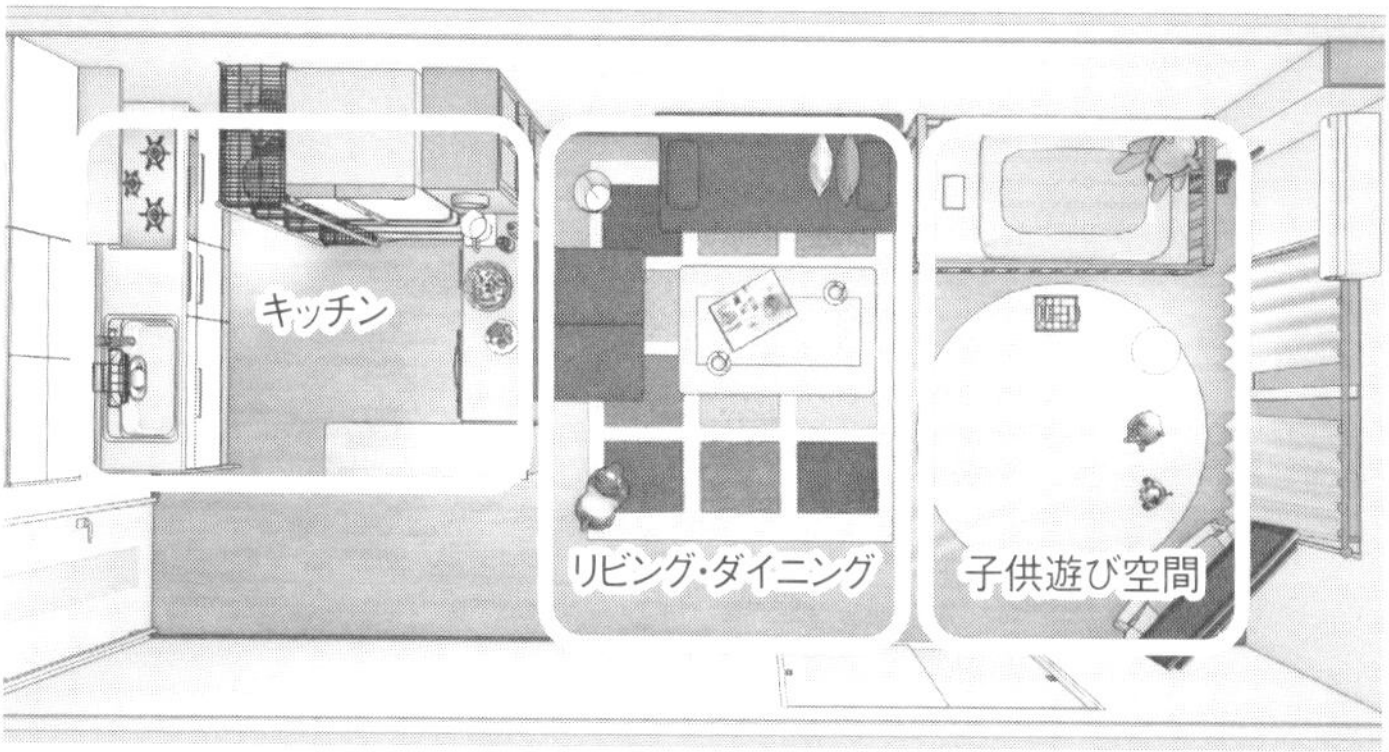

ルール8

デッドスペースを利用して収納スペースを造る

部屋にはデッドスペースがいっぱい

ルール7でご紹介した方法以外にも、部屋に収納を増やす方法があります。それは、**部屋のデッドスペースを利用してリビング収納を造る**方法です。

部屋に家具を置く際に、なぜか壁の一部がせり出していて家具が上手く置けないという思いをしたことも多いのではないでしょうか。

「空間はあるけれども何にも利用できていない無駄な空間」、これがデッドスペースです。デッドスペースは、柱や梁、パイプシャフトなどのせいでできてしまうため、柱や梁が集まる部屋の隅や壁ぎわに多く位置しています。

小さなデッドスペースでも、棚を作れば便利な収納になる

図8−1

このデッドスペースを工夫次第で便利な収納に変えることができます。

例えば、小さなデッドスペースは、幅が狭いため、そのままでは既製品の家具などは置けません。しかし、図8－1のように棚をつければ、ちょっとした収納スペースが造れます。棚は造りつけが理想ですが、賃貸の場合などは、市販の突っ張り棚などでもできます。

この棚に整理ボックスなどを置けば、リビングに集まりがちな本や文具、おもちゃなどを仕分けして片付けることが可能になります。

部屋のデッドスペースに収納スペースを造ることで、どれだけ部屋が片付くようになるのか、実際の事例で確認してみましょう。

解決例8　書類や携帯などが散らかってしまい、テーブルが片付きません

図8－2はリビング・ダイニング部分が約10畳のマンションの部屋です。小学生のお嬢様とご夫婦の家族3人で暮らしていらっしゃいます。

「家族みんなのカバンや携帯、雑誌や書類・鍵や財布などが、ダイニングテーブルの上や下などに散らばり、物を探すのも苦労します。何がどこにあるのか、一目で分かるように、物の収納場所を造りたい」とのお悩みから、収納家具の追加も含めた、模様替えをご希望されていました。

リビング・ダイニングには収納が全くありません。そのため、家族が集まりやすい4人掛けダイニングテーブルには、行き場のないカバンや携帯・ノートなど、各自のものが置かれて散らかっていました。

また、ダイニングテーブル後ろの壁の端には、パイプシャフトや柱によるでっぱりがあり、何にも利用できないデッドスペースとなっていました。

そこで、このデッドスペースを使い、家族の小物やカバン・ノートなどが片付くリビング収納を造ってみました。

図8−2

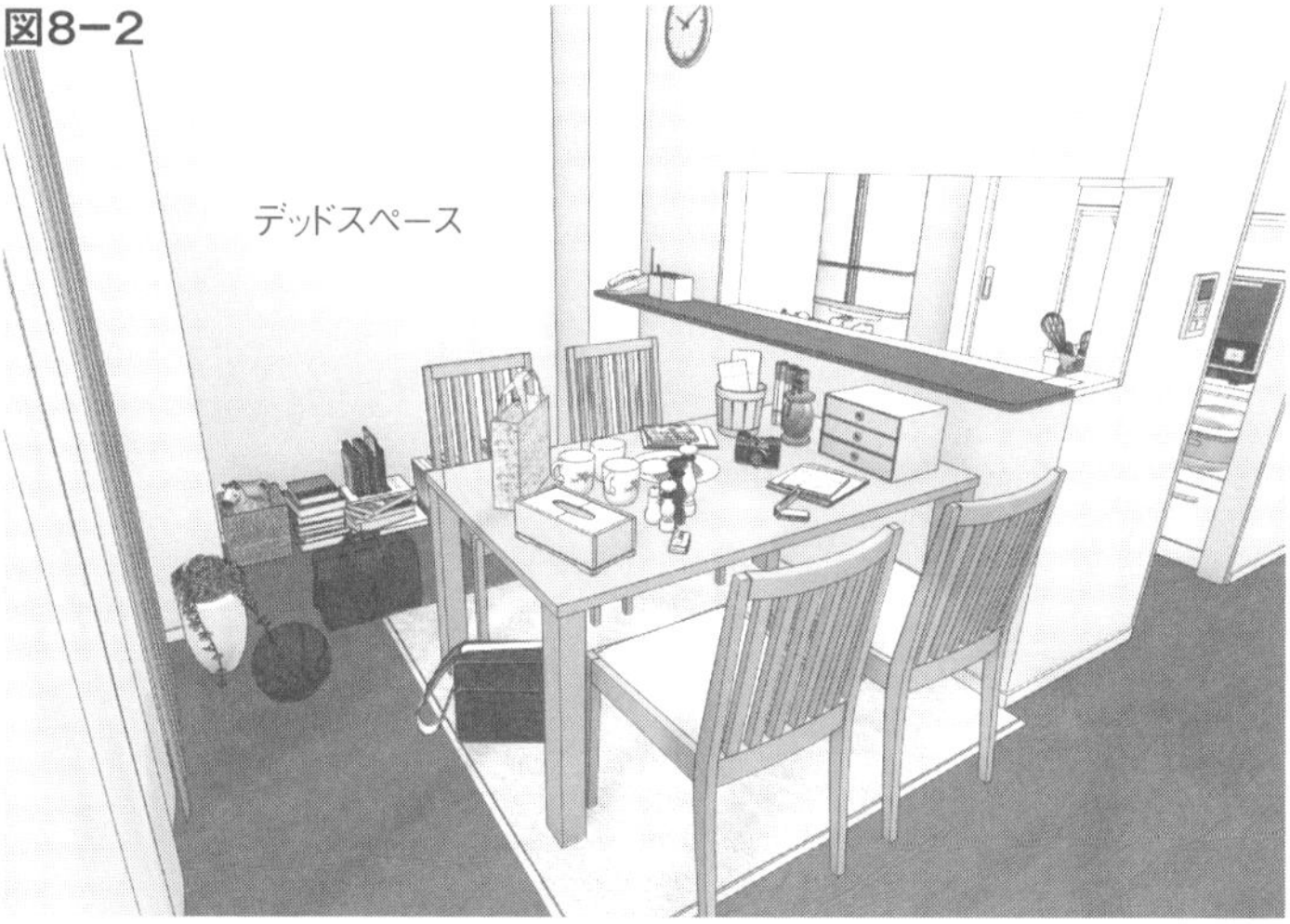
デッドスペース

図8−3

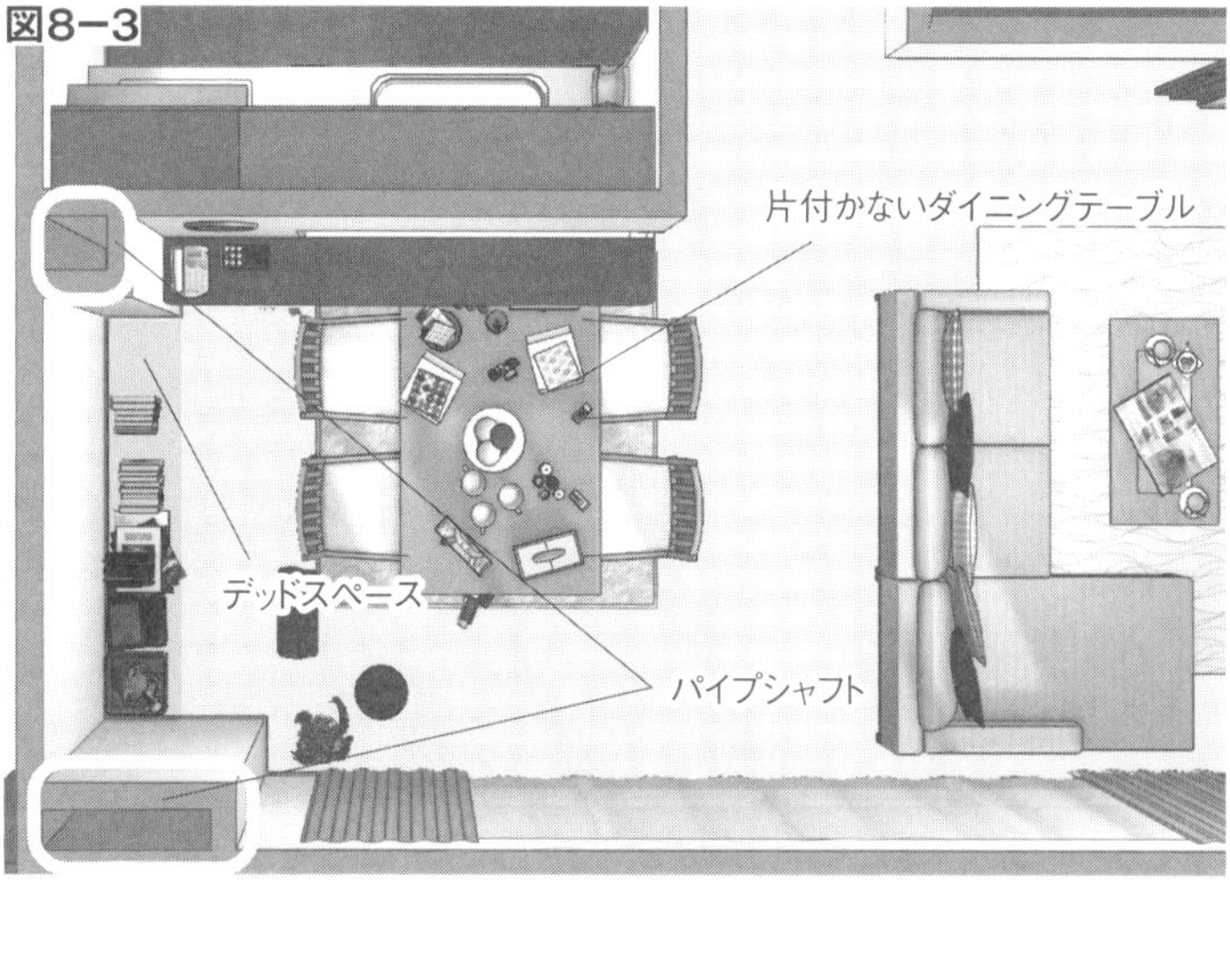
片付かないダイニングテーブル
デッドスペース
パイプシャフト

図8－4

まず、柱やパイプシャフトの奥行は40センチほどでしたので、その奥行に合わせたリビングボードと吊戸棚を、壁に寄せて取り付けました。

リビングボードと吊戸棚の幅は、柱からパイプシャフトまで、すき間のない幅にすると、空間の無駄もなく見た目がきれいにできます。

また、リビングボードの高さは使う人の身長により異なりますが、立っているときに使いやすい85センチにしました。

吊戸棚の高さは天井の高さにより70～90センチと多少異なります。こちらのマンションは天井の高さが２４０センチだったため、吊戸棚の取手高さが１６０センチ程度になるように天井から80センチの高さに取り付けました。

リビングボードには棚を付け、文具や雑貨、家族１人１人の整理ボックスを置きました。こ

図8−5

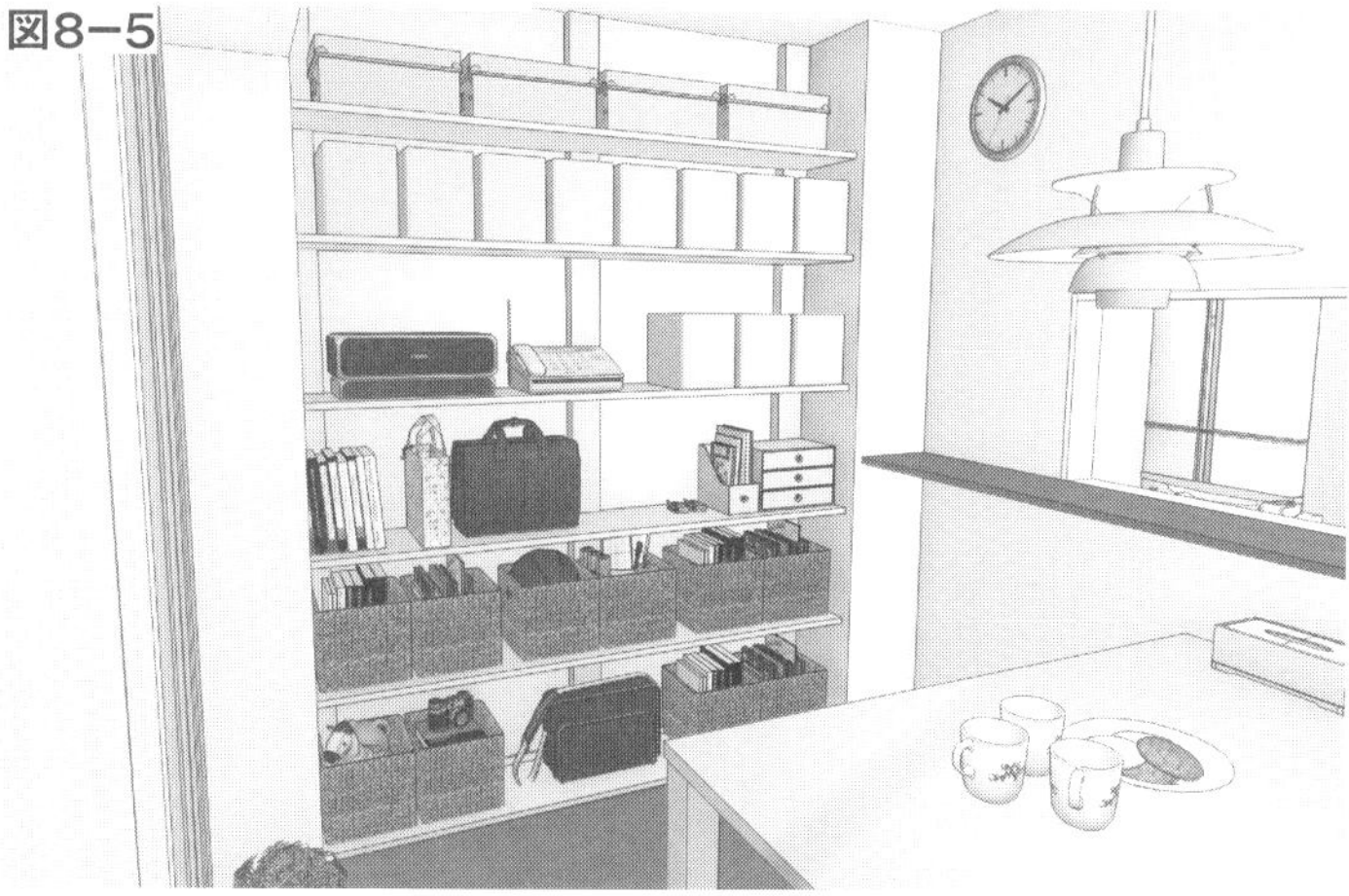

の整理ボックスがあることで、各自の物の収納場所ができ、片付けがしやすくなります。

リビングボードや吊戸棚ですが、造りつけ家具のため、賃貸の場合は取り付けが難しい場合があります。その場合は、市販の突っ張り棚や、簡単なＤＩＹで作成することも可能です。

突っ張り棚は、大きいもので幅が１８０センチ程度のものがありますので、大きめの壁面にも簡単に棚が作れます。またディアウォールやラブリコという商品を使えば、壁や床を傷つけずに、図８－５のような収納棚ができます。

部屋のデッドスペースを使ってリビング収納などを造ることで、無駄であった空間を収納空間に活用することができます。

ルール9

リビング学習やテレワークの専用コーナーを造れば、学習用品や書類があふれなくなる

リビング・ダイニングに散らかりやすい学習用品と仕事道具

参考書や教科書などの子供の学習用品も、リビングに散らかりやすいものの1つです。とくに小学校低学年までは、〝リビング学習〟を実践するご家庭が多いためです。

またテレワークの普及に伴い、リビングで仕事をする方も増えているため、仕事の道具や書類もリビング・ダイニングに集まってきます。

ソファでくつろぐとき、または食事のたびに、リビングテーブルやダイニングテーブルから勉強道具や仕事の書類などをどこか別の場所に動かさなければならないのは、無駄なだけでなく、イライラやストレスの元となります。

専用コーナーでイライラも解決

これらの問題は、**専用コーナーを用意する**ことで解決できます。リビング学習や仕事をダイニングテーブルまたはリビングテーブルで行なうのではなく、この専用コーナーに置いた机で行なうようにし、教科書や仕事道具などの収納場所も確保するのです。

このような専用コーナーも部屋の空間分けで、簡単に造ることができます。


では、リビング学習の専用コーナーの造り方を、実際の事例で見てみましょう。

解決例9　子供の勉強道具を食事のたびに動かす手間が面倒です

図9-1（P76）はリビング・ダイニング部分が約14畳のマンションの間取り図です。小学生のお嬢様とご子息とご夫婦の家族4人で暮らしていらっしゃいます。

「ダイニングテーブルで子供が勉強しますが、食事のたびに、勉強道具を動かす手間が面倒です。勉強机は置いているのですが、狭くて作業がしにくいです」とのお悩みでした。

部屋に入ってすぐにダイニングテーブルが置かれています。そのため、ここにランドセ

図9−1

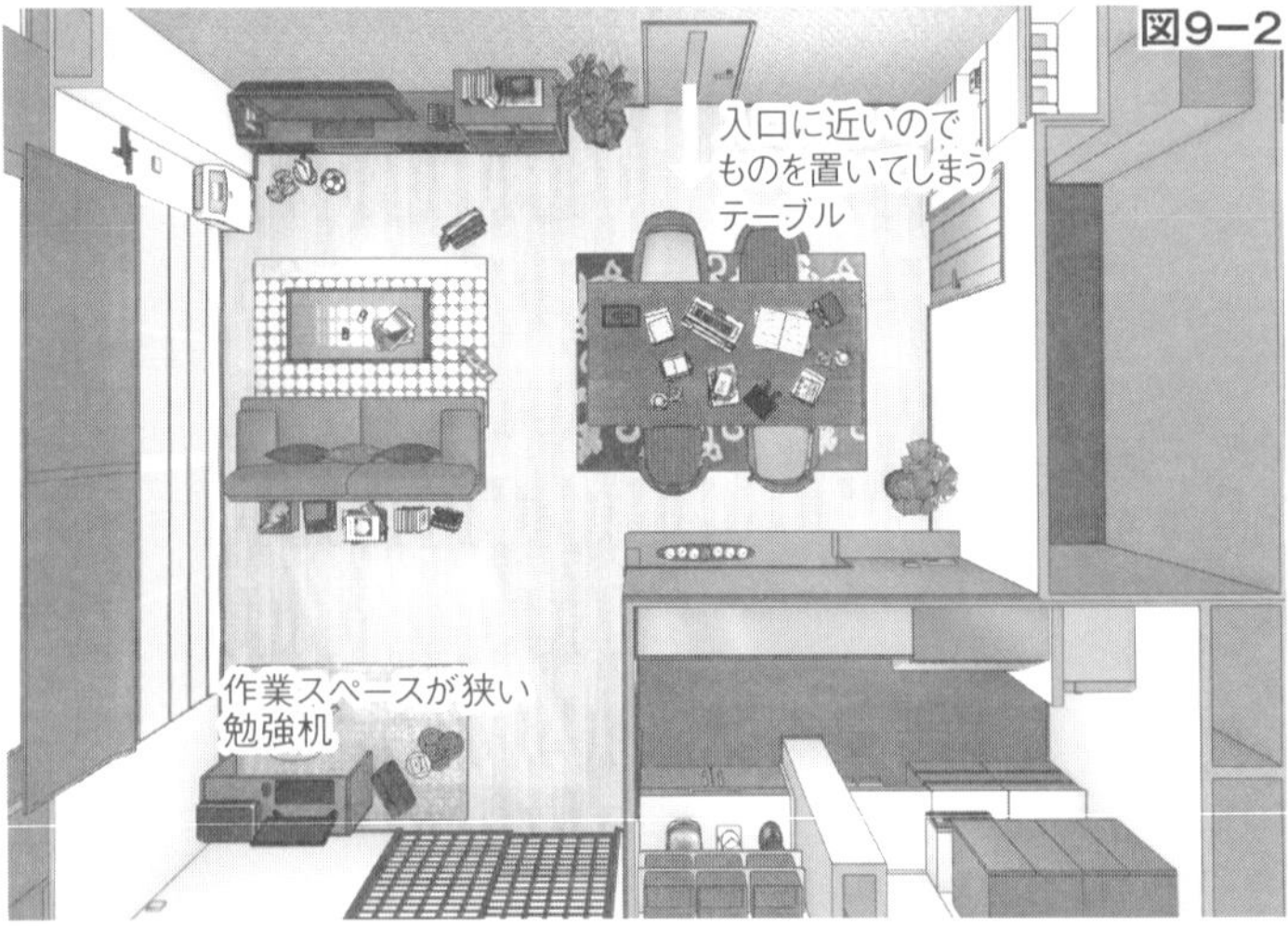
図9−2
入口に近いので
ものを置いてしまう
テーブル
作業スペースが狭い
勉強机

図9−3

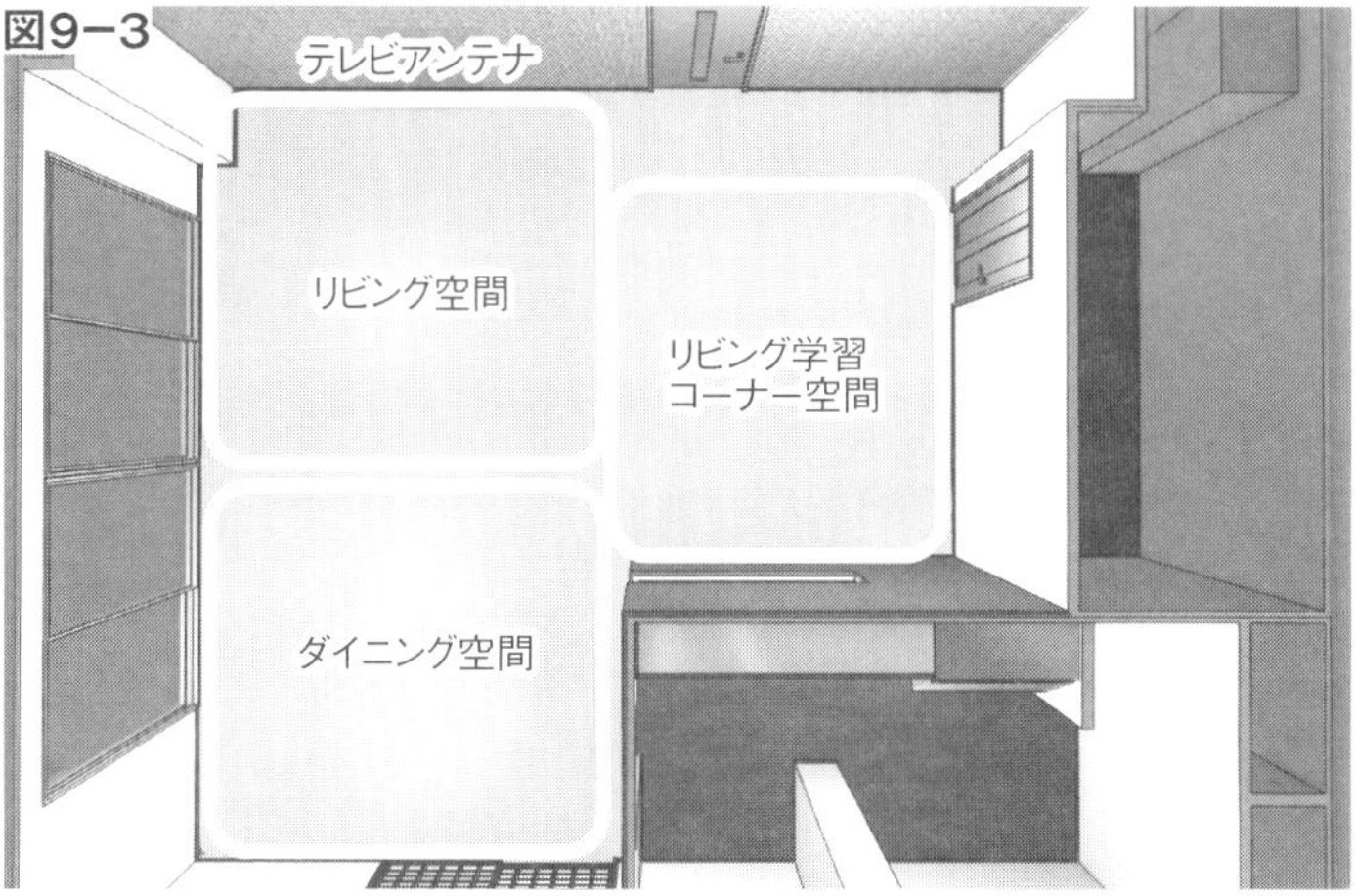

ルなどを置いてしまう行動が習慣化されていました。

また奥には勉強机がありましたが、奥行が40センチと狭いため、パソコンやプリンターを置いてしまうとスペースがなくなってしまい、机として十分に機能していない状態でした。

そこで、この勉強机を見直し、機能的なリビング学習コーナーを作成してみました。

まず、最初にすることは、部屋の空間分けです。図9－3のように、テレビアンテナの位置と遠くない位置にソファを置くため、リビング空間は決まってきます。

残った2つの空間を、ダイニング空間とリビング学習コーナーに空間分けします。

今までは、部屋を入ってすぐの場所にダイニ

図9−4

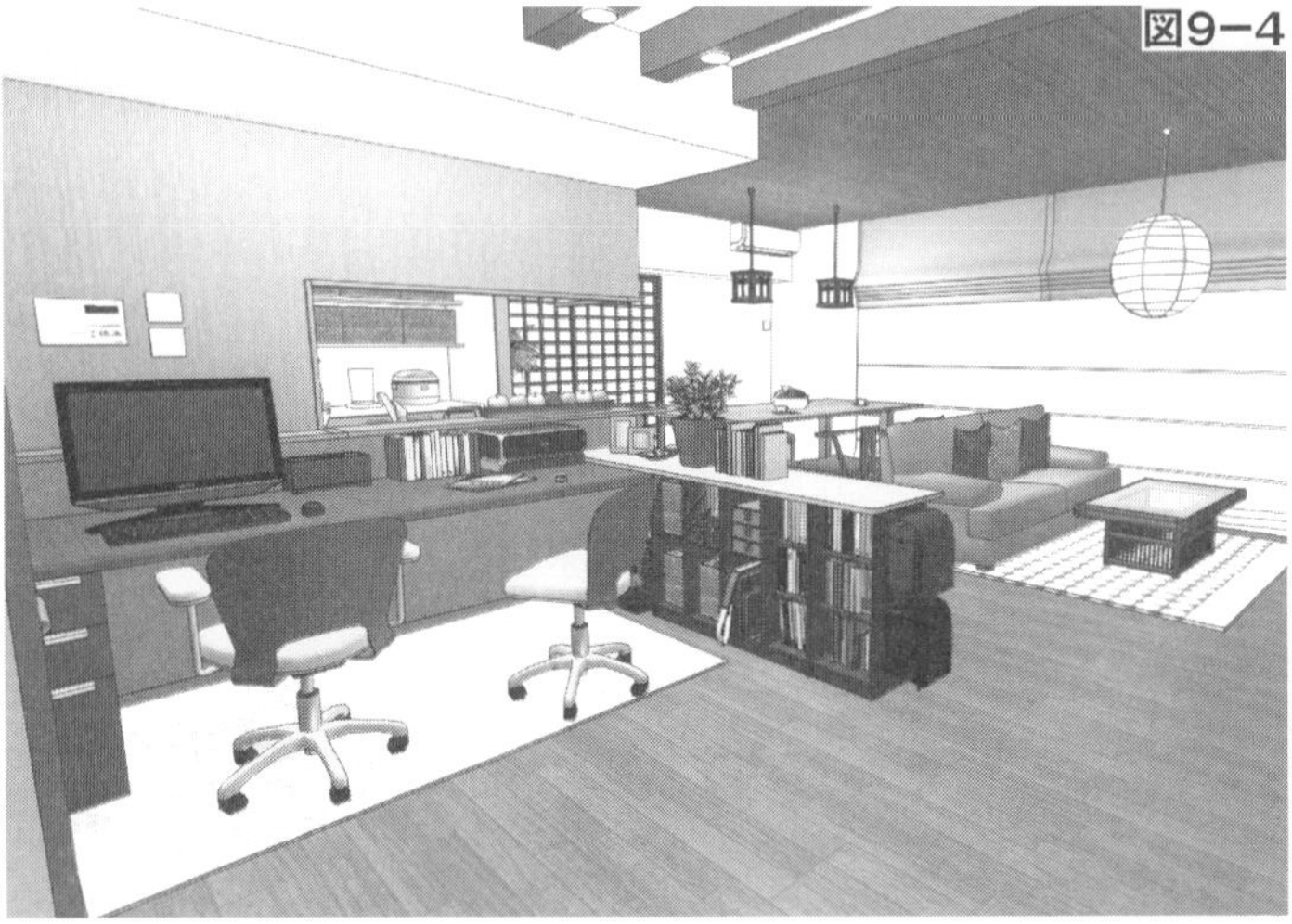

図9−5

ングテーブルがありましたが、今度は、この場所にリビング学習コーナーを造りました。

その理由は、**部屋に入ってすぐにダイニングテーブルがあると、どうしてもそのスペースにランドセルを置いてしまい、ダイニングテーブルが散らかってしまう**からです。

そのため、ダイニング空間は部屋の奥に配置し、リビング学習コーナーを部屋に入ってすぐの場所に設置しました。

また〝リビング学習コーナー〟の机は、小さいと作業がしにくいため、最低でも奥行50センチ、幅80センチは必要になります。今回は図9－5のように奥行80センチと大きめのものにし、パソコンやプリンターを置いても、残りの奥行で十分に作業ができるように配慮しました。

そのほか、机のわきにはオープン棚を置き、教科書・参考書などの学習用品を収納しました。また、オープン棚の片側にはフックを取り付け、ランドセルが2個引っ掛けられるようにしました。

〝リビング学習コーナー〟ができ、また帰宅後のランドセル置き場ができたことで、学習用品がリビングやダイニングに散らかりにくくなりました。

専用の〝コーナー〟を部屋に造ることで、学習用品などの散らかりを抑え、片付きやすいリビング・ダイニングにすることができます。

ルール10
子供の衣類は、成長に合わせて移動できるリビングクローゼットに収納してスッキリ

子供が小さいうちは、リビング・ダイニングが子供部屋

最近では、子供1人に1部屋を与えるご家庭が増えています。しかし、小さいころから子供部屋を与え、自分で何でもさせるという教育方針の家庭を除き、学校の用意や勉強・お着換えなどがリビングでできると、親の目が届き安心です。

また幼稚園や小学校から帰った子供が、そのまま個室にこもらず、リビングで家族とコミュニケーションをとることで、子供のその日の様子がよく分かります。

このように、子供の成長を見守るうえで、リビングの役割はとても重要になります。とくに小学校低学年までは、就寝を除く子供部屋の役割を、リビングが担っています。

リビングクローゼットを造ることで、子供用品が散らからない

しかし、本来リビングは、家族全員が集まって、くつろいだり、食事をする場所です。ですから、子供部屋に用意されているクローゼットや学習机を置くスペースは、リビングにはあらかじめ用意されていません。

そのため、子供が幼稚園や小学校から帰宅し、そのままリビングに集まると、ランドセルや体操着などの衣類を置く場所がリビングにはなく、結果的に部屋が散らかってしまいます。

この問題を解決するには、**ランドセルや衣類などを置くための専用スペースがリビングに必要になります。その専用スペースが、リビングクローゼットになります。**

リビングクローゼットとは、ランドセルや体操着などの学校用品はもちろん、子供の下着や普段着などの衣類を主に収納する、リビングに置くクローゼットのことです。

リビングクローゼットは、どこに造る？

このリビングクローゼットですが、市販の収納用品を使って、簡単に造ることができます。

造る場所についてですが、**部屋にすでに設置してある収納のそばが便利**です。収納を1か所にまとめることで、収納作業が楽になるからです。

また、リビングクローゼットとして使う家具は、子供部屋でもレイアウトできるサイズの収納家具を使いましょう。そうすることで、子供が中学生以降、各自の部屋で過ごすようになったときも、このリビングクローゼットを移動して使うことができます。

では、具体的なリビングクローゼットの作り方を、実際の事例で見てみましょう。

解決例10 ソファなどにランドセルやコートなどが散らかり、片付きません

図10－1はリビング・ダイニング部分が約12畳のマンションです。小学生のお嬢様2人とご夫婦の4人で暮らしていらっしゃいます。

「子供たちのランドセルや学習用品などがリビングに散らかってしまいます。また私のコートや、子供たちの上着などもリビングに置くことが多く、片付きません」とのお悩みから、スッキリ片付いたリビングにしたいとのご希望でした。

図10－1

図10－2

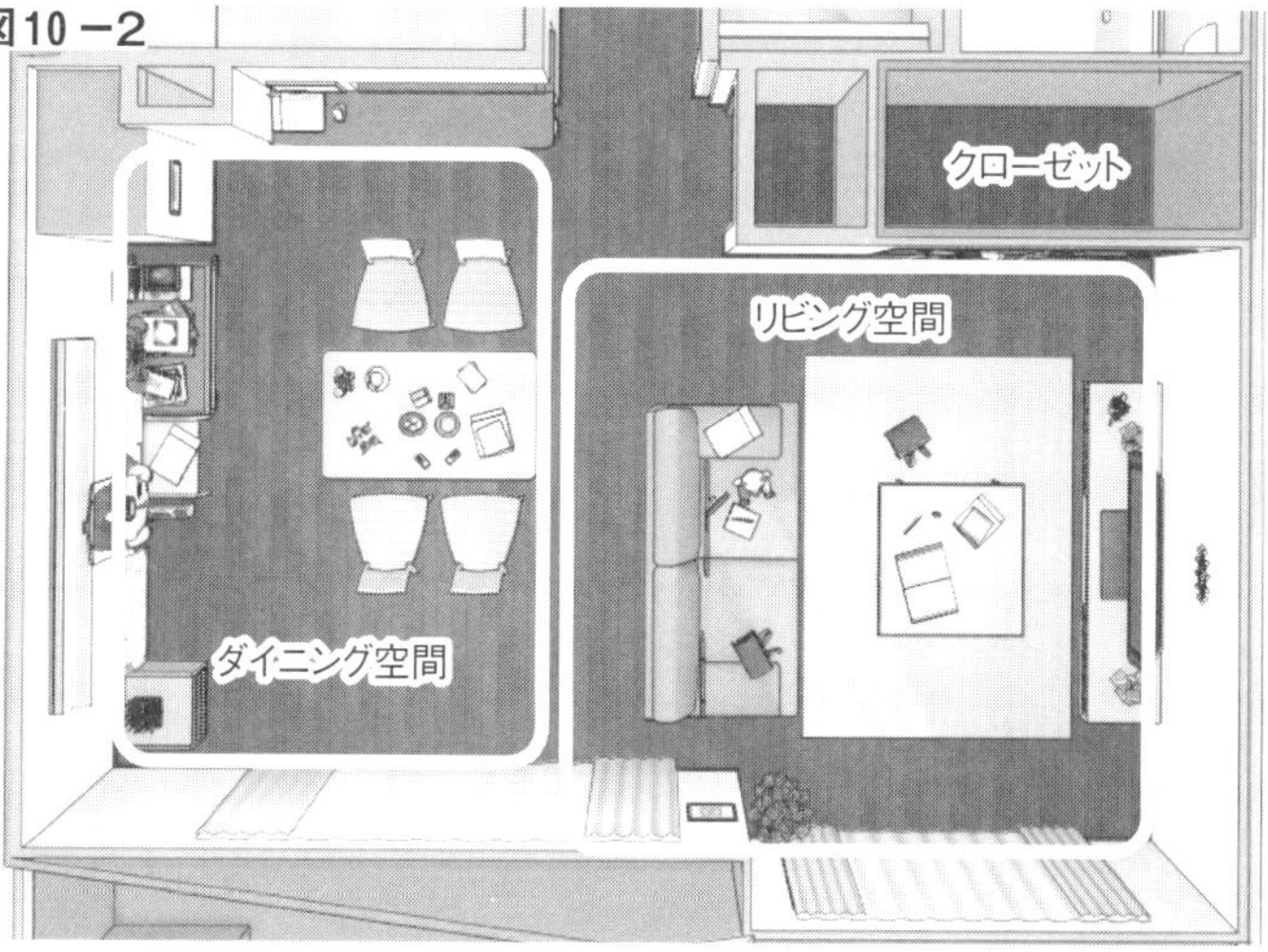

ご家族は、学校や外出から帰ると、リビングで上着を脱ぐ習慣がありました。そのため、部屋のあちらこちらに、上着などの洋服がかけてありました。

しかし、収納扉に洋服をかけると、その重みで扉がゆがんでしまい、そのうちに開け閉めに支障が出てきます。またソファにはランドセルや、子供が脱いだ洋服なども置いてあり、ゆっくり座れる状態ではありませんでした。

そこで、リビングクローゼットを部屋に置いて、上着などの散らかる洋服を片付けてみました。

現在の部屋は図10－2のように、リビング空間とダイニング空間に分かれており、部屋の右手にクローゼットがありました。

そのため、図10－3のようにクローゼットのそばにリビングクローゼットを置き、「収納空間」を造りました。こうすることで、**収納が1か所にまとまるため、動線が短くなり、収納作業が楽になります**。

「収納空間」の隣には、ルール9でお話しいたしました「リビング学習コーナー」を造り、散らかりやすかった学習用品などを収納できるようにしました。（図10－4）

図10－3

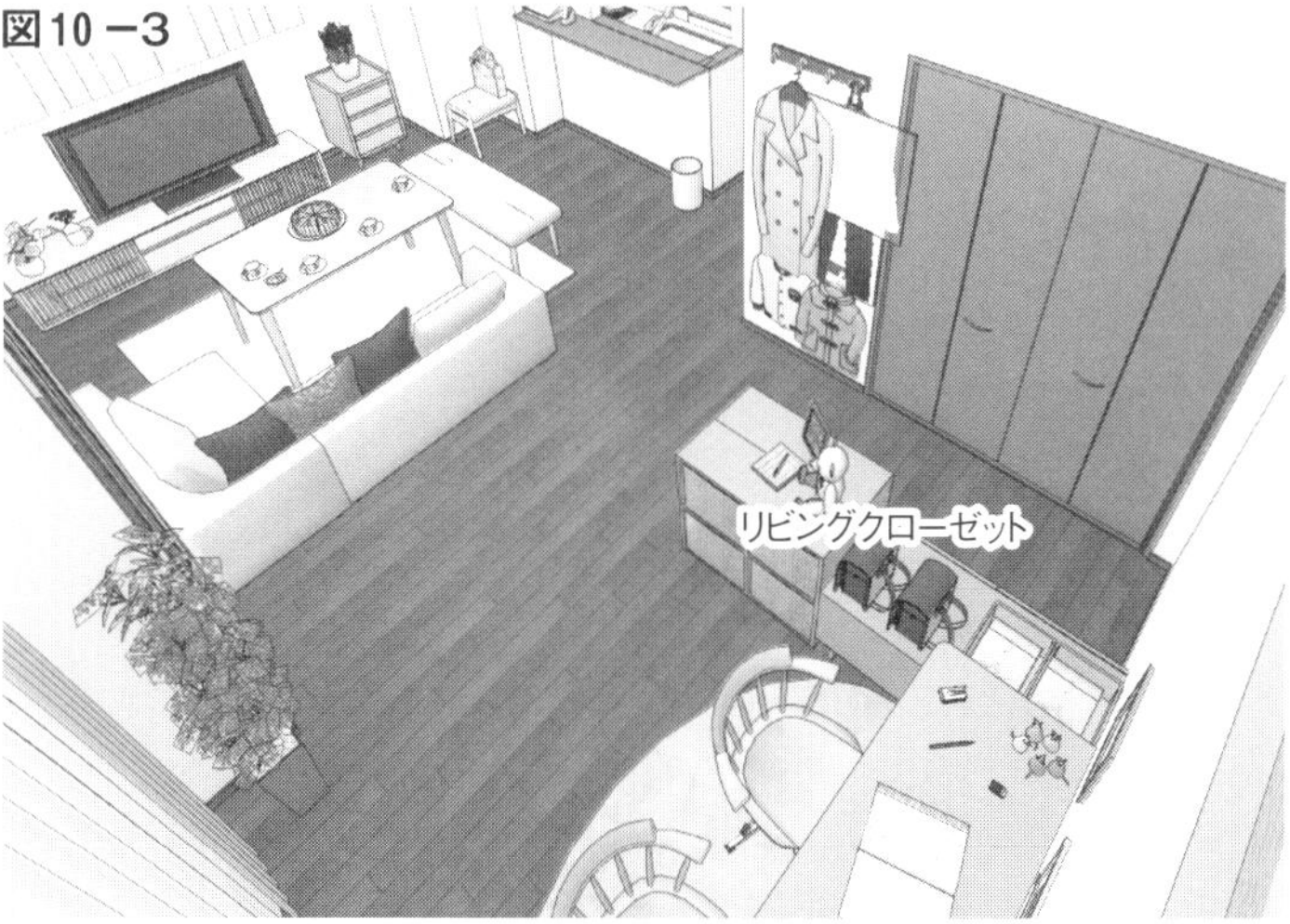
リビングクローゼット

図10－4

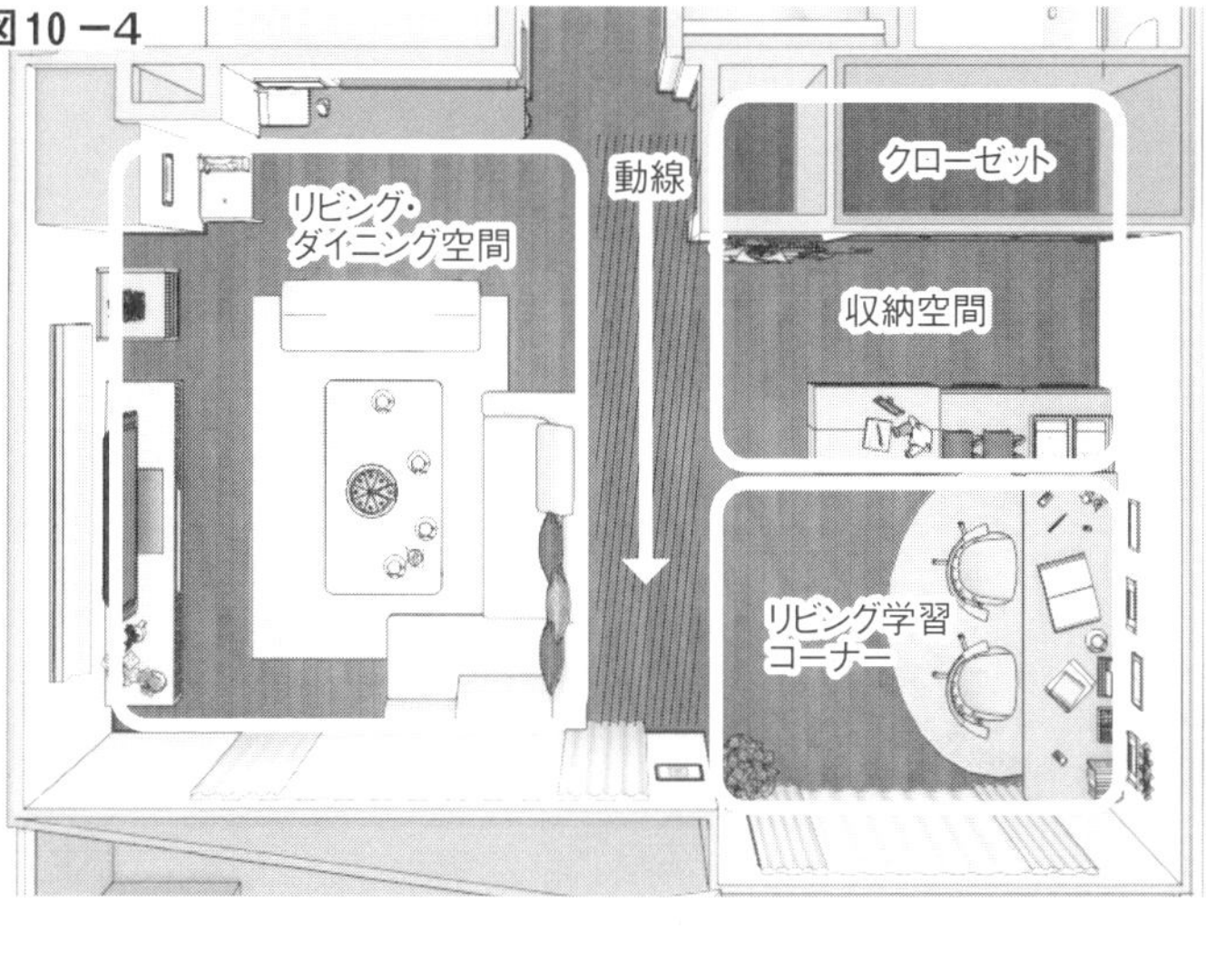
リビング・
ダイニング空間
動線
クローゼット
収納空間
リビング学習
コーナー

図10－5

リビング空間は、ダイニング空間と1つにして、ルール5でお話ししました1台2役のダイニングソファを使うことにしました。

ここで、造った収納空間について、具体的に見ていきましょう。

まず、壁には①ハンガーフックを取り付け、大人のコートや子供の上着などをかけられるようにしました。（図10－5）

クローゼットの前には、市販の収納家具でリビングクローゼットを造りました。

リビングクローゼットは、②引き出し付きのチェストを置き、チェストの上に置いた③整理ボックスとともに、体操着やハンカチ・靴下や制服のブラウスを、たたんで収納しました。

チェストの横には④オープンシェルフを置

図10－6

き、よく着る普段着を整理ボックスにたたんで収納しました。（図10－6）

このチェストやオープンシェルフは、奥行45センチ、高さ50～80センチなので、簡単に移動できるサイズのものです。

子供が小学生中学年以降になり、子供部屋での生活スタイルに移行したときも、**それぞれの子供部屋に家具を移動して使うことができます。**

リビングクローゼットを部屋に造ることで、上着や普段着などの洋服が散らかることを防ぎ、片付きやすいリビングになります。

ルール11

リビングに散らかりやすいおもちゃには、子供が自主的に片付けやすい簡易収納を

何かと困るのは、おもちゃの収納

リビングにいつも子供のおもちゃが散らかっていて片付かない、というお悩みを持つご家庭は大変多いものです。

おもちゃはおままごとセットやプラレールのように細々した物から、ぬいぐるみやゲームなど場所をとる物まで様々です。

この様々なおもちゃを片付けるには、衣類や学習用品などを収納するリビングクローゼットとは別に、**一時的なおもちゃ専用収納を造る必要があります**。

おもちゃの収納場所は、一時的で簡易的なもので良い

図11－1

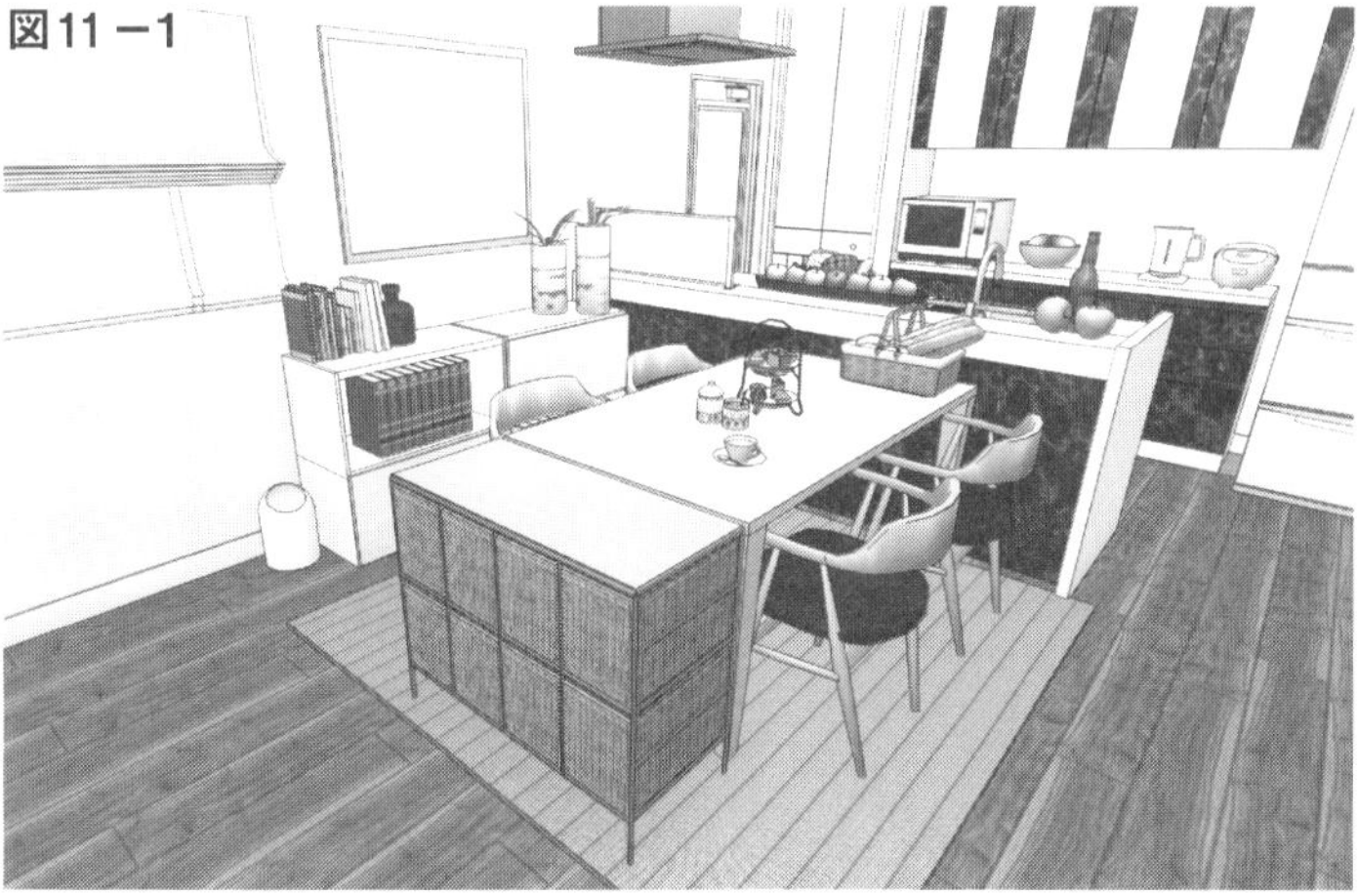

おもちゃ専用収納は、あくまでも子供が小さい間という、期間限定でかまいません。なぜなら、収納をそのままにしておくと、リビングが狭い状態が続いてしまうからです。

ですので、造りつけ家具のような永久的なものではなく、置き家具のような簡易的なもので造ります。

例えば図11－1のように、ダイニングテーブルの横に、高さを合わせた市販のチェストを置くだけで、簡易的なおもちゃ専用収納が造れます。

おもちゃ専用収納は、子供が使いやすいサイズのものを選ぶ

簡易的に造るおもちゃ専用収納ですが、「ど

こに何をしまうか?」なども含めて、**子供に自由に管理させることが理想的**です。自由に管理させることで自主性が育ちますし、また限られたスペースに工夫して収納することで、頭を使い、考えさせる機会にもなります。

子供がメインで使うおもちゃ収納ですので、そのサイズや様式は子供が使いやすいものを選びます。例えば、高さは子供の目線に合った60~100センチほどのものを選びましょう。

また、おもちゃの出し入れを〝取り出す〟〝しまう〟など、ワンアクションで行なえる引き出し式やオープン棚などの様式を選べば、子供にとって簡単に片付け作業ができます。

では、具体的なおもちゃ専用収納の作り方を、実際の事例で見てみましょう。

解決例11 こどものおもちゃがリビングに散らかり、足の踏み場がありません

図11-2は、リビング・ダイニング部分が、約10畳のマンションです。幼児、小学生の

図11－2

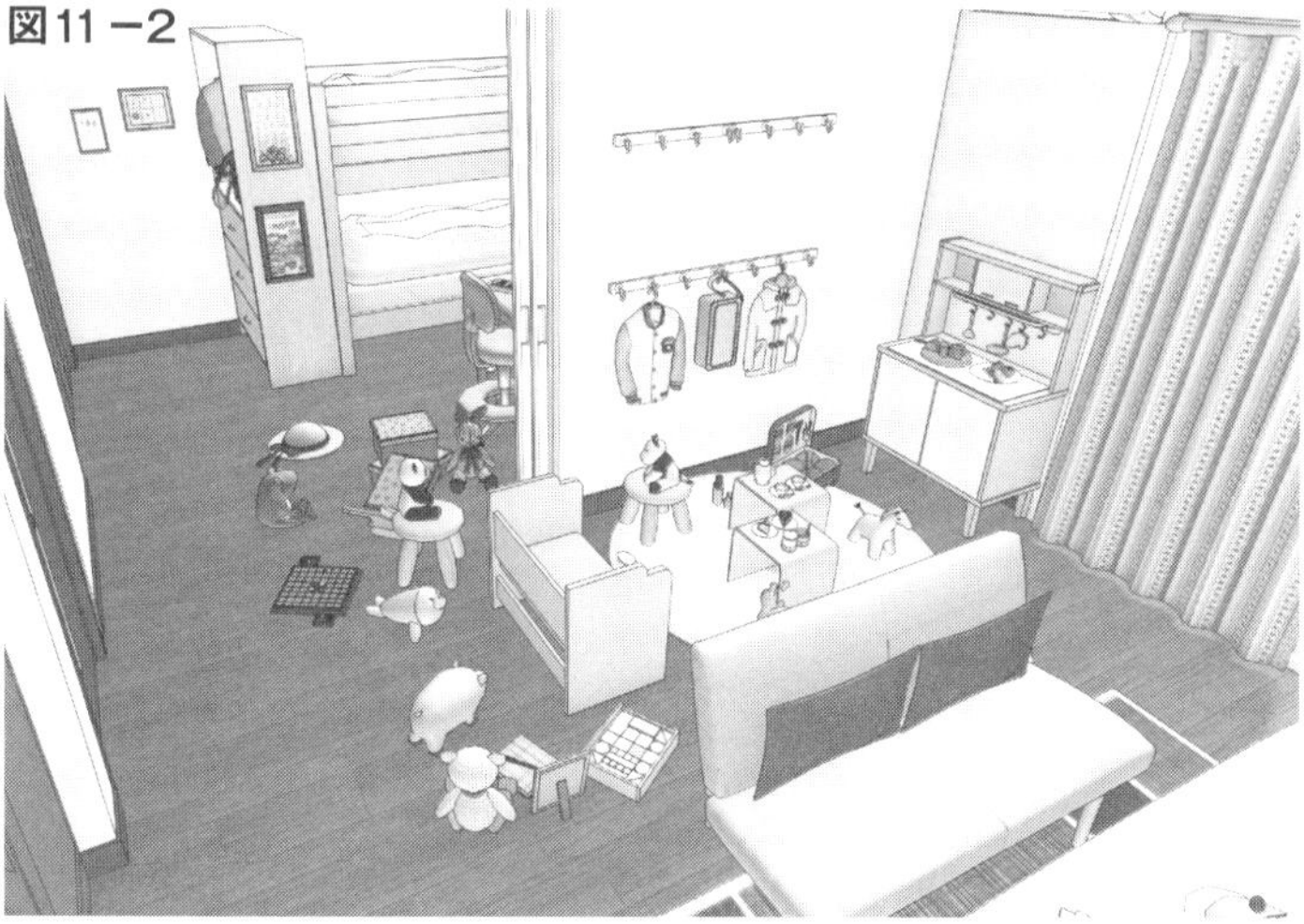

図11－3

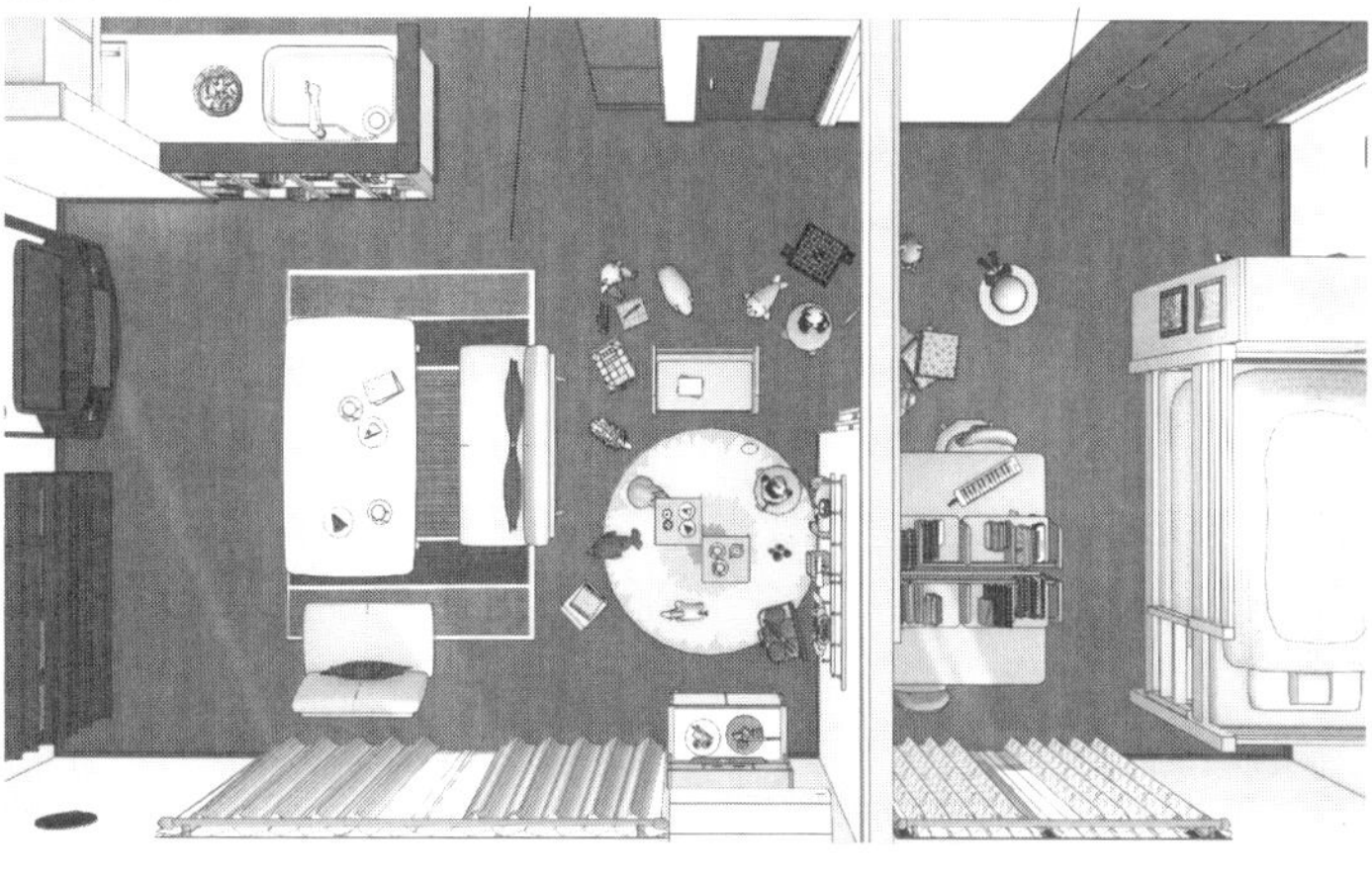

お嬢様とご夫婦の4人で暮らしていらっしゃいます。

「子供たちのおもちゃがリビングに散らかってしまい、足の踏み場がありません。おもちゃの収納をどうにかしたいですが、これ以上部屋が狭くなるのも避けたいです」とのお悩みでした。

リビングには、スライディングの扉でつながった6畳の子供部屋がありました。このスライディングの扉は常時、開け放しているため、子供部屋とリビングのつながった空間が、遊び空間になっており、おもちゃを広げてしまう結果へとつながっていました。

そこで、おもちゃ専用収納を部屋に置いて、ぬいぐるみやゲームなどのおもちゃを片付けてみました。


リビングには、幅120センチ×高さ77センチほどのソファが置いてあるため、このソファを利用しておもちゃ専用収納を造ります。

具体的には、幅と高さがソファにちょうど合うサイズのオープン棚収納を、図11－4、図11－5のようにソファの背中に沿わせて置きました。オープン棚収納の奥行は、あまり大きいと邪魔になるため、収納ケースがちょうど入るサイズの40センチ程度にしました。

図11－4

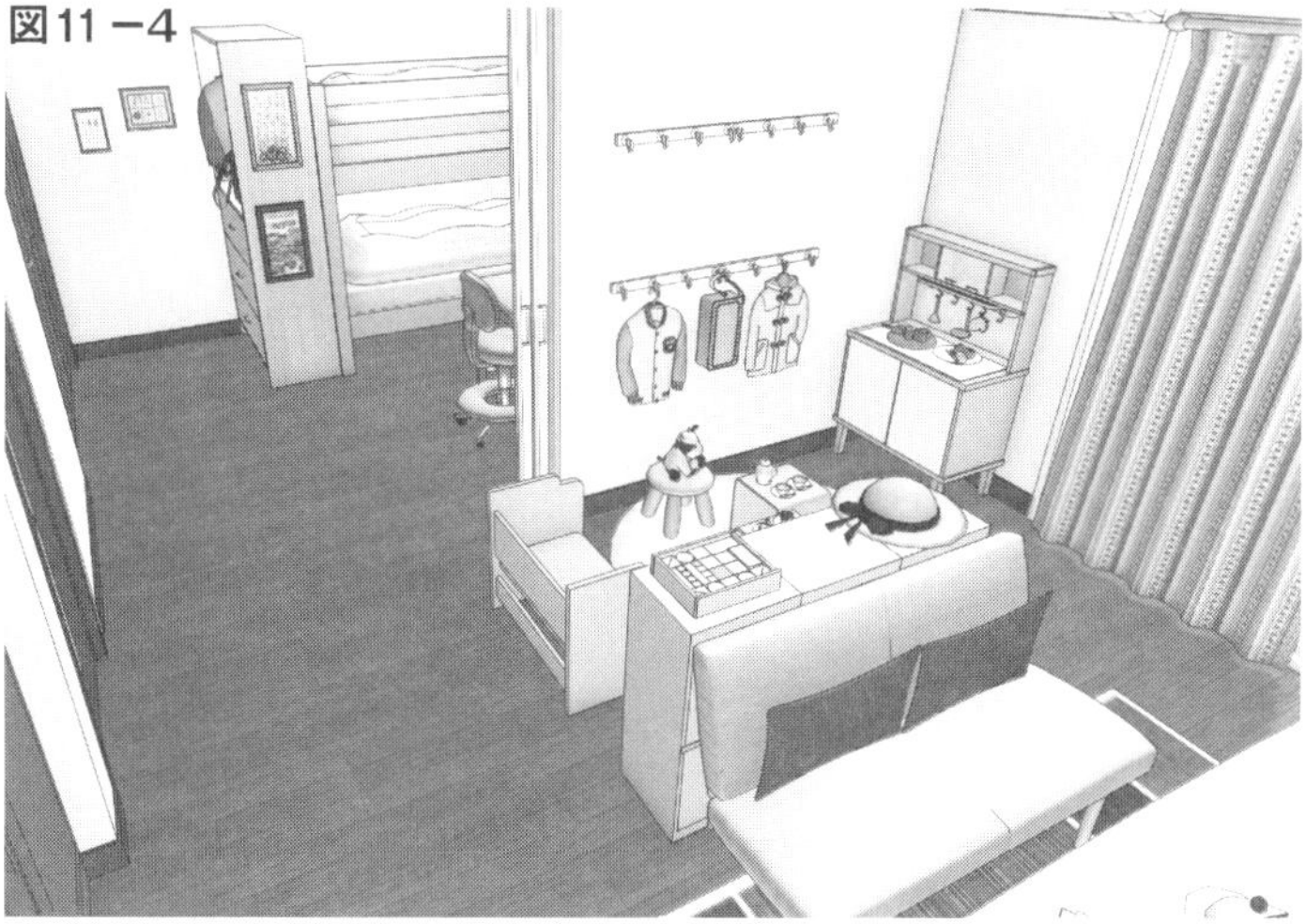

図11－5

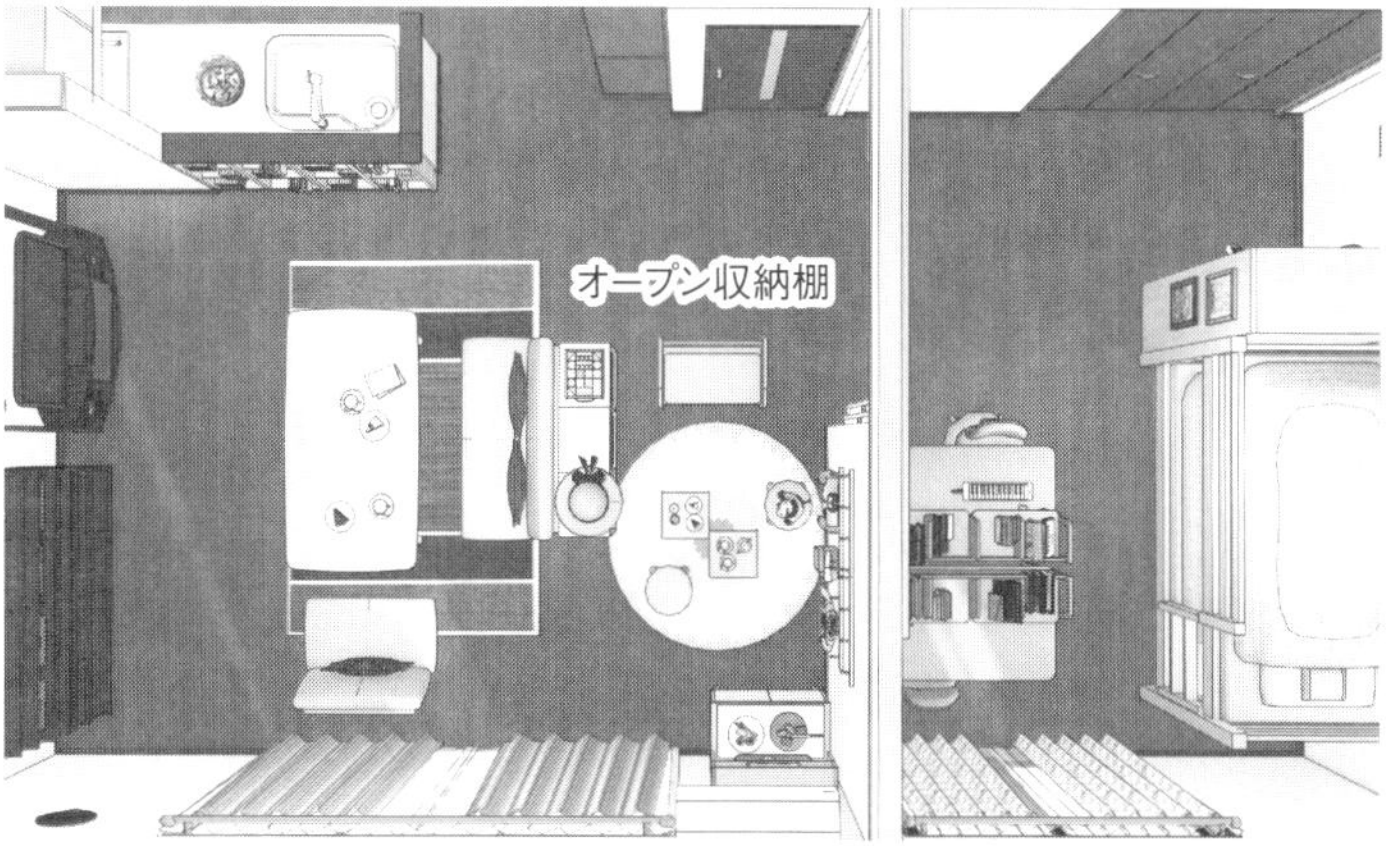

図11－6

収納ケースは、図11－6のようにおもちゃやゲームなどをざっくり収納することができ、子供にとって片付けやすい収納になります。また〝取り出す〟〝しまう〟などの行動がワンアクションでできるため、簡単にお片付けができます。

収納ケースに入らない大きなぬいぐるみやおもちゃは、オープン棚収納の上や、壁際の邪魔にならない場所に置きました。

最後にオープン棚収納ですが、図11－7のように、壁に沿わせる方法もあります。

しかし、壁の幅が80センチと狭いため、沿わせる収納の幅が80センチ以下になってしまい、収納量が思うように稼げません。幅がないぶ

図11－7

ん、収納の高さを高いものに変えても良いのですが、そうすると子供のサイズに合わないだけでなく、地震時の転倒など、子供にとって危険になり、また圧迫感も出てきます。

おもちゃ専用収納は、一般的な収納と違い、あくまでも子供が主体となり収納するものです。そのため、高さなどのサイズ感や安全性にはこだわって選択・レイアウトする必要があります。

おもちゃ専用収納がリビングに１つでもあると、子供が片付けに参加し自主性が育ちやすくなり、またおもちゃがリビングに散らかりにくくなります。

ルール12

スペースを取りがちなペットグッズは引き算インテリアで最小限に

場所をとるペット用品は、引き算インテリアで必要最小限にする

犬や猫などのペットを、家族の一員として、部屋の中で飼うご家庭が増えています。しかし、ペットトイレやペットゲージなどのペット用品は、それなりの大きさがあるため、リビングにそのスペースをとる必要がある場合、かなりの面積を占有してしまい、部屋が狭くなっています。

そこで、広くない部屋の場合は、スペースをとるペット用品などをなるべく少なくする必要があります。例えば、猫ならあえてペットゲージを置かず、キャットタワーで代用したり、ペットゲージの中にペットトイレを入れてスペースを省略するなどです。

ペット用品などの場所をとる家具類は、**引き算インテリアで必要最小限にすることが大切**です。

図12－1

ペット用の小物収納はペットスペースに設置

また、トイレやペットゲージ・キャットタワーなどのペット用品は、部屋のあちこちに分散させないで、1か所に専用スペースを造りレイアウトします。

専用のスペースを造ることで、食事や掃除などのお世話もしやすくなります。

そのほか、ペットの洋服やおもちゃ、ブラシやリードなどの小物は、ペット専用収納を造り、ペットスペースに設置します。

図12－1は、日のあたる部屋干しスペースの横にペットスペースを設置した例です。

図12－2

市販のカウンターテーブルを置き、下はペットゲージ、上には収納棚や引き出し収納を置いて、ブラシやリード、トイレシートや洋服などを収納するペット収納を造りました。

ペットスペースに専用の収納を造ることで、ペット用品が片付けやすくなり、また散らかりにくくなります。

ペットスペースを設置する場所

ペットスペースは、その大きさから、設置する場所をよく考える必要があります。

新築などの場合は、必ずペットスペースを設計段階から考慮して、あらかじめ部屋に造っておきます。

いま住んでいる部屋に造る場合は、お世話などがしやすい動線上や家族の視線が届きやすい場所に造ると良いでしょう。

リビング階段のある部屋では、図12－2のように階段下にペットスペースを設置する方法も有効です。

リビング階段の下は、何にも使えないデッドスペースになりやすい場所ですが、空間的には広いため、ペットスペースとしては十分に機能してくれます。

また、ペットスペースはトイレなどの臭いや、ペットの毛が飛び散りやすい場所です。そのため、**ペットスペースは、空気の取り入れ口である給気口のそばを避けて設置**します。（給気口について、詳しくは１８４ページの「お悩みその5　猫の糞尿の臭いが、食事中に気になります」を参照してください）

では具体的に、ペットスペースの作り方を、実際の事例で見てみましょう。

解決例12　ゲージやキャットタワーなどのせいで、部屋が狭く、動きにくいです

図12－3は広さが約8畳のリビング・ダイニングです。

お料理教室を運営されているため、ダイニングテーブルを置かず、リビングにダイニングソファを置いて食事はそこでされていました。

「リビング・ダイニングが狭いうえ、キャットゲージなどがあり、部屋が狭く、片付けや掃除をするにも動きづらいです。リビングを片付けやすく、くつろげる部屋にしたいです」とのお悩みでした。

図12－4を見てください。8畳の部屋に、3人掛けソファと、リビングチェア、エレクトーンが置かれていました。

そのほか、猫のキャットタワーとゲージ、トイレが、それぞれ3か所に分かれて置かれていました。分かれて置かれているため、掃除やお世話がしにくい状態となっていました。

また、図12－4の矢印で示しました動線のうち、キャットタワーに向かう動線は、椅子にぶつかるため、使いにくい無駄な動線となっていました。

そこで、ペット用品を1か所にまとめ、ペット専用収納のある機能的なペットスペースを造ってみました。

まずはじめに、3か所に分かれていたペット用品（トイレ・キャットタワー・ペット

図12－3

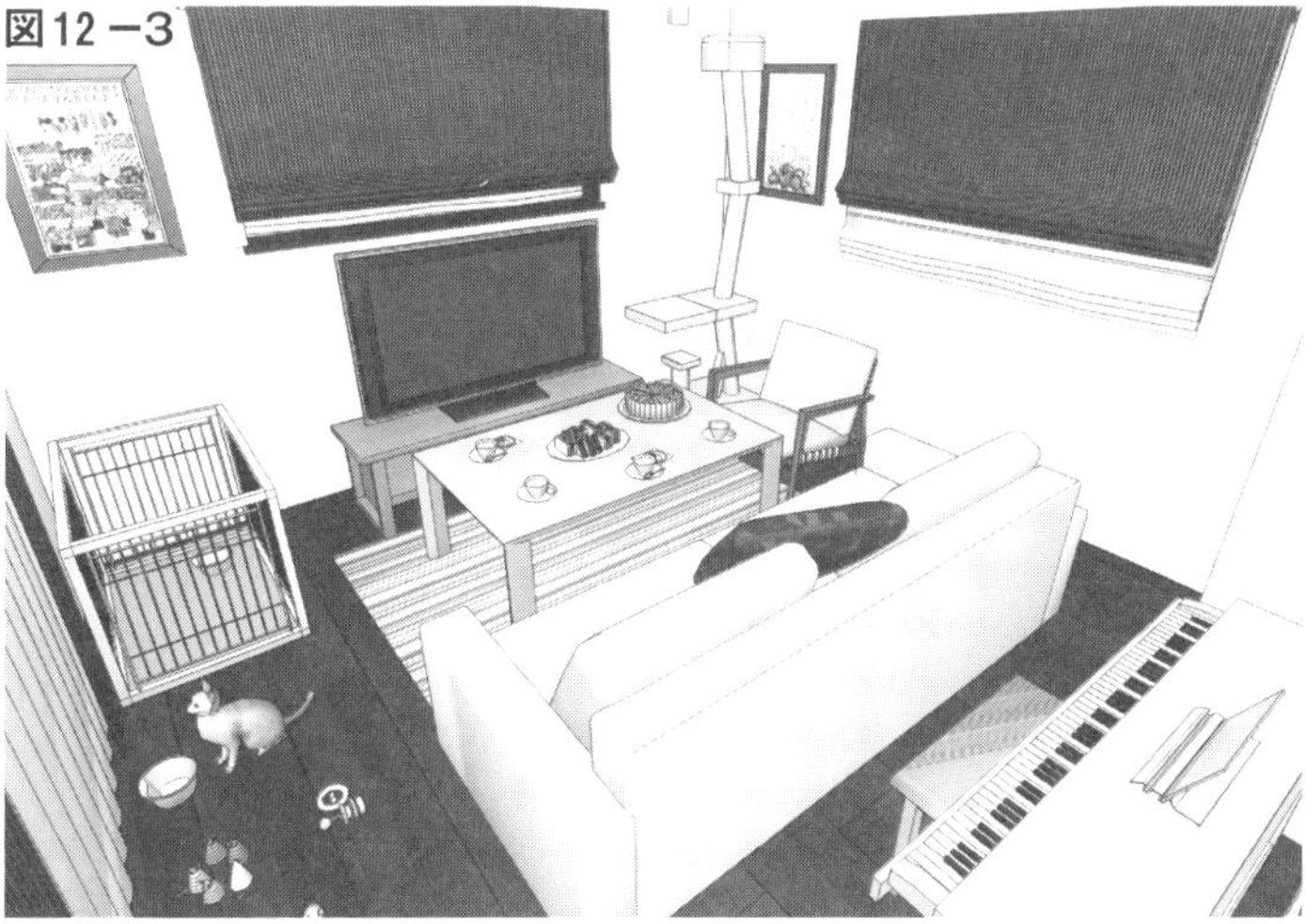

図12－4

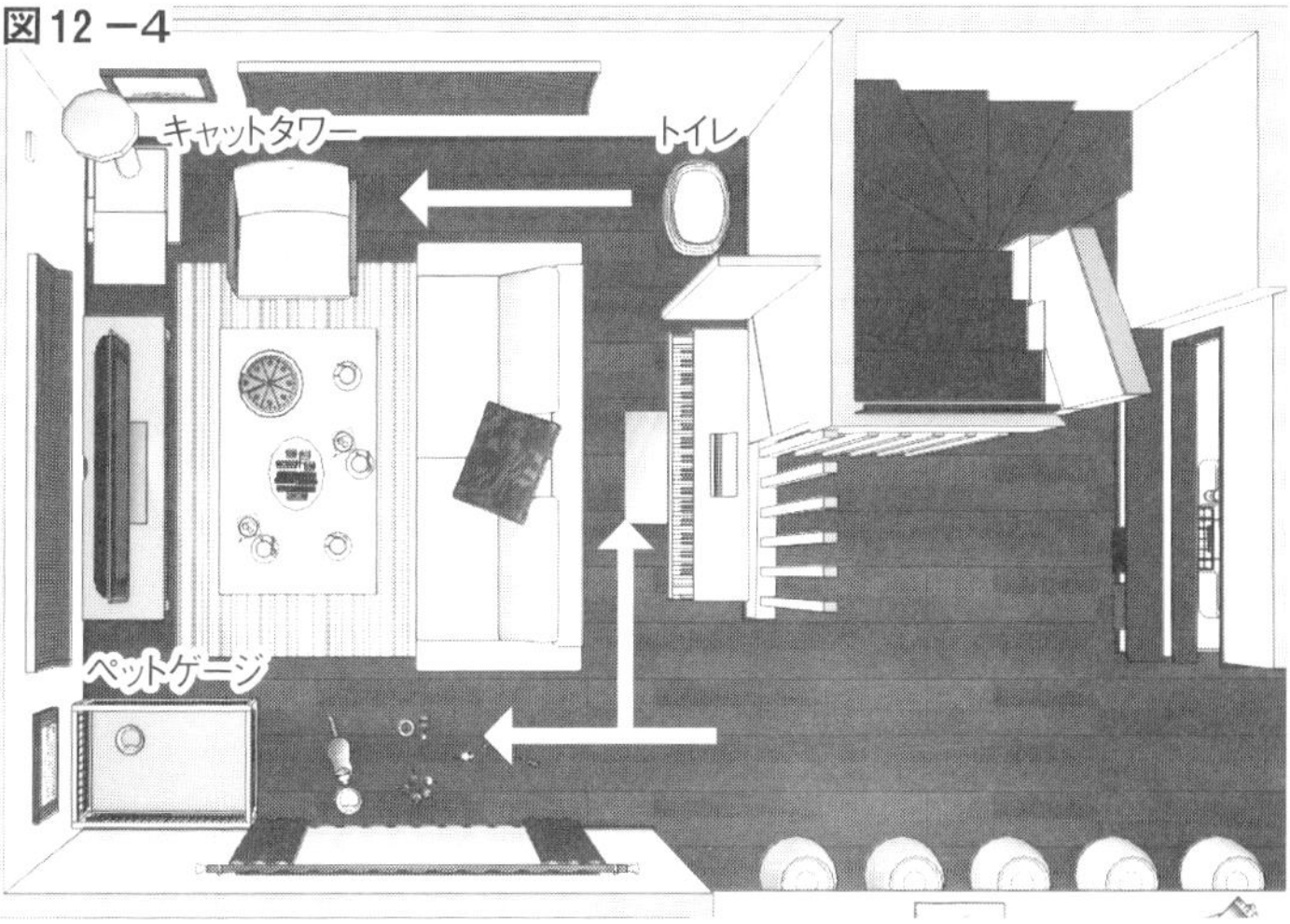

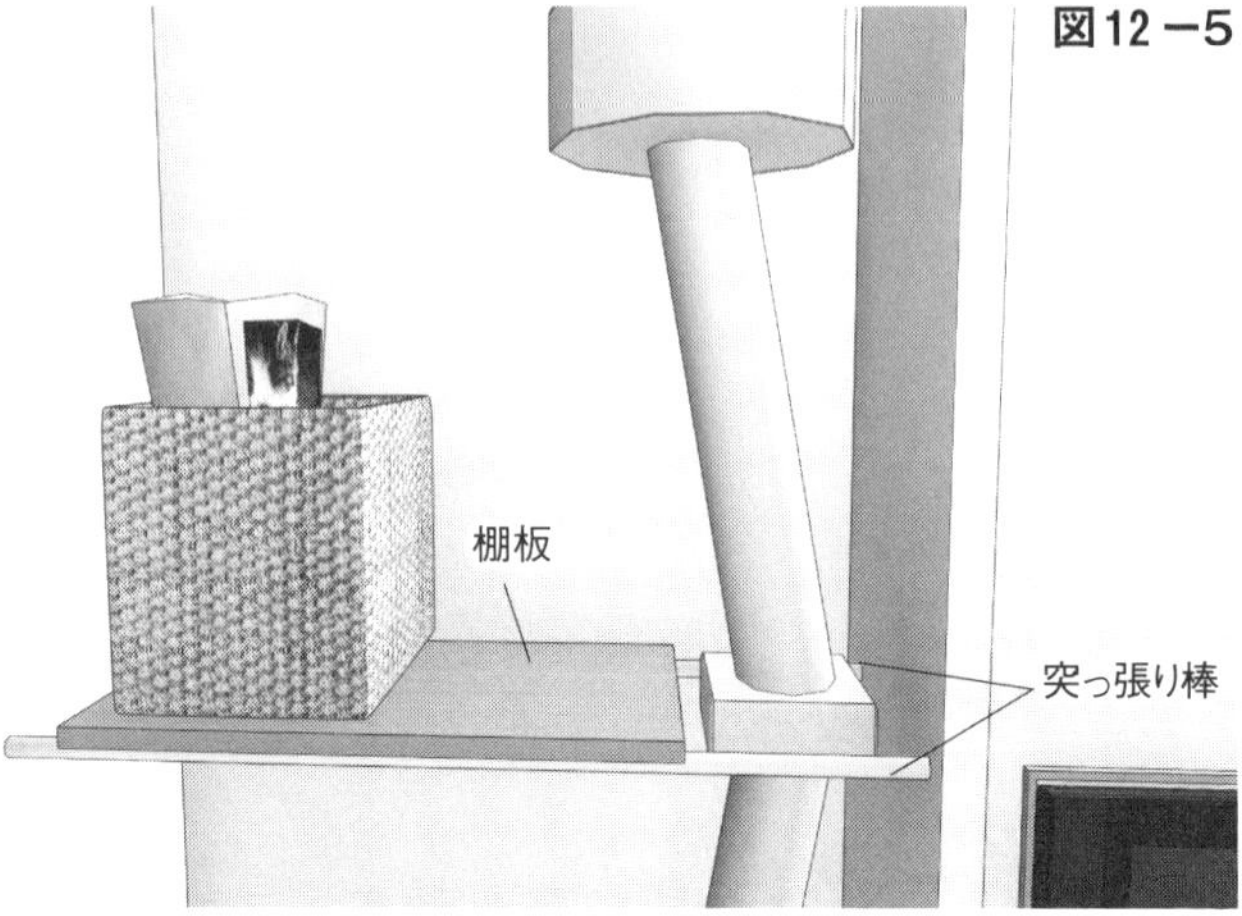

図12－5

ゲージ）を、図12－7のようにトイレが置いてあった場所に、ペットスペースとしてまとめました。

ペットゲージは、元々はペットが眠る場所として使用していたのですが、いまはキャットタワーで眠ることが多くなったため、引き算インテリアの結果、処分することにしました。

そしてキャットタワーには、市販の突っ張り棚を設置して、その上に収納ケースを置いて、ペット専用収納を造りました。

この突っ張り棚ですが、長さは35センチから１９０センチまでと様々なサイズが販売されております。また耐荷重も10キロから60キロと強く、配管などをよけて設置できるものなどもあり、機能的です。

しかし、配管などのサイズが大きくて既製品

図12－6

図12－7

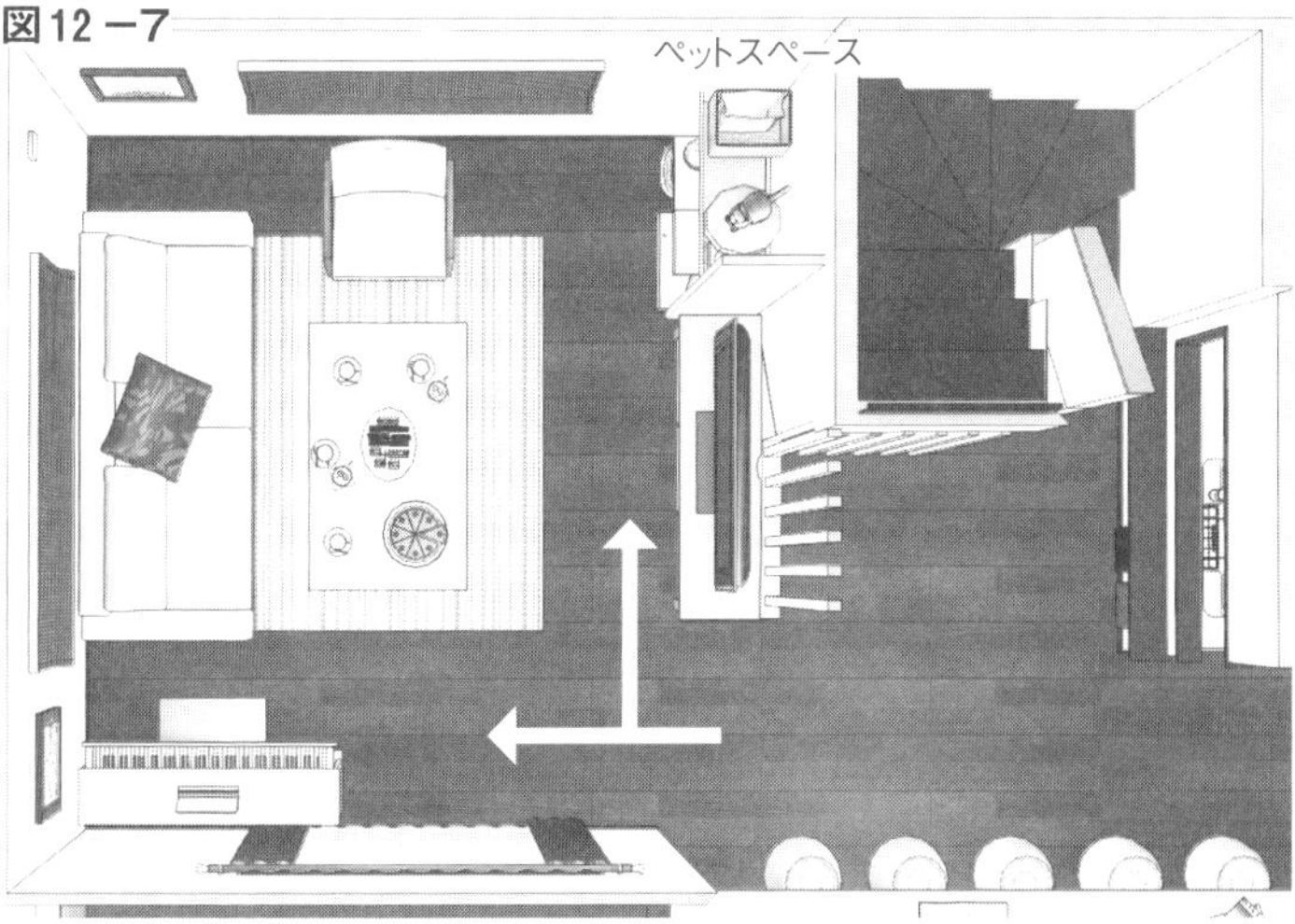

図12－8

の突っ張り棚を上手く設置できない場合があります。その場合は、図12－5のように、市販の突っ張り棒を2本設置した上に、市販の棚板を置いて、ペット専用収納を設置する方法もあります。

また突っ張り棚は高耐荷重のを選び、棚の高さをペットが飛び乗れる高さに調整することで、キャットタワーの機能を阻害することはなくなります。

スペースをとっていたペットゲージがなくなったことで、ソファやエレクトーンなどのレイアウト変えもしやすくなりました。

図12－8は、別角度から見た模様替え後の様子です。

ペット用品を1か所にまとめたことで、無駄な動線がなくなり、部屋が広く動きやすくなりました。

ペットのいる家庭では、ペットスペースをまとめることで、掃除や世話が楽になり、またリビングを広く使うことができます。

Column2　美容や健康のもとになる換気の大切さ

毎日生きていく上で、私たちに欠かせないものは、水や食べ物、そして空気です。

健康や美容のために、水や食べ物にこだわっている人は多いのですが、空気にこだわる人はそれほど多くありません。しかし、人がその一生で、1番多く体内に入れているものは空気だということをご存知でしょうか。

環境工学の第一人者である村上周三氏の研究によると、人が体内に入れる物質は、重量比で比較すると、部屋などの室内空気や外気が83％と最も多く、食物7％、飲料が8％、その他2％となっています。じつに食べ物や飲み物の10倍以上もの空気を、体内に摂取していることになります。

そして、体内に摂取している部屋などの室内空気は、呼吸による二酸化炭素、カビやダニ・ホコリなどのハウスダストや、発がん性物質であるホルムアルデヒドなどの化学物質、ウイルスなどで汚染されているのです。

この汚れた室内の空気を、室外に出す唯一の方法が換気です。

換気のメリットは、それだけではありません。アレルギーのもとになりやすいカビやダニは、湿度が高いと繁殖しやすくなります。しかし、換気をすることで、家の中の湿気を抑えることができ、結露やカビ・ダニの繁殖を抑えることができるのです。

また、室内の二酸化炭素が多くなると、倦怠感、頭痛、耳鳴り、息苦しさなどの症状が出ることが報告されています。少し頭が重いとき、窓を開けるとスッキリした経験をお持ちの方も多いと思います。換気により二酸化炭素を室外に出し、新鮮な酸素を取り入れることで、それらの症状を抑えることができるため、勉強や家事、仕事やエクササイズなどのパフォーマンスも上げることができるのです。

そのほか、新鮮な酸素は代謝機能を活性化させ、美肌やアンチエイジングにも良いといわれています。

水や食べ物を吟味するように、これからは「空気」も吟味する時代です。

健康的で美しい毎日を送るためにも、常に新鮮な空気の中で暮らせるよう、換気を徹底する生活を心がけてみてください。

Step 3

片付けやすい 家具選びのルール

ルール13

置くだけで、部屋の空間分けができる収納家具

第2章では、部屋の動線や空間分けの重要性、片付きやすい収納の造り方についてお話しいたしました。

では、部屋を造るうえで、具体的にはどのような家具を選べば良いのでしょうか？

実際に販売されている商品をもとに、解説していきたいと思います。

子供部屋を2つに分けたいなら、どちらからも使えるオープンシェルフが便利

1つの子供部屋を2つに分けたい場合は、オープンシェルフが便利です。図13－1のように空間分けとして使うので、**どちらからも取り出せるように、背板のついていないものを選びます**。

また地震時に転倒しないよう、高さは80センチ程度のものが安全です。

図13－1

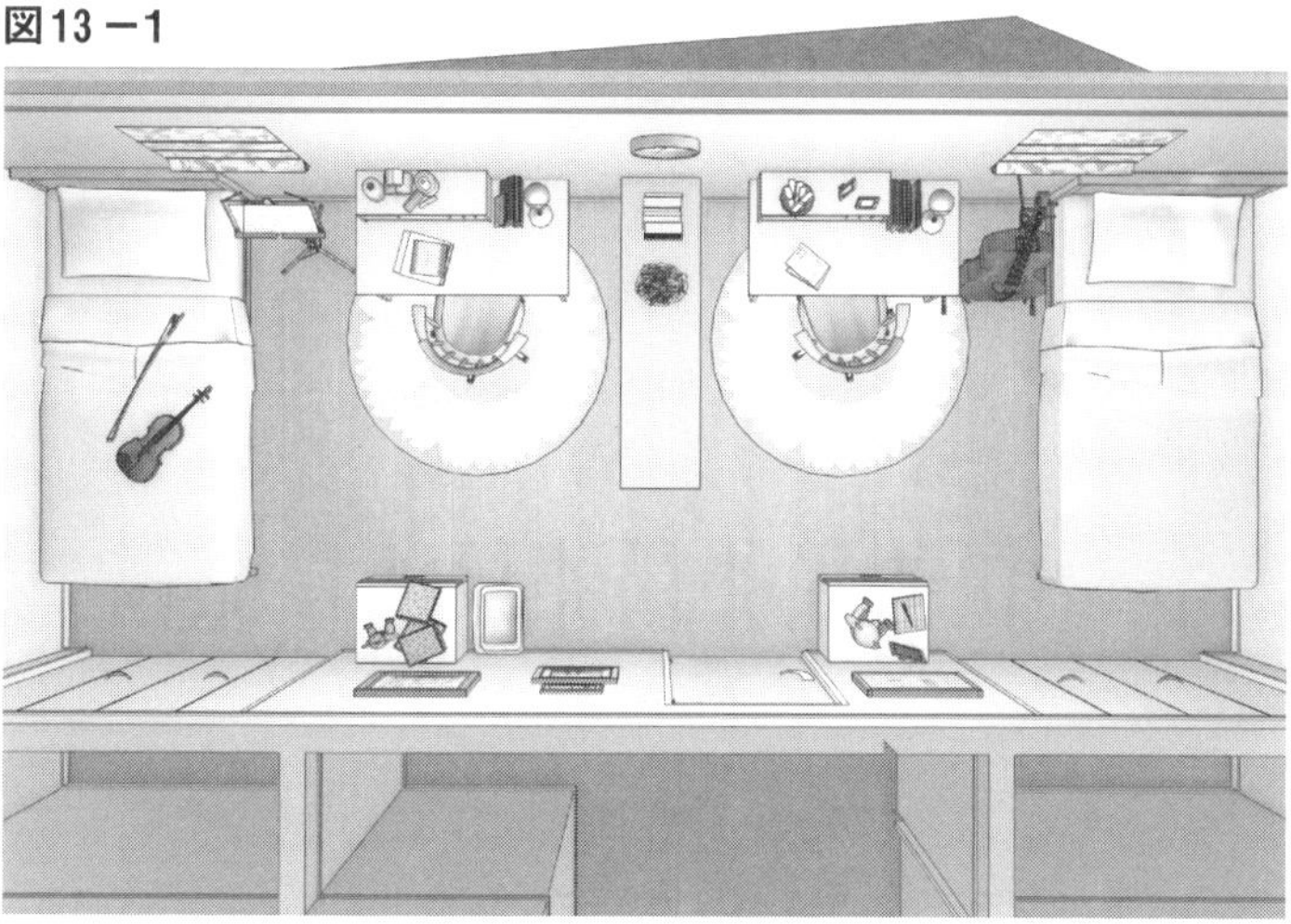

図13－2

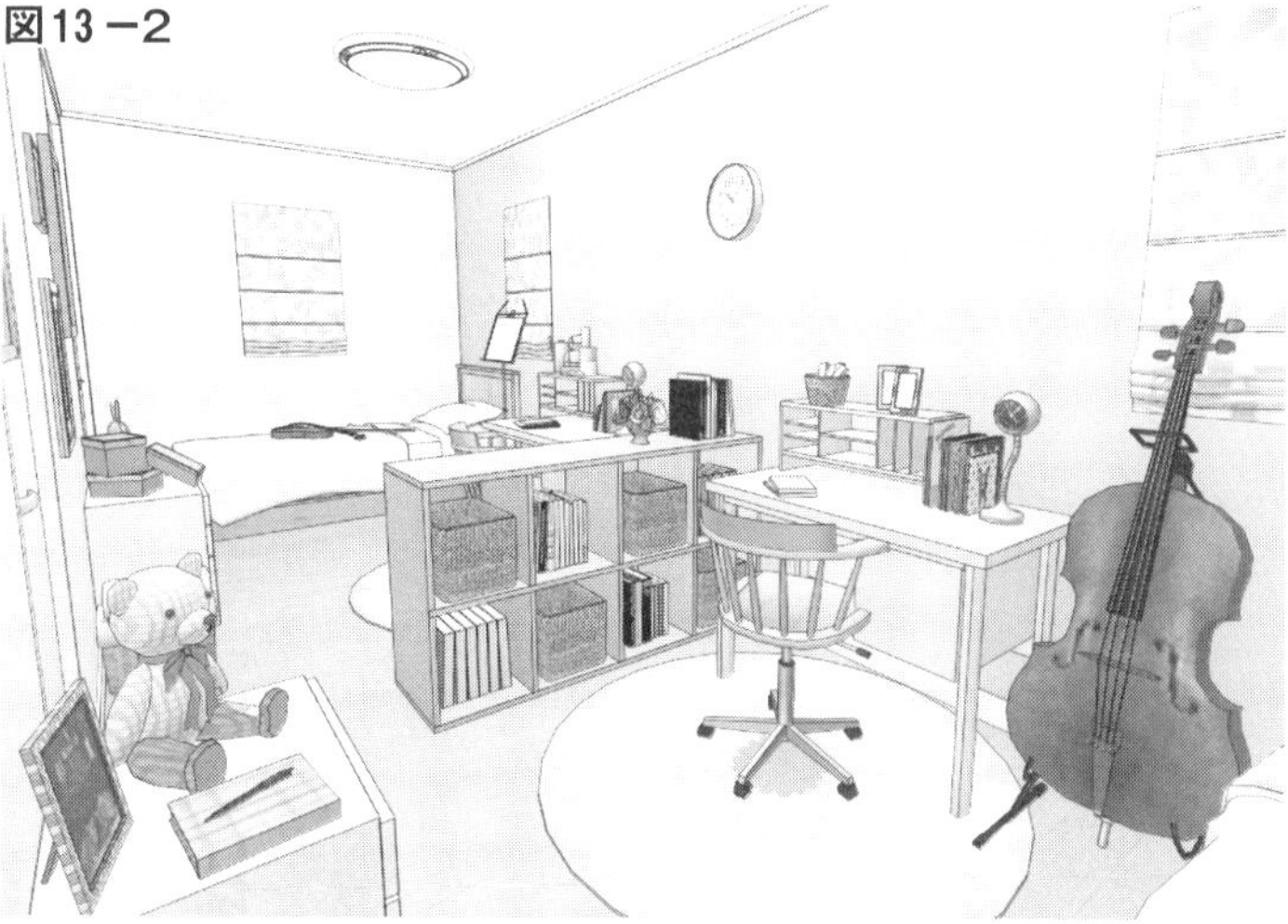

カラックス　シェルフユニット

イケアのカラックスは幅38センチ×奥行39センチのキューブがシンプルに並んだ収納家具です。

背板のないオープンシェルフのため、空間分けをした子供部屋のどちらからも使えます。

収納棚はそのまま本などを並べても良いですし、収納ケースを置いて、おもちゃや雑貨を収納することもできます。写真のように専用の扉や引き出しをつけることも可能です。

【家具データ】

◆取扱店
イケア

◆サイズ
幅：77 cm
奥行:39cm
高さ：147cm

◆値段
8,999円（税込み）

◆補足情報
1段タイプ（42×147cm・5,999円）や3段タイプ（112×147cm・12,990円）もあります

プロモ

幅38センチのキューブを組み合わせた形でサイズ展開している商品で、様々なサイズを自由に組み合わせてオープン収納をつくることができます。

また奥行も28センチと小さいため、部屋の間仕切りとしても使用でき、狭いスペースでも大活躍のアイテムです。

【家具データ】

◆取扱店
ニトリ

◆サイズ
（写真の組み合わせの場合）
幅:109cm
奥行:28cm
高さ:109cm

◆値段
（写真の組み合わせの場合）
25,433円（税込み）

◆補足情報
6段（215cm）、5段（180cm）、4段（144 cm）、3段（109 cm）、2段（73cm）、1段（38cm）のサイズ展開があります

キッチンとダイニングを機能的に分けるには、間仕切りカウンター収納を使う

ルール7でもお話ししいたしましたが、キッチンとリビング・ダイニングがつながった間取りの場合、たくさんの物が入り交じってしまい、片付かない部屋になってしまいます。

その場合は、キッチン空間とリビング・ダイニング空間の間に、図13－3のように**間仕切りカウンター収納を置いて、空間分けをします**。

ここで大切なことは、間仕切りカウンター収納の背面は、化粧仕上げのしてある家具を選ぶことです。

図13－4のように、カウンターの背面側がリビングやダイニングに面するため、化粧仕上げのしていない家具を選んでしまうと、家具の裏が見えてしまうため、リビングからの見栄えが悪くなってしまうからです。

このように、機能的な家具を使えば、置くだけで、部屋の空間分けができます。

図13－3

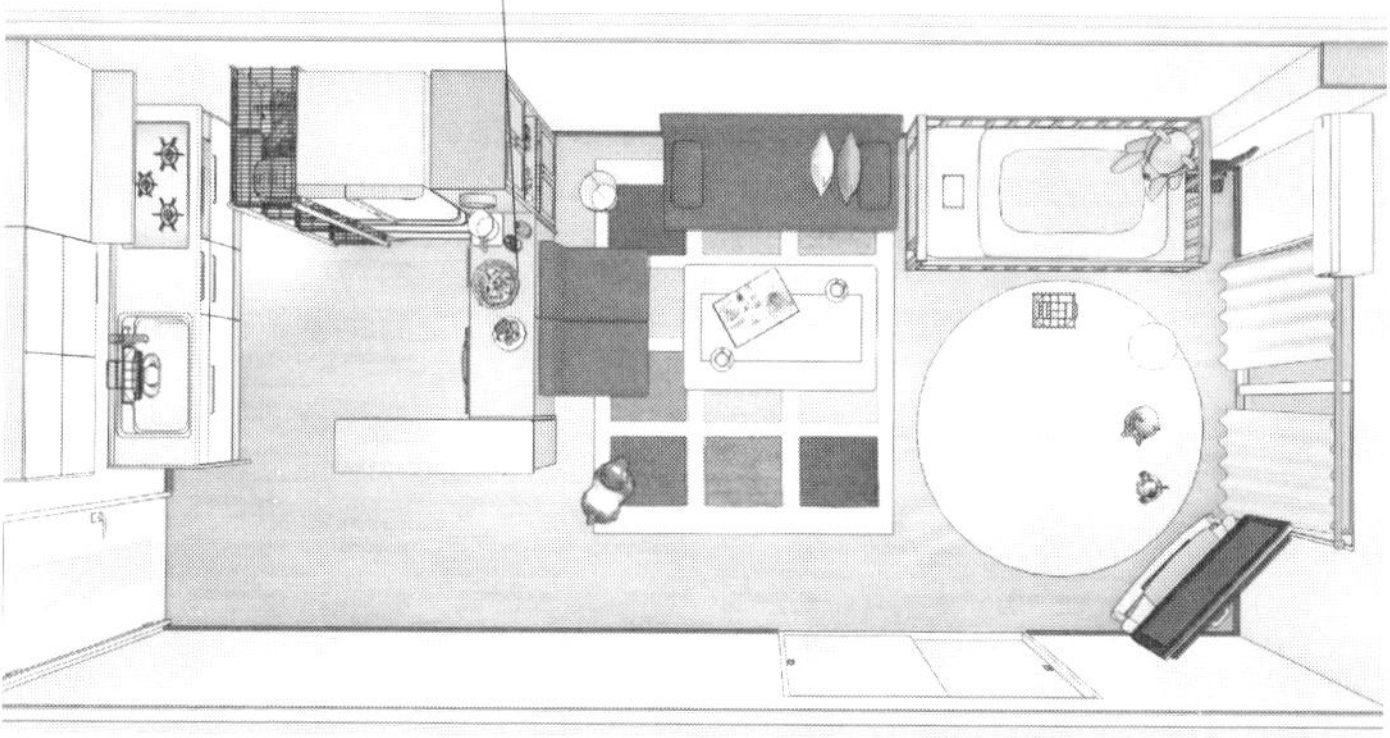

図13－4

ステンレストップ間仕切りカウンター

ディノスのステンレストップ間仕切りカウンターは、小物などが入る引き出しがついたオープン収納になっていますので、ごみ箱などの大きくてかさばるものも隠して設置できます。

また、家具の背面もきちんと化粧がされていますので、リビングから見てもきれいに見えます。

天板は熱や汚れに強いステンレスなので家電を載せることも可能です。

【家具データ】

◆取扱店
ディノス

◆サイズ
幅:119cm
奥行:40cm
高さ: 85cm

◆値段
48,290円(税込み)

◆補足情報
幅89㎝バージョン(37,290円)と幅139㎝バージョン(54,890円)もあります

ステンレス天板のキッチンカウンター

ベルメゾンで販売中のステンレス天板のキッチンカウンターは、食器などが入る引き出しが沢山付いた収納重視の間仕切りカウンターです。

背面も化粧仕上げとなっていますので、間仕切りとして使えるようになっています。

カウンターの幅は、60センチ・90センチ・120センチの3種類ありますが、間仕切りとしては、120センチ程度長さがある方がお勧めです。

【家具データ】

◆取扱店
ベルメゾン

◆サイズ
幅:120cm
奥行:43.5cm
高さ:85.5cm

◆値段
46,200円(税込み)

◆補足情報
幅60㎝バージョン(35,200円)と幅90㎝バージョン(40,700円)もあります

ルール14

テーブルは収納機能がついているものを選ぶのが基本

棚や引き出しがあるタイプを選ぶと、テーブルの上が散らかりにくい

家族が集まるダイニングテーブルの上には、テレビや照明のリモコンや雑誌、携帯電話や眼鏡、ティッシュケースや文具、お菓子や調味料など様々なものがあります。

そのため、ダイニングテーブルが散らかるというお悩みは、リビング・ダイニングの模様替え相談の中で、とくに多いものの1つです。

そして、散らかるダイニングテーブルに共通する点は、引き出しや棚などの収納がないという点です。

とても簡単なことですが、**ダイニングテーブルは収納付きのものを選び、散らかりやすいリモコンや雑誌などの収納場所を造ってあげる**と、驚くほど片付きやすいダイニングになります。

伸長式ラック付きダイニングテーブルセット

ベルメゾンで販売中の棚付きダイニングテーブルは、テーブルの横に収納棚がついています。広い部分には雑誌も立てられますし、仕切りスペースがあることで、ケースなどに入れて収納する必要もありません。そのため、デザインもスッキリして見えます。

【家具データ】

◆取扱店
ベルメゾン

◆サイズ
＜机＞
幅:135~170cm/奥行:80cm/高さ:73cm
＜椅子＞
幅:46cm/奥行:50cm/高さ:82cm
＜ベンチ＞
幅:115cm/奥行:36cm/高さ:45cm

◆値段
68,750円（税込み）

◆補足情報
写真の商品以外に、椅子2脚と机の3点セット（48,950円・テーブルサイズ違い）、椅子4脚と机の5点セット（74,800円）もあります

テーブル下ワゴン（大）

すでにお持ちのダイニングテーブルに、収納機能がない場合は、ワゴンなどを利用すると便利です。

ニッセンのダイニング下ワゴンは、調味料やテレビのリモコン、ティッシュ、文具など、ダイニングテーブルで散らかりがちな小物を、まとめて整理収納できます。

またワゴンはキャスター付なので、移動が楽なうえに、使わないときはダイニングテーブル下に収納できるので、邪魔になりません。

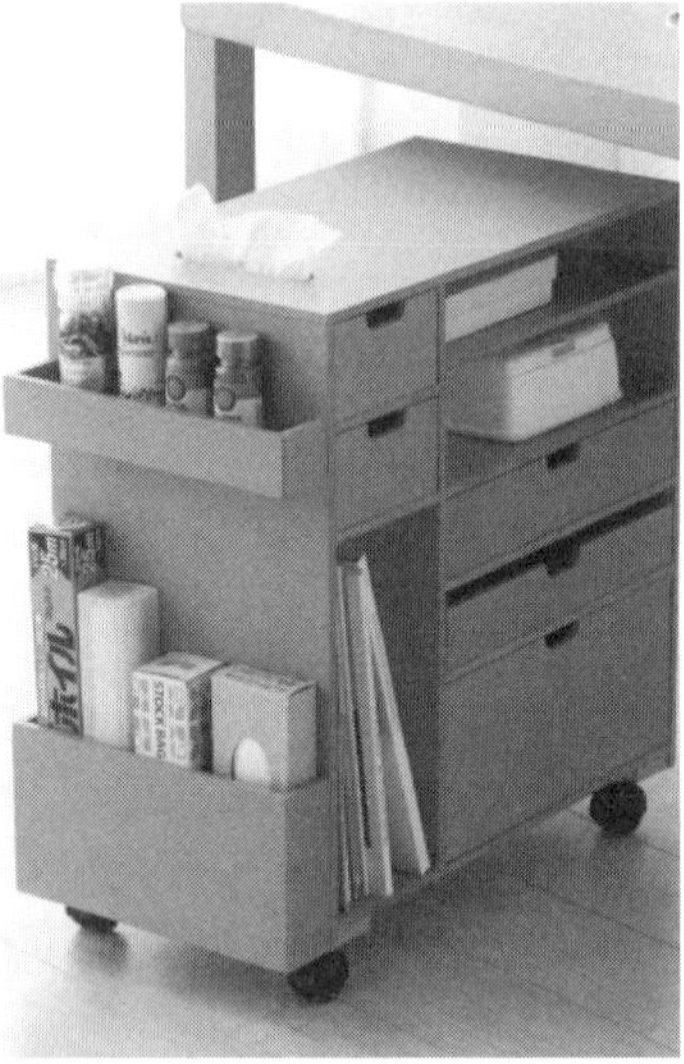

【家具データ】

◆取扱店
ニッセン

◆サイズ
幅:59cm
奥行:30cm
高さ:59cm

◆値段
15,900円（税込み）

◆特徴
サイズ小（幅30×奥行41×高さ55cm・13,900円）もあります

リビング学習ハンギングラック

ダイニングテーブルで勉強などをする場合は、椅子の近くに雑誌や書類、文具などを気軽に収納できると便利です。その場合は、テーブルにかけて、また手軽に移動できる、ハンギングラックやスライド収納などがお勧めです。

コジットのリビング学習ハンギングラックはテーブルに引っ掛けるだけの簡単収納で、持ち運びも楽にできます。食事時は教科書やノート、ファイルなどを手軽に収納できるため、ダイニングテーブルが片付きやすくなります。

【家具データ】

◆取扱店
コジット

◆サイズ
幅:32.6cm
奥行:8.5cm
高さ:35.5cm

◆値段
1,848円(税込み)

◆特徴
天板の厚みは8.5cmまで対応しています

すき間を活用　テーブル下スライド収納ボックス

ベルメゾンの「すき間を活用　テーブル下スライド収納ボックス」はダイニングテーブル天板に引っ掛けて設置します。

幅約34センチ、奥行約26センチ、高さ約9センチとコンパクトながらも、散らかりやすい文具や学習用品をスッキリ収納できます。

リモコンや文具、お箸などの食器など、収納するものを用途によって分け、いくつか設置して収納すれば、かなり機能的なダイニングテーブルになります。

【家具データ】

◆取扱店
ベルメゾン

◆サイズ
幅:34.5cm
奥行:26.2cm
高さ:13.5cm

◆値段
1,870円(税込み)

◆特徴
天板の厚みは1~3cmまで対応しています

リビングテーブルは、収納を増やしにくい

ソファなどの近くに置くリビングテーブルは、あらかじめ、収納機能が付いたものを選びましょう。

なぜなら、リビングテーブルはソファに高さを合わせているため、高さが30センチから50センチ程度と、低いものが多くなっているからです。

そのため、ダイニングテーブルのように、あとからテーブル下に収納を増やすことは難しく、思うように収納を増やすことができません。

このように、**ダイニングやリビングのテーブルは、デザインにこだわるだけではなく、収納機能がついているものを選べば、片付きやすい部屋になります。**

アウロ　コーヒーテーブル

クラッシュゲートのアウロコーヒーテーブルは、正面は引き出し、裏面はオープン収納になっているので、文具はもちろん、ビデオのリモコンやゲームソフトなど、収納するものを分けて仕舞えます。

【家具データ】

◆取り扱い店
クラッシュゲート

◆サイズ
幅:100cm
奥行:50cm
高さ:38cm

◆値段
46,200円(税込み)

◆特徴
取手の上にネームプレートのスティールパーツがつけられていて個性的です

カーゴ　コーヒーテーブル

クラッシュゲートのカーゴというリビングテーブルは、高さを50センチと高めにして、棚を2段設置しています。

また、真ん中の棚は、スライドするので、収納したものを取り出しやすい設計になっています。サイズも幅１００センチ×奥行52センチとなっており、収納量も多く、デザイン性を重視しながらも利便性を考えたテーブルになっています。

【家具データ】

◆取り扱い店
クラッシュゲート

◆サイズ
幅:100cm
奥行:52cm
高さ:50cm

◆値段
44,000円(税込み)

◆特徴
幅120×奥行61×高さ50㎝、47,300円のものもあります

ルール15

テレビ周りを壁面収納にすると、収納量が増大する

収納量が増大する壁面収納

テレビ周りには、ゲーム機やDVDレコーダーのほか、ビデオやゲームソフト、リモコンやコントローラー、テレビクリーナーなど、多くの収納物があります。また、リビングに収納がない場合は、ファイルやアルバム・雑誌などを収納する場合もあります。

そのため、これら多くの収納物が散らからないように片付けるには、テレビの設置という目的以外に、それなりの収納量を確保しなければなりません。

テレビの設置方法は様々ですが、なかでもテレビボードの上に置く方法が、手軽さや高さの調節からも主流です。しかし、テレビボードの寸法は高さ40〜70センチ以下と低めのものが多く、また収納量が少ないものが大半です。そこで、テレビ周りを上手に片付けるためには、**テレビボードよりも収納量の多い家具を選ぶ必要があります。**

壁面収納の圧迫感を抑えるためには、色や素材を工夫する

収納量の多い家具といえば、壁面収納です。壁面収納は、床から天井近くまでの空間を収納として使えるため、収納量が増大することが特徴です。

しかし、壁面収納は、その高さが天井近くまであるため、収納量が増えるというメリットの反面、部屋に圧迫感を生むというデメリットがあります。

このデメリットをなくすには、**壁面収納の色や素材を工夫する必要があります**。例えば、壁面収納を設置する壁と同じ色にすることで壁と同化し目立たなくなり、圧迫感が減少します。

また、壁面収納の素材も大切です。

つやのある鏡面仕上げの扉は、美しく高級感があります。しかし、周りの壁と同化しにくいため、目立ちやすく、部屋に圧迫感を与えてしまいます。また夜間に照明をつけた場合、光沢のある素材の場合は、光が映り込んで反射してしまい、落ち着きのない空間になってしまいます。

素材は、反射の少ないマットな素材を選ぶなど、シンプルなものをお勧めします。

ウォーレン

ニトリのウォーレンは、素材には、傷や汚れに強いオレフィン紙を使っていて、色はホワイトウォッシュ／ナチュラル／ダークブラウンの3色展開です。

幅40〜150センチ×奥行約45センチのユニットを組み合わせることができ、上置きユニットを使えば高さ236センチの壁面収納になります。

奥行があることから、収納量たっぷりの壁面収納です。

【家具データ】

◆取り扱い店
ニトリ

◆サイズ
（写真の組み合わせの場合）
幅：280cm
奥行：45cm
高さ：236cm

◆値段
（写真の組み合わせの場合）
212,866円（税込み）

◆特徴
テレビボードはTVサイズ50インチまでの120cmと、60インチまでの150cmがあります

※組み合わせ内容
テレビボードウォーレン120セット、壁面ユニットキャビネットウォーレン40-2D3H、壁面ユニットキャビネットウォーレン40-2D、上置きウォーレン40L、上置きウォーレン40R、上置きウォーレン80、上置きウォーレン120、壁面ユニットデスクウォーレン 80

コネクト

ニトリのコネクトは、素材には天然木化粧繊維板を使っていて、色は濃い目のウォールナットと、明るいオークの2種類です。

サイズは幅43～166センチ×奥行28～42センチで、薄型のユニットを組み合わせることができます。5段ユニットの場合は、専用ボードで天井に突っ張らせることで、高さ235～245センチの壁面収納になります。薄型であること、扉のないオープンタイプであることから、圧迫感が少ないタイプの壁面収納です。

【家具データ】

◆取り扱い店
ニトリ

◆サイズ
（写真の組み合わせの場合）
幅:248cm
奥行:28.4cm
高さ:235～245cm

◆値段
（写真の組み合わせの場合）
126,495円（税込み）

◆特徴
追加用の引き出しや棚板があります

※組み合わせ内容
テレビボードコネクト120-5セット、壁面ユニットコネクト突っ張りボード（7点）、壁面ユニットコネクト追加セットシェルフ5段（3点）、壁面ユニットコネクト追加パーツ3段用扉、壁面ユニットコネクト追加パーツ2段用扉、壁面ユニットコネクト追加パーツ引き出し2段ボックス（2点）

【家具データ】

◆取り扱い店
ニッセン

◆サイズ
（写真の組み合わせの場合）
幅:300cm
奥行:41.5cm
高さ:235～245cm

◆値段
（写真の組み合わせの場合）
250,000円（税込み）

◆特徴
扉にダンパーがついているため、ゆっくり静かに閉まります

※組み合わせ内容
壁面キャビネットチェスト、壁面キャビネットデスク、キャビネット幅30cm（2点）、上置き幅30cm 2点）、上置き幅60cm（2点）、上置き120cm

大容量な壁面収納

扉にはダンパーが付いていて、ゆっくり静かに閉まる、やさしい仕様です。

また、家具上部は金物で天井に突っ張らせていますが、その金物を扉で見えないように隠しているため、スッキリした印象を与えてくれます。

幅30～120センチ×奥行41・5センチと薄型のユニットを組み合わせることができ、高さ235～245センチの壁面収納になります。

扉には地震時に安心な耐震ラッチも設置され、安全性にも配慮した壁面収納です。

【家具データ】

◆取り扱い店
ディノス

◆サイズ
（写真の組み合わせの場合）
幅:390cm
奥行:47cm
高さ:206～270cm

◆値段
（写真の組み合わせの場合）
499,199～543,200円（税込み）

◆特徴
上置き用は、高さが１cm単位でオーダーできます

※組み合わせ内容
高さオーダー対応突っ張り式引き戸上置きミラー扉幅90cm・上置き幅120cm・上置き幅90cm（2点）、テレビ台幅120.5cm、収納庫ミラー扉タイプ幅90cm、収納庫扉タイプ幅90cm、収納庫段違い棚タイプ幅90cm

狭い場所でも収納たっぷり引き戸壁面収納

前面には、傷や汚れに強い素材を使っています。幅75～155センチ×奥行44～47センチのユニットを組み合わせますが、高さオーダーできる別売りの上置き収納をセットすれば、天井ぴったりの壁面収納にすることができます。

開閉に場所を取らない引き戸式のため、ソファとの空間が狭い場合でも設置でき、また鏡がついているため、姿見としても使え、狭い部屋が広く見えるという効果が期待できます。

壁面収納は収納量が増大する反面、その高さや大きさから、転倒すると大事故につながる怖れがあります。

設置を検討される場合は、天井に突っ張らせる、または、バンドや金具で壁に固定するなど、必ず転倒防止策を講じて設置しましょう。

ルール16
洗面室は高さ、トイレは床置きしないことを重視

奥行のない洗面室は、高さを使う

洗面室の広さは、2畳から3畳の場合が多く、決して広い空間ではありません。

しかし、洗面室には、洗剤やティッシュペーパーなどのストック用品や洗濯物、タオルなど、収納しなくてはならない多くの物があります。

そのほか、場所をとる洗濯機も洗面室に設置することが多く、広くない洗面室をさらに狭くしてしまいます。

そこで洗面室を、収納スペースとして有効に使うためには、**奥行は薄く、高さのある収納家具を使う**と、圧迫感を抑えながら収納量を増やすことができます。

また、洗濯機上部の空間にも、吊戸棚や棚などを設置すると、デッドスペースが有効に活かせるようになります。

薄型で省スペースキッチン突っ張り収納庫　扉タイプ

「キッチン」と名前に入っていますが、サニタリーラックとしても使用できます。奥行19センチのスリムタイプなのに、高さが2メートル程度もあるため、収納力が頼もしい棚です。洗面所などの限られたスペースでも、天井までの空間をフルに活用できます。

幅木除けがあるので、壁にぴったり寄せて設置することができます。また、ホワイト色は狭い場所に置いても圧迫感を感じさせません。

【家具データ】

◆取り扱い店
ディノス

◆サイズ(写真の組み合わせの場合)
幅:60cm（左）、75cm（右）
奥行:19cm
高さ:189 ～ 251cm

◆値段(写真の組み合わせの場合)
（左）22,825円(税込み)
（右）24,893円(税込み)

◆特徴
幅45cmのタイプもあります

木目調洗濯機上ラック

幅80センチ×奥行30センチと、コンパクトサイズですが、隠したい洗剤やタオルなどが収納できます。ラックは通気性のあるルーバー扉を使っているため湿気にくく、ホコリなどの心配もありません。

また、突っ張り式のラックのため、天井高に合わせて固定ができ、高さは180～252・5センチに調整できます。洗濯機上部の棚板は3・2センチピッチで可動できるので、洗濯機のサイズを気にせずに使用することができます。

【家具データ】

◆取り扱い店
ベルメゾン

◆サイズ
幅:80cm
奥行:30cm
高さ:180 ～ 252.5cm

◆値段
21,890円(税込み)

◆特徴
扉の中には可動棚が2枚備え付けられています

トイレの収納は、尿が飛び散りやすい床には置かない

トイレの広さは1畳前後が多く、最低限の空間でできています。そのため、収納空間の確保が難しい部屋です。

またトイレは排泄空間という使い方から、衛生面についても考慮しなければなりません。

とくに、尿の飛び散りは、便器内にとどまらず、床や壁など、思っているよりも広範囲にわたるからです。

ライオン株式会社の調査によると、男性が立ってオシッコをすると、便器やその周囲に、多くの尿滴が飛び散り、床全体では1日に約2300滴ものオシッコが飛び散っているそうです。

また、女性や子供が座ってオシッコをする場合でも、便器に伝わって尿が床にこぼれることも多く、トイレの床は不衛生になりがちです。

そこで、**トイレの収納を考える場合、掃除のしやすさや衛生面を考えて、床に物を置かないスタイルの収納にすることが大切**になります。

ホッチキスで壁にかけられるラック（バータイプ）

幅60センチ×奥行18センチとコンパクトなため、限られたスペースですが、トイレットペーパーなどが機能的に収納できます。

また、引き戸タイプなので、開け閉めに場所をとらず、ごちゃつきがちなトイレ用品を扉で隠せるため、来客時も安心です。

ホッチキスだけで造れる壁掛け収納ですので、女性やＤＩＹ初心者でも手軽に設置することができます。

【家具データ】

◆取り扱い店
ベルメゾン

◆サイズ
幅:60cm
奥行:18cm
高さ:35cm

◆値段
11,900円（税込み）

◆特徴
バータイプの高さは35㎝と、収納量が多い59㎝のタイプがあります

ルール17
ちょっとした収納には、壁を活用

雑貨やアクセサリー・上着など、ちょっとした収納には、壁付けが便利

家具を置いていないとき、部屋はとても広く見えます。

しかし、実際に入居して、家具を置いていくと、思っていた以上に部屋が狭く、また収納が足りないと感じられることが多くあります。

収納家具を置くほどのスペースはないけれども、雑貨やアクセサリーなどの小物を収納したい場合は、**壁付け収納が手軽で便利**です。

では、壁付け収納の活用方法を、部屋別に見ていきましょう。

壁を収納に使うことで、家具を置けない場所にも、ちょっとした収納空間を造ることができます。

玄関は、家族が毎日出入りする大切な空間です。時には来客もあるので、スッキリさせておきたい場所でもあります。

ウッディポール&シェルフ（1800ミリ）

ハイベルオンラインショップは壁を収納やディスプレイに利用した「壁付けインテリア」という商品を多く販売している会社です。ハイベルオンラインショップのウッディポール&シェルフは長さ180センチのウッディポールに、幅58センチ奥行19センチのシェルフや、洋服などをかけるパイプハンガー、フックなどを取り付けるラインボードがセットになったもので、玄関のちょっとした壁に設置することで、帰宅時のコートやカバンなどをかけておくことができる優れものです。

【家具データ】

◆取り扱い店
ハイベルオンラインショップ

◆サイズ（写真の組み合わせの場合）
幅：約63cm/奥行：19.2cm/高さ：180cm

◆値段（写真の組み合わせの場合）
45,100円（税込み）

◆特徴
ウッディポールの長さは90・120・180㎝の3種類、またシェルフは45・60㎝の2種類あり、収納量に合わせて組み合わせることができます。

※組み合わせ内容（1800mmセットプラン）
ウッディポール（2点）、シェルフ（3点）、パイプハンガー、ラインボード（4点）

ジャッカル　ミラー

鏡に棚がついた壁付け収納で、玄関近くに設置すると便利な商品です。

お出かけ前の身だしなみを整えたり、小棚には時計やアクセサリーを置くことができます。棚に雑貨などを置けば、玄関をおしゃれに飾ることもできます。

【家具データ】

◆取り扱い店
クラッシュゲート

◆サイズ
幅:85cm
奥行:14.4cm
高さ:50cm

◆値段
25,300円(税込み)

◆特徴
棚には、転がり防止の枠がついているため、背の高いボトルなども飾ることができますキッチンは、こまごまとした調味料や調理器具が散らかりやすい場所です。
しかし、壁付け収納を使うことで、スッキリ美しく整理収納することができます。

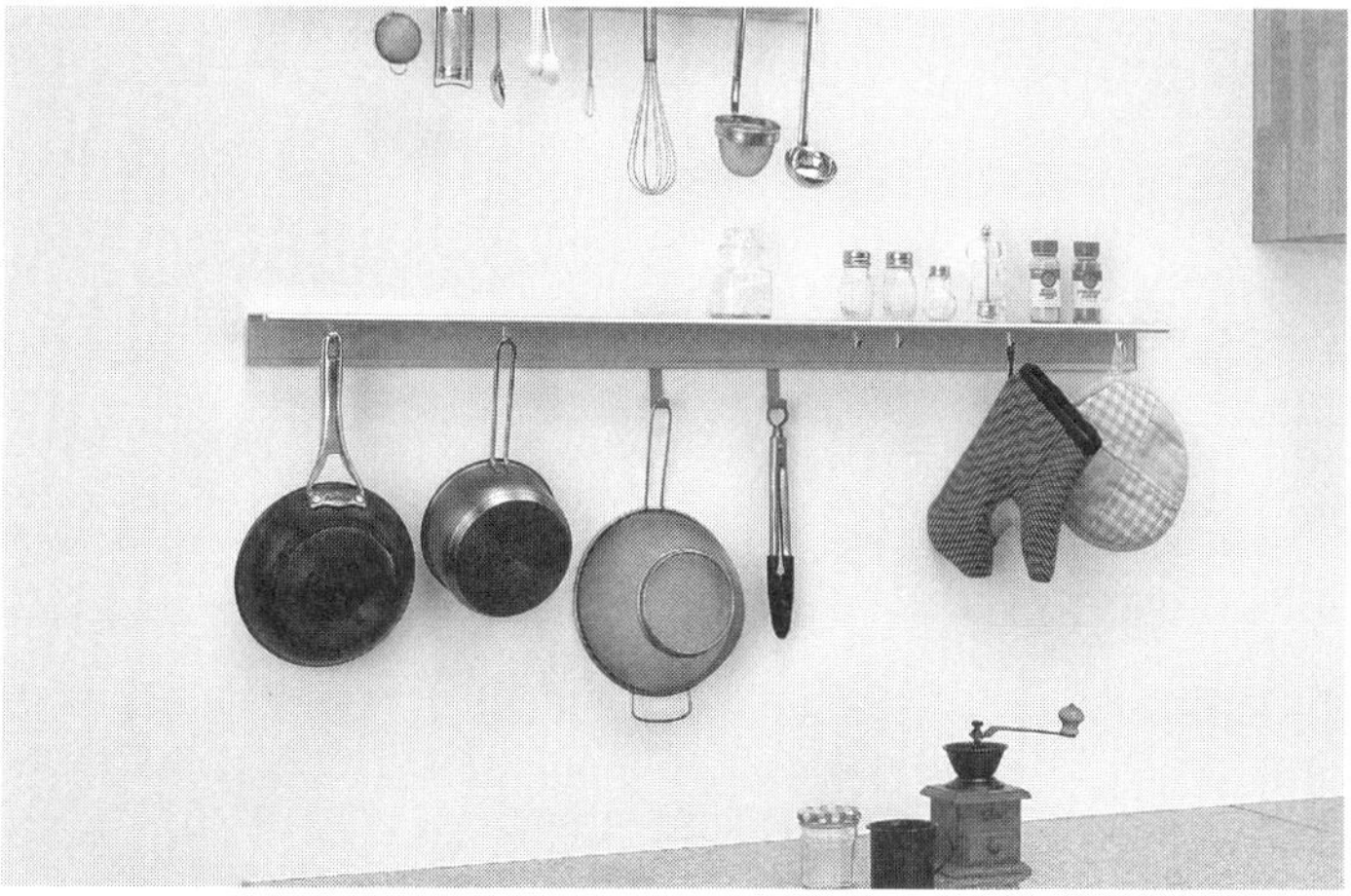

アルミシェルフ

ハイベルオンラインショップのアルミシェルフは奥行約9センチの棚があり、調味料などを並べて収納することができます。

また棚にはフックがついているため、鍋やおたまなど調理器具を吊り下げて、美しく収納することができます。

【家具データ】

◆取り扱い店
ハイベルオンラインショップ

◆サイズ
幅:120.7m
奥行8.8cm
高さ:6.3cm

◆値段
9,240円(税込み)

◆特徴
80cm幅のものもあります

ジップ　ワイヤーボード

ワイヤーボードを壁に取り付けるタイプの収納で、ポケットにはキッチンで使う料理本を収納したり、学校からのお便りなどもまとめて管理できます。

ワイヤータイプなので、軽く、キッチンの油汚れにも強い商品です。

【家具データ】

◆取り扱い店
クラッシュゲート

◆サイズ
幅:50cm
奥行:6cm
高さ:73cm

◆値段
6,050円(税込み)

◆特徴
クリップを使用すると収納の幅が広がります

寝室・子供部屋

寝室や子供部屋は、雑誌や本、趣味のコレクションや洋服など、個人の物が増えます。しかし、ベッドやデスクなどの、場所をとる家具も置く必要があります。そのため、収納量を確保することが最も難しい場所です。

ラック　ウォールシェルフ

奥行26センチ、厚さ5センチのしっかりした壁付けシェルフで、棚の取り付け金具が隠れるように設計されています。

そのため、壁と棚が一体化されて見えるため、お部屋に取り付けてもスッキリシンプルな印象を与えます。

壁付けで邪魔にならないため、寝室や子ども部屋に散らかりがちな本や雑誌を片付けるのにちょうど良いタイプの収納棚です。

【家具データ】

◆取り扱い店
イケア

◆サイズ
幅:110cm
奥行:26cm
厚さ:5cm

◆値段
1,999円(税込み)
※価格は店舗によって異なる場合があります

◆特徴
ブラックブラウン、ホワイト、ホワイトステインオーク調の3色展開です。30cm幅のものもあります

リコル　壁付け本棚

スチールフレームで構成された、幅17センチのシンプルな壁掛けタイプのシェルフです。

よく使う本や小物などを壁面に収納できるので、部屋が散らからず便利です。

またインテリア性も非常に高く、植物などをフレームに吊り下げてもおしゃれです。

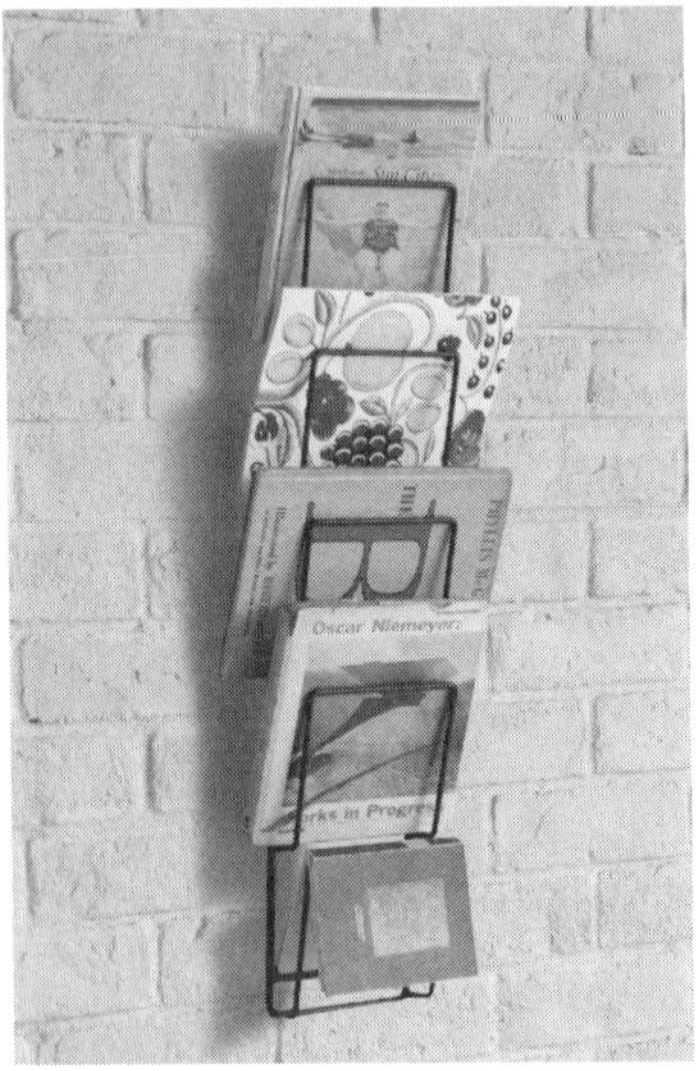

【家具データ】

◆取り扱い店
クラッシュゲート

◆サイズ
幅:17cm
奥行:7cm
高さ:80cm

◆値段
6,490円(税込み)

◆特徴
本をさす棚は5段あります

ユニットシェルフ

ハイベルオンラインショップのユニットシェルフは奥行わずか15センチの、壁に取り付けて使う薄型シェルフで、支柱を追加で連結することができます。

カラーボックスを置くまでのスペースはないけれど、趣味のコレクションを並べたり、時計や携帯などの小物を置いたり、上着をかけたりしたい場合に、大変便利な商品です。

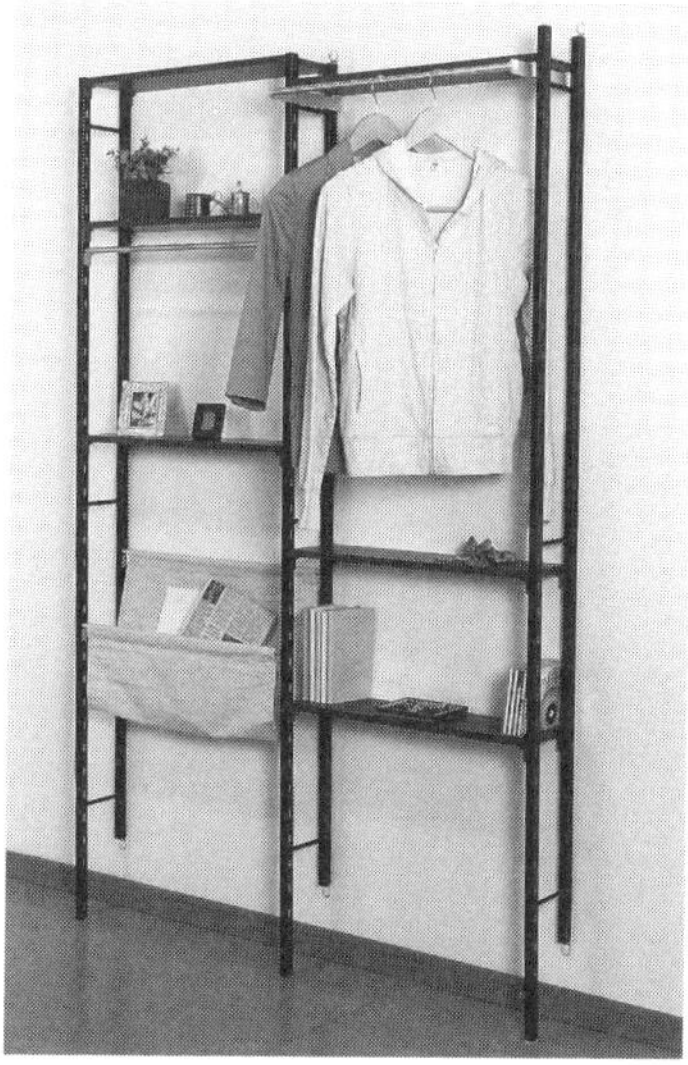

【家具データ】

◆取り扱い店
ハイベルオンラインショップ

◆サイズ（写真の組み合わせの場合）
幅：約118.1cm
奥行：15cm
高さ：183.2cm

◆値段（写真の組み合わせの場合）
48,070円（税込み）

◆特徴
高さは1800mmの他に1200mmのものもあります
※組み合わせ内容
ユニットシェルフ1800、追加支柱セット1800、ものほしバー、マガジンラック

ルール18

キッチンカウンター下の活用方法

キッチンカウンターの上は、物置状態になりやすい

最近の間取りで、とくに多くなっているものが、対面キッチンです。

対面キッチンは、文字通りキッチンとリビング・ダイニングが対面しているもので、オープンに空間がつながっていることから、コミュニケーションがとりやすい間取りであり、また開放感があり、部屋が広く見えます。

このような間取りの場合、キッチンとリビング・ダイニングを間仕切りするために、キッチンカウンターが設置されています。

この**キッチンカウンターは物置状態になりやすい**という特徴があります。

携帯電話や時計、書類や手紙、上着やカバンなど、ちょっとしたものを置きやすく、ま

図18－1

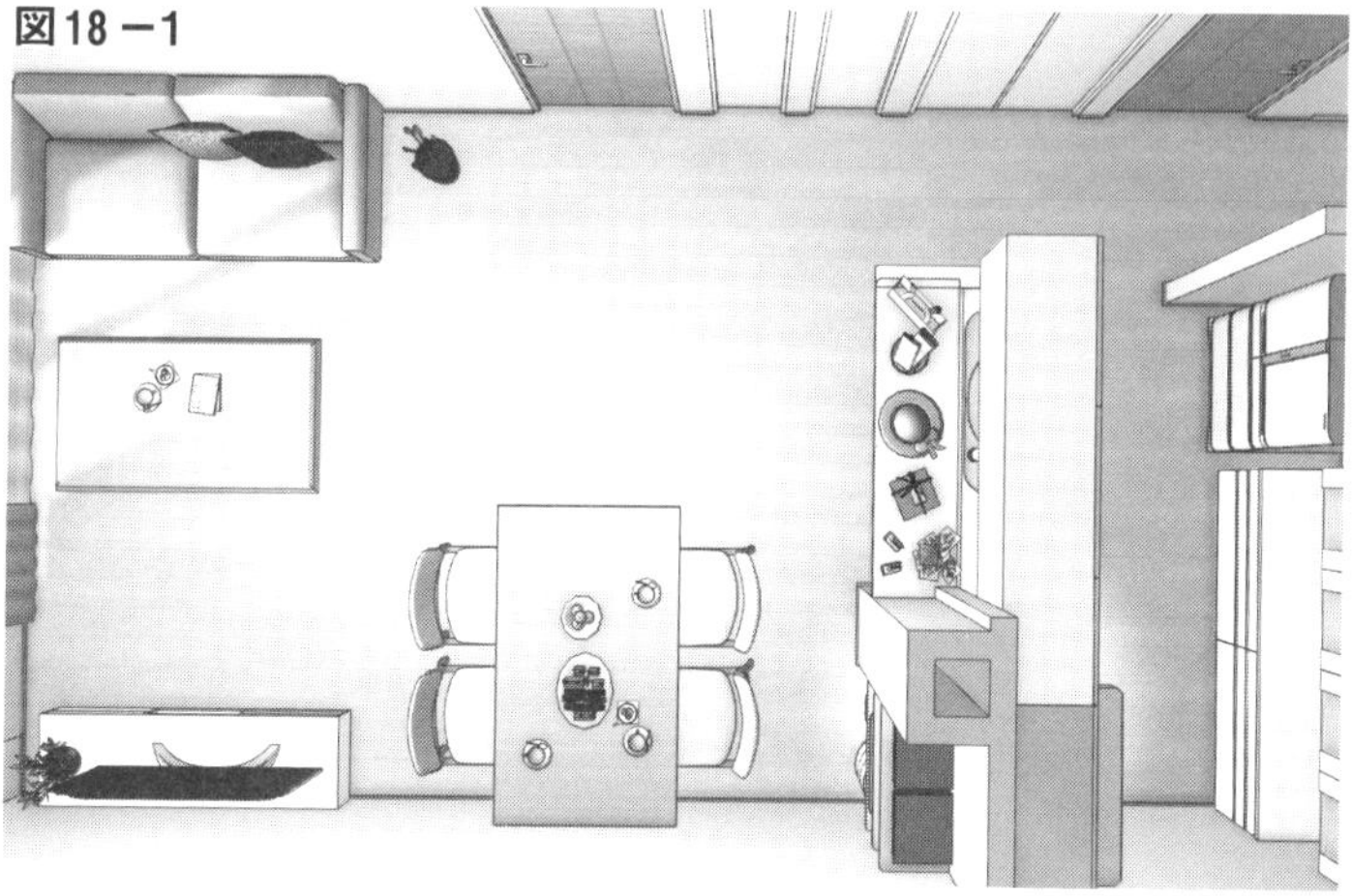

た、ダイニングテーブルに散らかっていた雑誌や文具などを、食事の際にキッチンカウンターによけることも多いからです。（図18－1）

キッチンカウンター下の有効活用

このキッチンカウンターをスッキリ片付けるには、キッチンカウンター下の空間を利用します。（図18－2）

キッチンカウンター下の寸法は、奥行15～30センチ、高さ90センチ程度であることが多く、カラーボックスなどの一般的な収納家具を設置すると、キッチンカウンターからはみ出してしまいます。

そのため、**キッチンカウンター下には、専用の収納家具を設置する必要があります。**

図18－2

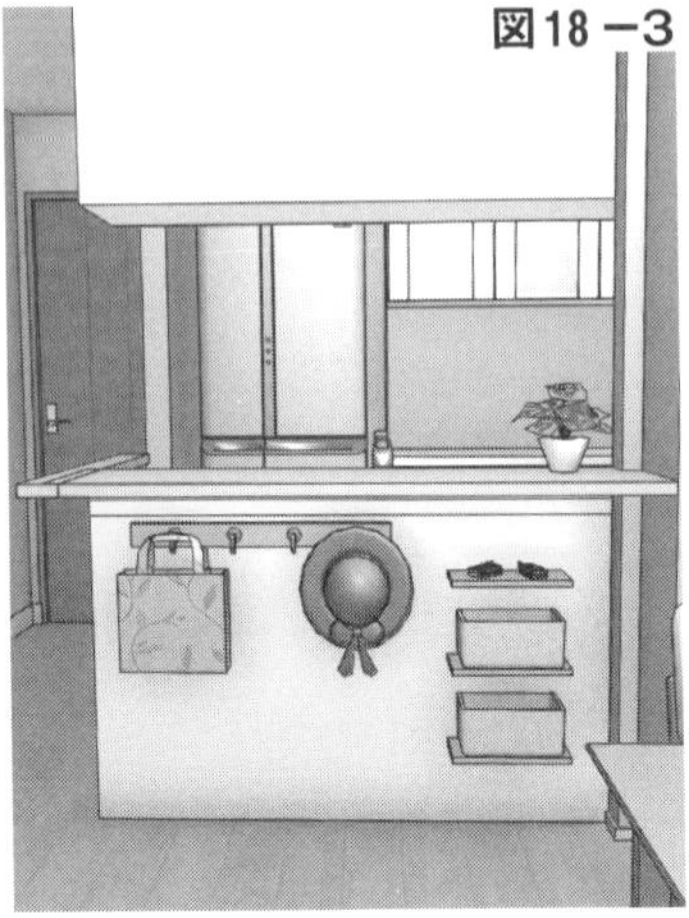
図18－3

カウンター下の奥行が15センチ以下の場合

ただし、キッチンカウンター下の奥行が15センチ以下と狭い場合は、カウンター下に収納家具を置くことはできません。

その場合は、図18－3のように、カウンター下側面の壁に、ハンガーフックや棚などを取り付けて、収納スペースにします。

ストレートカウンター下引き戸収納庫

奥行20センチと超薄型の収納庫ですが、引き戸タイプなので開閉に場所を取らず、本棚として、またCDやDVDなどの収納としても隙間を有効に活用できます。
シリーズ展開している商品なので、幅も90センチ・120センチ・150センチの3種類から選べます。

【家具データ】

◆取り扱い店
ディノス

◆サイズ
（写真の組み合わせの場合）
幅:255cm
奥行:20cm
高さ:87cm

◆値段
（写真の組み合わせの場合）
48,343円（税込み）

※組み合わせ内容
ストレートカウンター下引き戸収納庫幅120cm・90cm、ストレートラインカウンター下収納庫引き出しタイプ幅45cm

壁に取り付けられるフック4個セット

使いやすくおしゃれな色、デザインと軽さが特徴の商品で、カウンター下の空間を有効活用して、新たな収納スペースを作り出すことができます。

日常使いのカバンや体操着入れなど、「よく使うものの指定席」として使う場合に、お勧めです。

【家具データ】

◆取り扱い店
ベルメゾン

◆サイズ
幅：約4.5cm
奥行：6.5cm
高さ：4.5cm

◆値段
1,980円（税込み）

◆特徴
ホワイト、ベージュ、ブルー、グレーの4色展開です

壁に付けられる家具

専用ピンを使い、壁に大きな傷をつけることもなく、簡単に取り付けができます。

棚の奥行はわずか12センチのため邪魔にならず、趣味のコレクションを並べたり、携帯や眼鏡などの小物を置いたりと、ちょっとした収納に役立ちます。

幅は11センチ、44センチ、88センチの3タイプがあり、置きたいものに応じて選ぶことができます。

【家具データ】

◆取り扱い店
無印良品

◆サイズ
幅:88cm
奥行:12cm
高さ:10cm
※写真にはコーナー棚も写っています

◆値段
3,490円(税込み)

◆特徴
写真の商品はオーク材ですが、ウォールナット材もあり、お部屋に合わせて選べます
(価格は素材によって異なります)

Column3　一生付き合える家具を持つということ

引っ越しや新築などで住むところが変わったり、結婚や出産などで家族が増えたり、そんなライフサイクルの変わり目は、家具を新しくしたいと思いますよね。

　引っ越しや新築、結婚や出産などのイベントにはお金がかかるため、家具に気を配る余裕がない場合がほとんどです。しかし、このライフイベントにそろえる家具こそ、間に合わせの物ではなく、気を配ってもらいたいのです。なぜなら、ライフイベントにそろえる家具こそ、一生大切に付き合える家具を購入するチャンスだからです。

　家具は、天然の木を使った無垢材や大理石などの天然石など、素材そのものも大切ですが、その家具に巡り合った時の思いも大切です。なぜなら、家具には経年していくなかで、傷や汚れとともに、人々の思い出も刻まれていくからです。思い出の写真を貼ったアルバムと同じく、家具も、その家族の思い出を刻む道具の1つなのです。

　ですから、ライフイベントの際には、家具にこだわって、一生付き合える家具を購入してもらいたいものです。

　その家具ですが、住まいの広さや家族の変化など、暮らしの変化にフレキシブルに対応できるものをお勧めいたします。具体的には、お子様の成長に合わせて高さが変えられる机や椅子などです。

　また、一生付き合える家具は、無垢材や天然石・羽毛などの高級素材でできた高額な家具をイメージしやすいですが、必ずしもそういった高級品のみではありません。

　フレームが金属や、木材で作られた一般的な家具でも、きちんとメンテナンスすることによって、一生使える家具になります。

　また樹脂や合板などでできた家具も、すぐにダメになることはなく、丁寧に使うことによって数十年も持ちます。

　一生付き合える家具とは、こだわりと思い出の刻まれた、世界で唯一の家具のこと。

　そういった家具を、1つは持ちたいものですね。

Step 4

悩みを解決するための 家具配置

お悩みその1

ダイニングが広く、リビングが狭いです

〜リビング空間とダイニング空間を入れ替える方法〜

LDKの始まりは2DK

日本の住宅の間取りは、狭い空間が効率的にレイアウトされており、無駄がなく機能的にできています。その最たるものがLDKです。

今でこそ2LDKや3LDKなど、様々な間取りがありますが、その始まりは団地における2DKでした。

2DKとは、寝室（洋室）2つに、DKがついたものを表します。DKは、食事空間であるD（食事室またはダイニング）とK（台所またはキッチン）のことで、当初はL（居間またはリビング）という考え方や、その空間はありませんでした。

また、食事室であるダイニングは、「台所を広くすれば、同じ空間で食事もできる」という台所空間の拡張から生まれたもので、単独で作られたものではありません。

こうした経緯もあり、ダイニングは、キッチンの隣にあるのが当たり前という常識や思い込みが、私たちには強いのです。

間取りへの思い込みをリセット

キッチンの隣にダイニングがある間取りは、料理の配膳や、片付けを考えると、とても機能的で便利です。しかし、どの様な場合にも、キッチンの隣にダイニングを置いた方が良いかというと、そうとも限りません。

例えば、リビング空間が狭く、ダイニング空間が広い場合。家族の人数にもよりますが、基本的には、ダイニングテーブルやダイニングチェアなどのダイニング家具よりも、ソファやリビングテーブルなどのリビング家具の方が、広いスペースを必要とします。リビング空間が狭ければ、リビング家具を置くことにより、さらにリビングは狭くなってしまいます。

そこで、ダイニング空間が広く、リビング空間が狭い場合は、**「キッチンの隣は、必ずダイニング」という、間取りへの思い込みを一度リセットし、狭いリビング空間と広いダイニング空間を入れ替えてみましょう。**そうすることで、空間の広さに見合った、無理の

図19－1

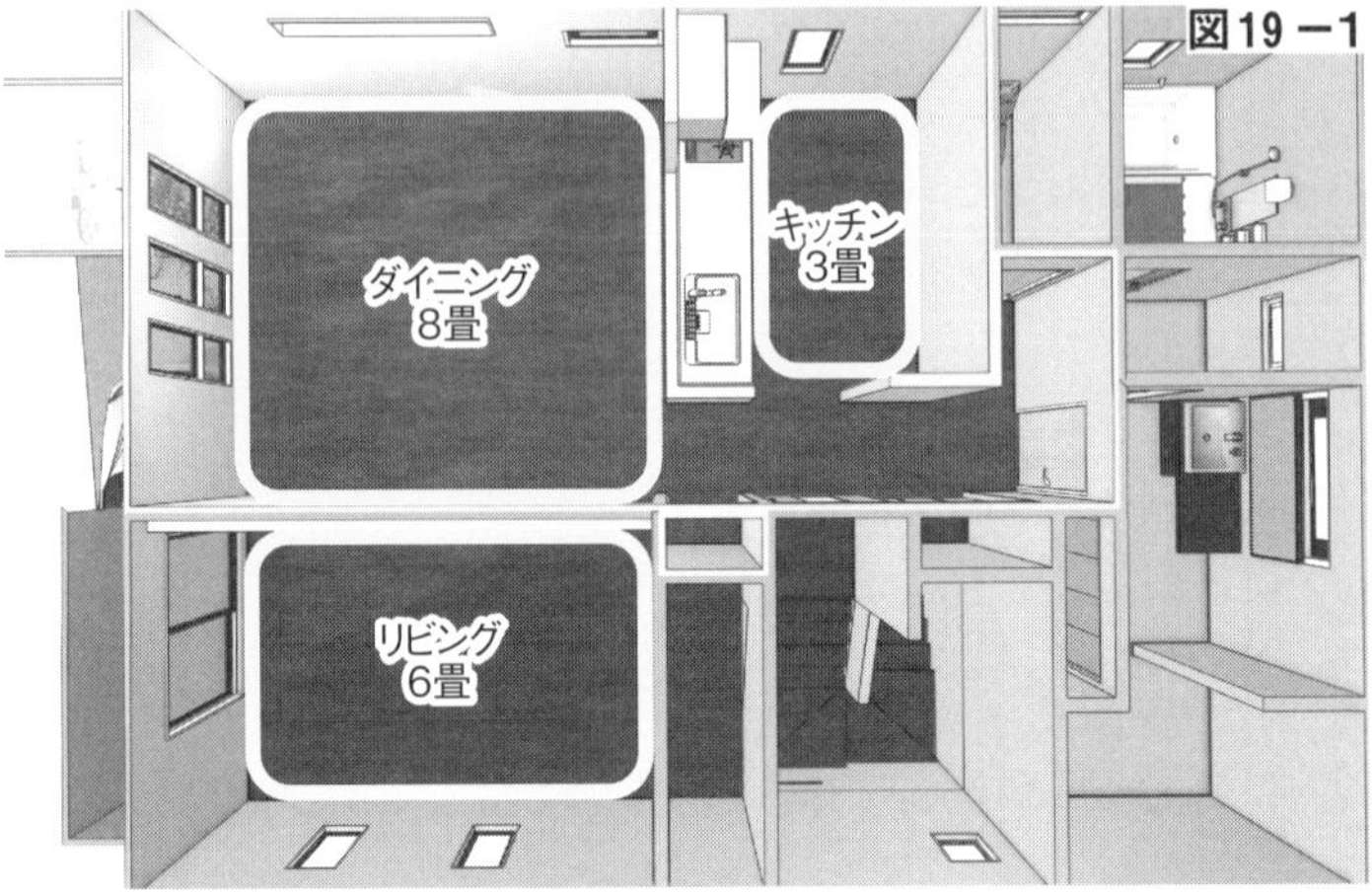

ない家具レイアウトができるようになります。

このように、固定観念や思い込みにしばられず、家の間取りをフレキシブルに考えることができれば、スマートな家具レイアウトが可能になります。

では、リビング空間とダイニング空間を入れ替えると、どのような部屋になるのでしょうか？

実際のプランで確認してみましょう。

リビングよりダイニングが大きい時

図19－1は、リビング6畳、ダイニング8畳、キッチン3畳の、LDKの間取りの様子です。

リビングとダイニングの大きさを比べてみる

図19－2

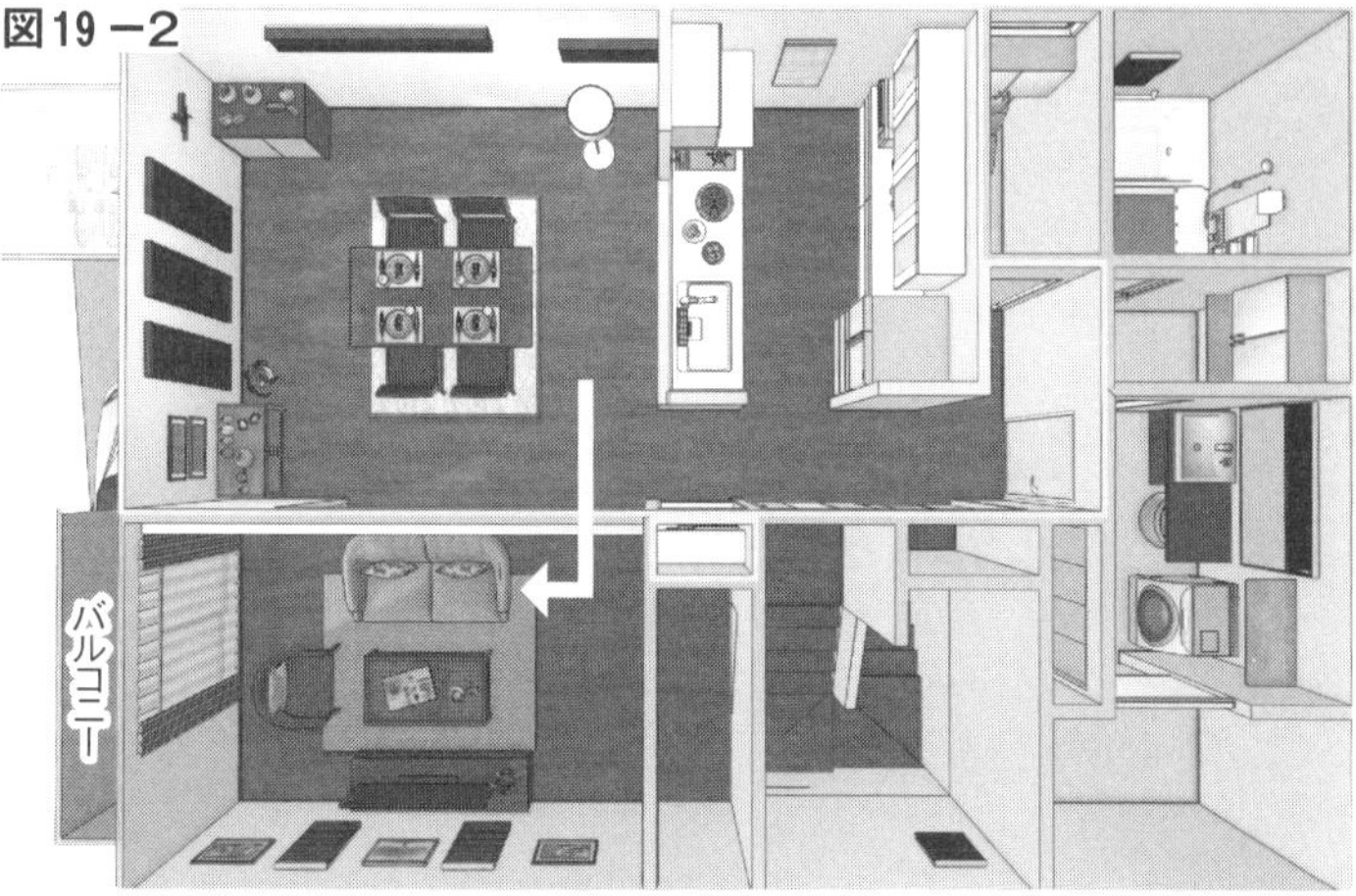

と、ダイニングの方が大きいですね。

しかし、図19－2のようにソファやテレビボードなどのリビング家具のほうが、ダイニングテーブルやダイニングチェアなどのダイニング家具よりも、必要とする空間は広いですよね。ダイニングにはゆったりテーブルがレイアウトできているのに、ソファは窮屈そうです。

このように家具が必要とする広さと、部屋の広さのミスマッチが起きていることが、部屋が狭く使いにくい原因となっています。

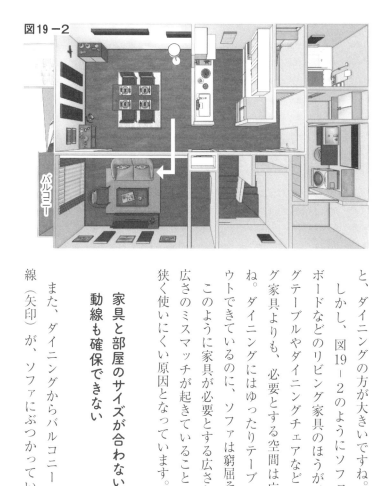

家具と部屋のサイズが合わないと動線も確保できない

また、ダイニングからバルコニーへ向かう動線（矢印）が、ソファにぶつかっています。（図

図19－3

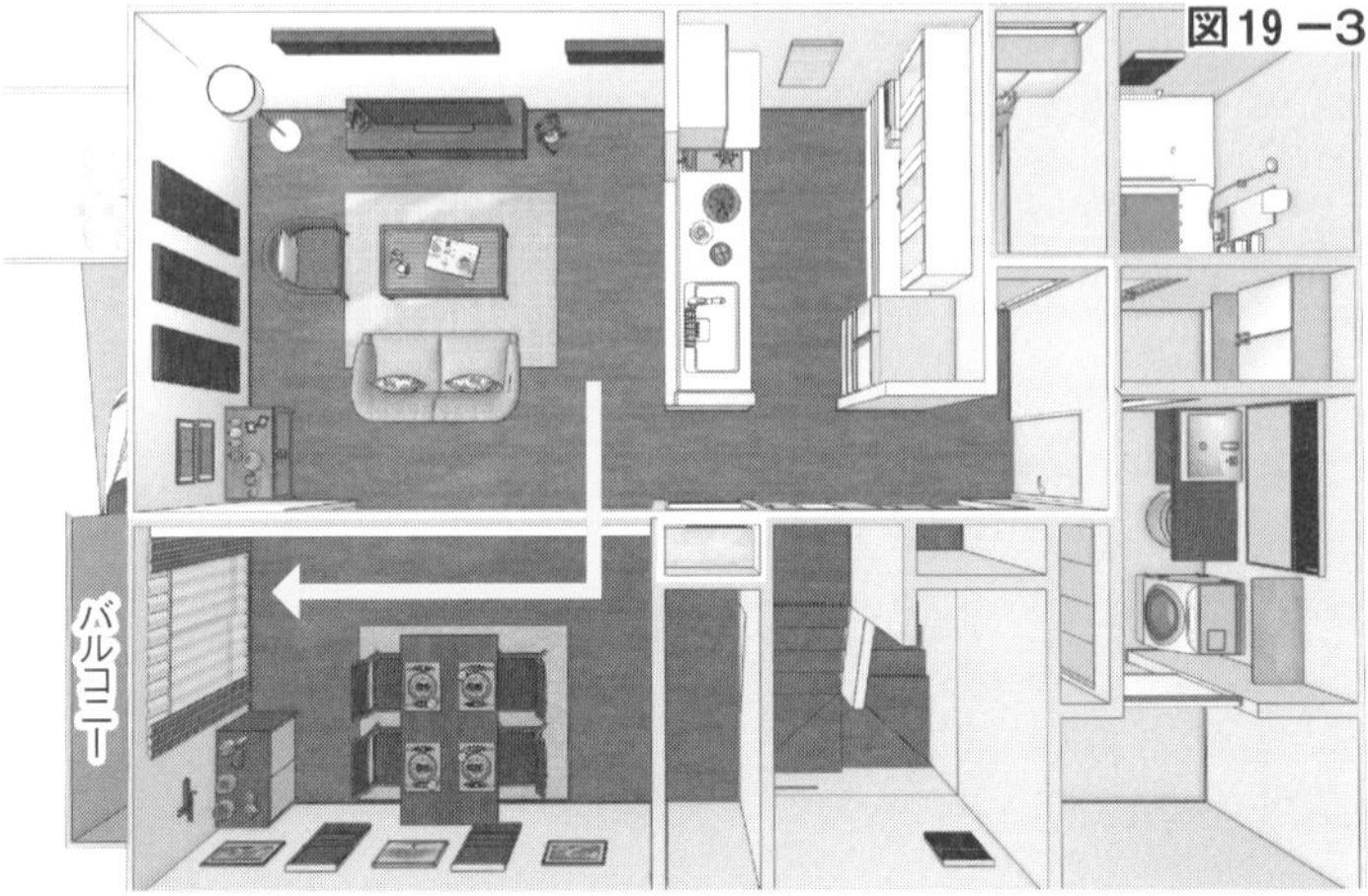

19－2）

そのため、バルコニーへ出るときは、障害となるソファを少し移動するか、または、テレビの前の狭いスペースを通らなければならなくなり、かなりストレスフルな家具レイアウトとなっていました。

空間を入れ替えることで理想的な家具レイアウトが可能になる

ダイニングよりリビングが狭く、思うように家具レイアウトができないときには、思い込みをリセットし、全体的に視点を変えてみます。

そこで、リビング空間とダイニング空間を入れ替え、家具をレイアウトしてみました。

図19－3は、リビング空間とダイニング空間

図19－4

を入れ替えた後の家具レイアウトの様子です。
ソファやテレビボードなどのリビング家具は、空間を入れ替えたことで、ゆったりしたレイアウトにできました。
また、ダイニングテーブルは、壁に寄せてレイアウトし、バルコニーへの動線（矢印）を確保しました。
空間を入れ替えて家具をレイアウトしたことにより、部屋の中心は広くなり、動きやすいリビング・ダイニングになりました。

ときには固定観念や思い込みをリセットし、フレキシブルに間取りを考えれば、無理のない理想的な家具レイアウトが可能になり、ダイニングが広く、リビングが狭いなどのような部屋の悩みが解決できます。

お悩みその2

安心してテレワークするスペースがありません

～自宅のテレワークスペースは、家庭内ノマドで解決～

在宅勤務の場所がない？

新型コロナウイルスを発端とした「新しい生活様式」の影響で、今まで会社で行なっていた仕事を、家庭の中でテレワークとして行なうことが増えました。

しかし、この想定外の事態に戸惑う方も少なくありません。なぜなら、「書斎」など在宅勤務を行なうことができる間取りがあるご家庭は、まだまだ少数派であり、在宅勤務を行なう場所が家庭内にないご家庭が大多数を占めているからです。

会社の機密情報と個人のプライバシー、どちらも守ることが必要

また、家庭内を仕事の場にすることは、打ち合わせ内容や業務上の機密情報などが、同

じ空間にいる家族に漏洩してしまう怖れがあります。オンライン会議などの場合、カメラの位置に気を付けないと、家族や家庭のプライバシーが、オンラインで流出してしまう怖れもあります。

そのため、テレワークスペースは、家の中でも、静かで隔離され、集中できるスペースに設置する必要があり、在宅勤務へのハードルが上がる原因の1つとなっています。

ハードルの高いテレワークスペースは家庭内ノマドの発想を

このように、テレワークスペースは、情報管理やプライバシーの保護などといった観点から設置場所を考える必要があります。

そのため、書斎のようにあらかじめ用意された空間がない場合は、テレワークスペースを「家庭内ノマド」的発想で確保することがとても便利です。

「家庭内ノマド」とは、リビングや寝室など複数の部屋に、ちょっとしたテレワークスペースを用意しておき、**時間帯や家族の在宅有無、会議の実施などのＴＰＯに合わせて、自由にテレワークスペースを移動していく**ことです。

例えば、機密情報の多い会議は寝室などの個室で行ない、また単純なパソコン作業など

図20－1

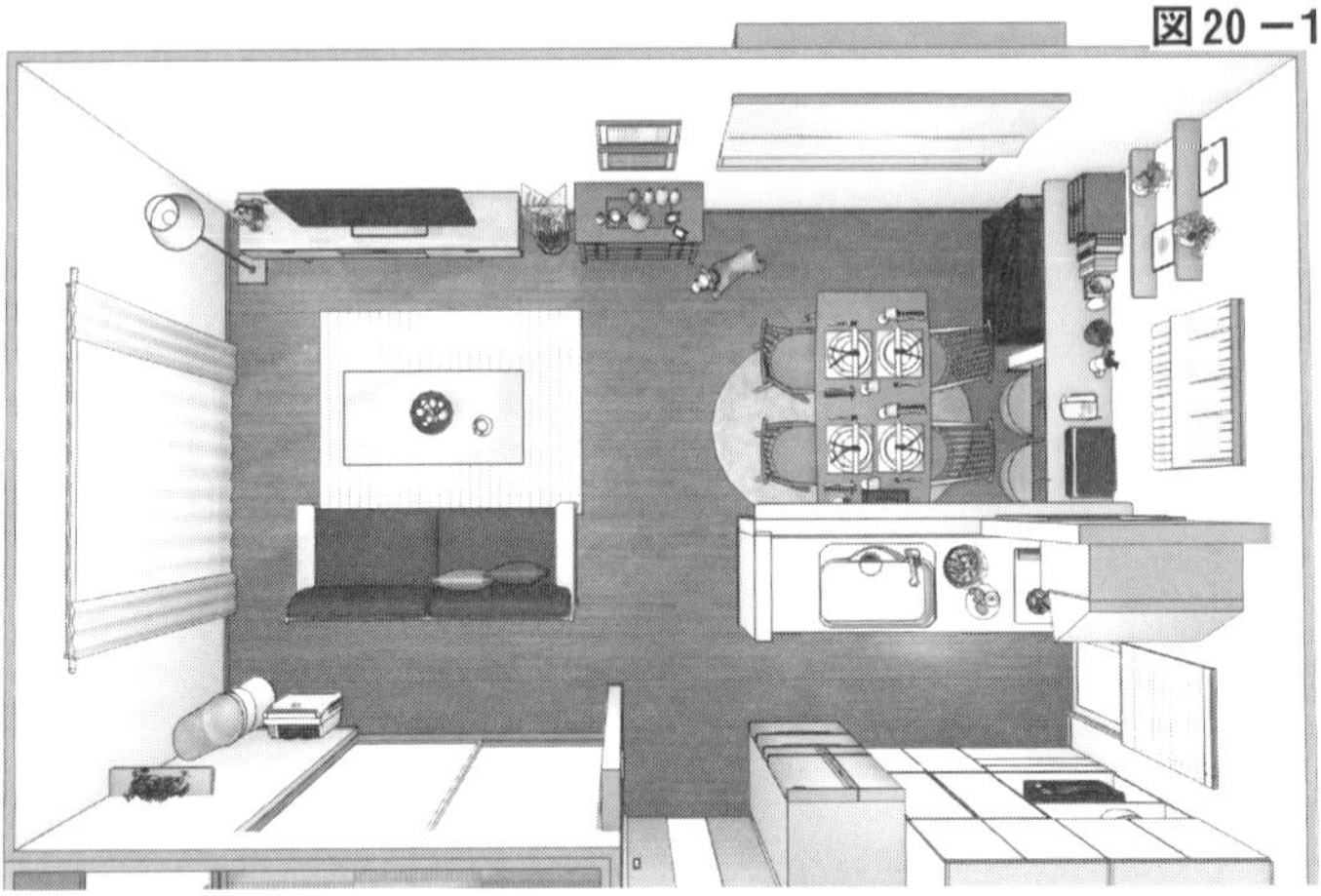

はリビングで子供の様子を見ながら作業を行なうなど、TPOに合わせた働き方が、家庭内で可能になります。

では、「家庭内ノマド」を実践するために、それぞれの部屋に、どのようにテレワークスペースを設置すれば良いのでしょうか？　実際の間取りで見ていきましょう。

リビングに造る方法

図20－1は、広さ10畳の、リビング・ダイニングの様子です。リビング・ダイニングには、ソファやダイニングテーブルなどの大きめの家具がすでにありますので、これらに追加でテレワーク用の家具を置くと、部屋はとても狭くなります。

図20－2

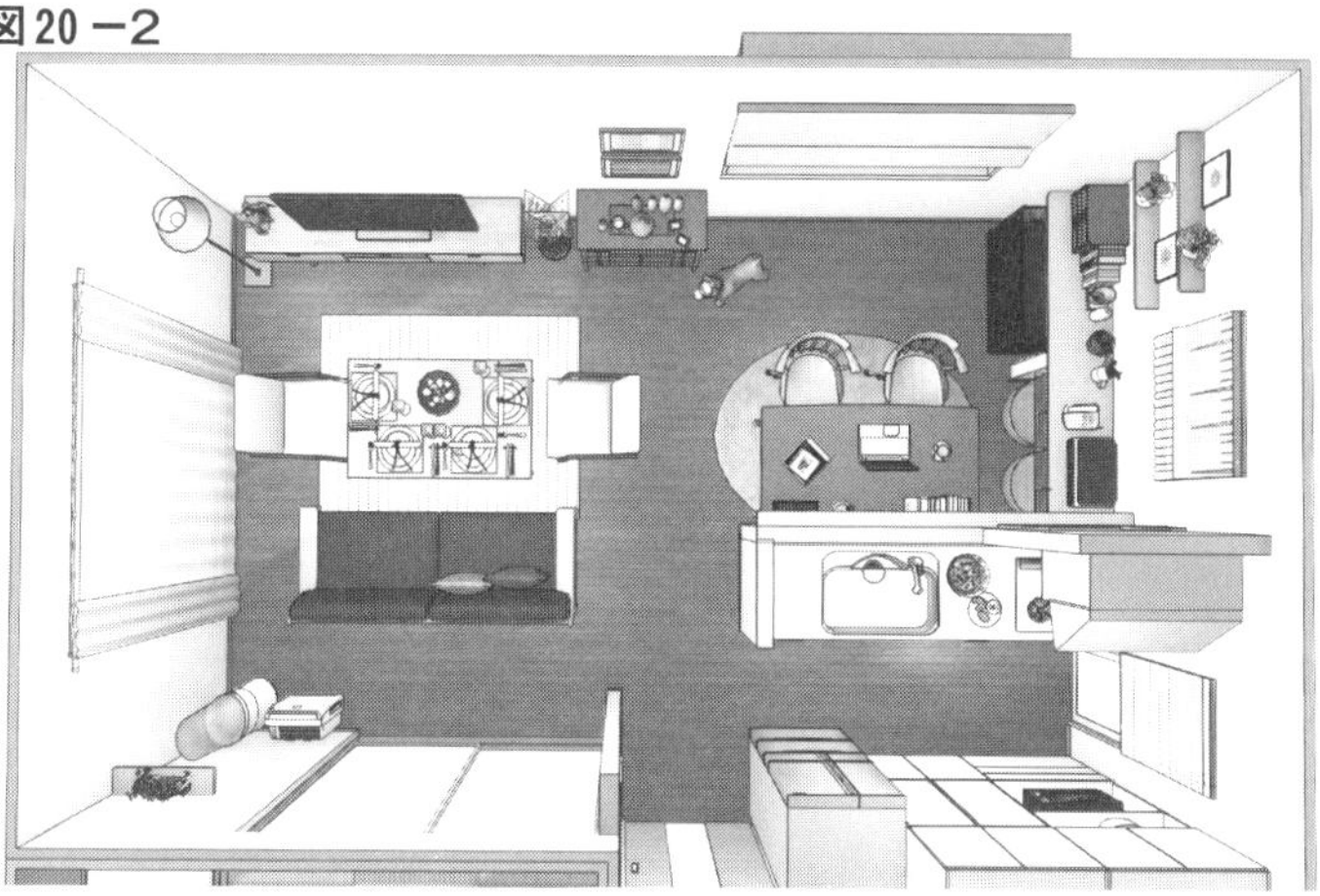

そのため、10畳ほどのリビング・ダイニングの場合には、**テレワーク用の家具は置かず、今あるダイニングテーブルをテレワーク用のテーブルとして使います。**

はじめに、このダイニングテーブルを、図20－2のように、キッチンカウンターに横向きにレイアウトします。

ダイニングテーブルは4人掛けのものであれば、2～3人で座ることができるため、テレワークをしながら、隣で子供のリビング学習の様子を見守ることが可能です。そしてダイニングテーブル用の椅子を高さの調整ができるものに変えて、長時間のパソコン作業にも適応できるようにしました。

最後に、リビングでお食事ができるように、

図20－3

ソファに合わせた高めのテーブルと、1人用のソファも追加しました。ソファとダイニングの機能を兼ね備えたダイニングソファとして使うことができます。(図20－3)

テレワークスペースをダイニングに設置することで、食事をするテーブルで仕事をすることもなくなり、食事のたびにお仕事用品を片付ける面倒がなくなりました。

また、テレワークスペースという明確な空間ができたことにより、仕事用具などがリビング・ダイニングに散らかることも、少なくなりました。

デッドスペースに造る方法

図20－4

68ページの「ルール８　デッドスペースを利用して収納スペースを造る」でも触れましたが、部屋の柱の近くや階段の下には、何にも使われていない「デッドスペース」というものがあります。実はこの**デッドスペースですが、壁などが多く小スペースであるため、テレワークにはうってつけの場所**になります。

図20－４は、「デッドスペース」であるリビング階段の下に、テーブルや椅子を置いて、テレワークスペースを設置してみた様子です。

階段の周りには、筋交いなどがはいった、構造体になる強い壁が多く存在します。

そのため、例えば、机の脚を取って、壁で支えるカウンターテーブルを設置することもできます。構造体の壁に複数の金物でカウンター

図20－5

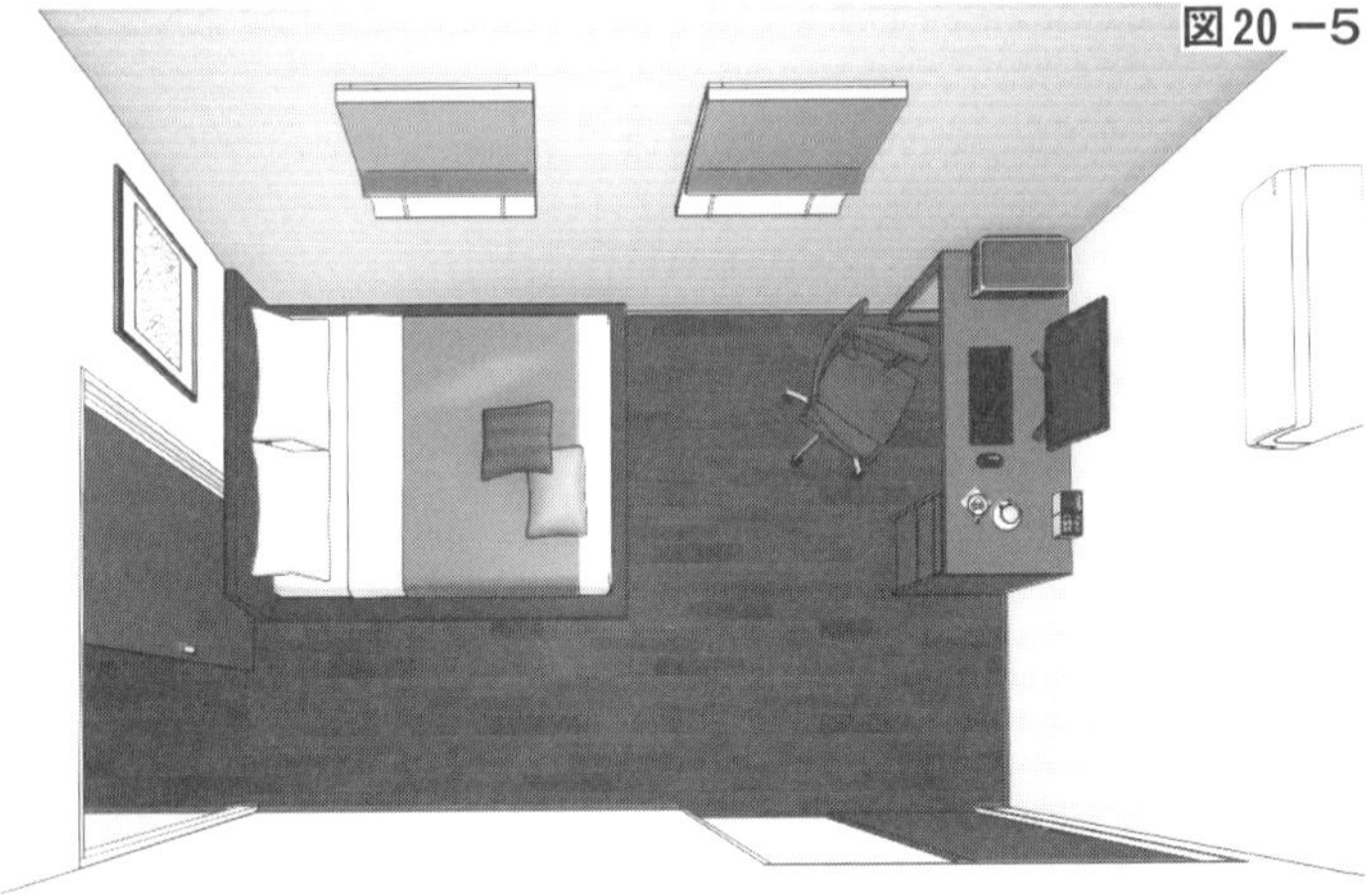

テーブルを留め付けることにより、耐荷重も高く、しっかりしたテーブルになります。
また、脚がないことで掃除も楽になり、スッキリした印象のテレワークスペースにすることができます。

寝室に造る方法

寝室などの広くない個室にテレワークスペースを造る場合、**気を付けなければいけないことが2つあります。それはベッドの位置とエアコンの位置です。**

図20－5はクイーンサイズのベッドを置いてある、広さ6畳ほどの寝室の様子です。
代表的なレイアウトは、このように、ベッドの反対側に、壁に向けてテレワークスペースを

図20－6

造る方法です。

このレイアウトは、広さや動きやすさからいうと、理想的です。

しかし、オンライン会議などのときには、仮想背景で部屋の様子を隠していても、カメラの角度や不具合などで、夫婦のプライバシーが映ってしまうという欠点があります。

また、エアコンの位置も問題となります。

エアコンの風は、冷気は水平に吹きだし、暖気は垂直下に吹きだした方が、1番効率的に部屋を冷暖房できます。

しかし、図20－6のように、エアコンがデスクの真上にくるため、暖房時のエアコンから垂直下に吹きおろす暖気が、デスクを直撃してしまいます。

また冷房時には、水平に吹きだす冷気がベッドを直撃し、部屋を冷やすためには寒さを我慢しなければなりません。

そこで、考えられるレイアウトは、図20－7のように、ベッドの向きを変えて、ベッドのヘッドボードを利用する方法です。

ベッドのヘッドボードと、背中合わせにテレワークスペースを造ることで、カメラは壁の方を向き、プライバシーが映り込むことを防ぎます。

また、エアコンから吹きだす風を避けることで、冷暖房時にエアコンから受ける影響を、少なくすることができます。

そのほか、図20－8のように、ベッドのヘッドボードに、直角にテレワークスペースをレイアウトすることも可能です。

カメラは部屋の扉を向きますが、ベッドなどが映り込むことは避けられます。

こちらもエアコンから吹きだす風を避けることができるので、効率の良い冷暖房を行ないながら快適なテレワークが行なえます。

書斎などのテレワークをするスペースがない場合は、それぞれの部屋にテレワークスペースを設置することで、ＴＰＯに合わせた、「家庭内ノマド」的な自由なテレワークが可能になります。

図20－7

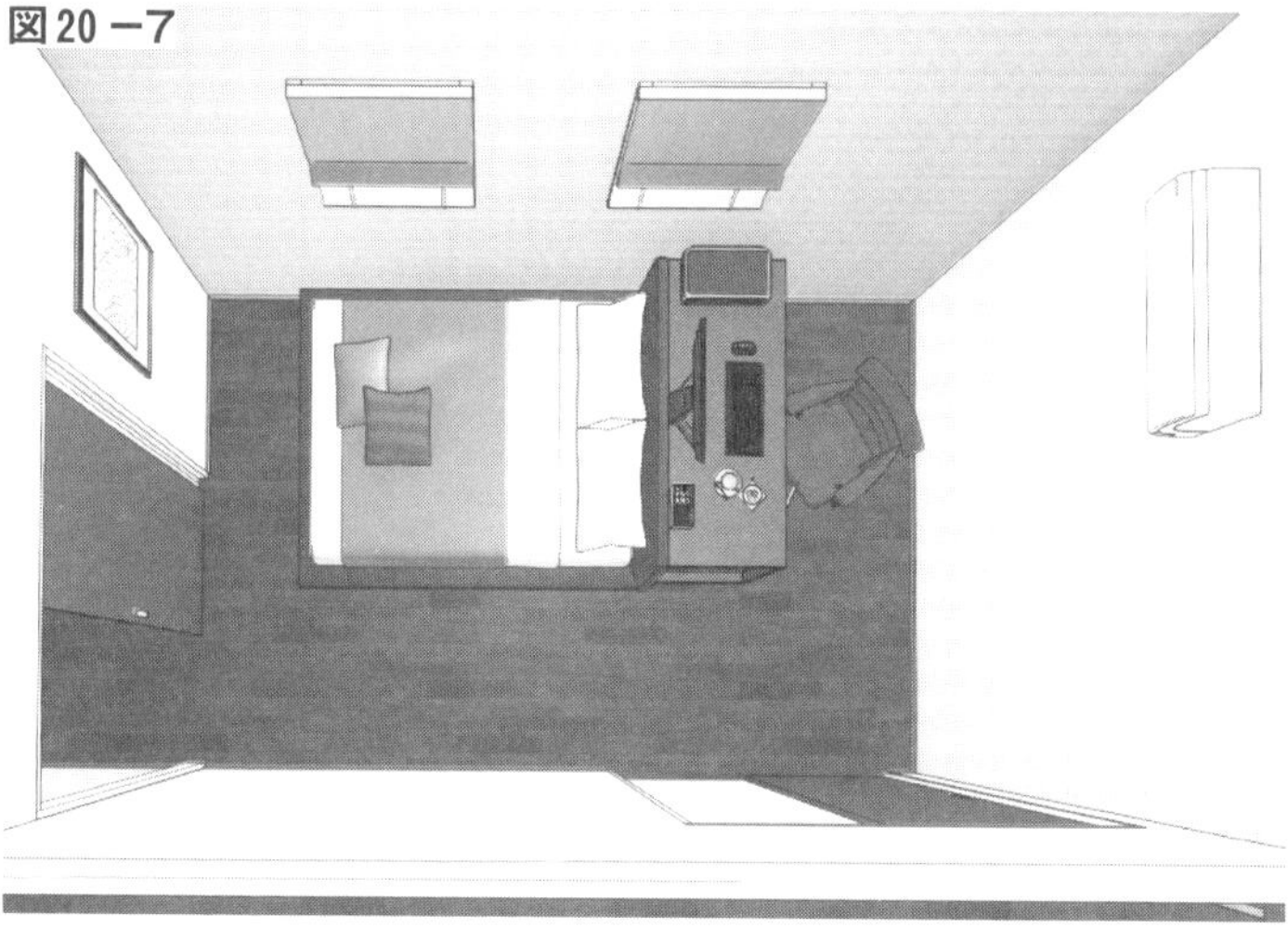

図20－8

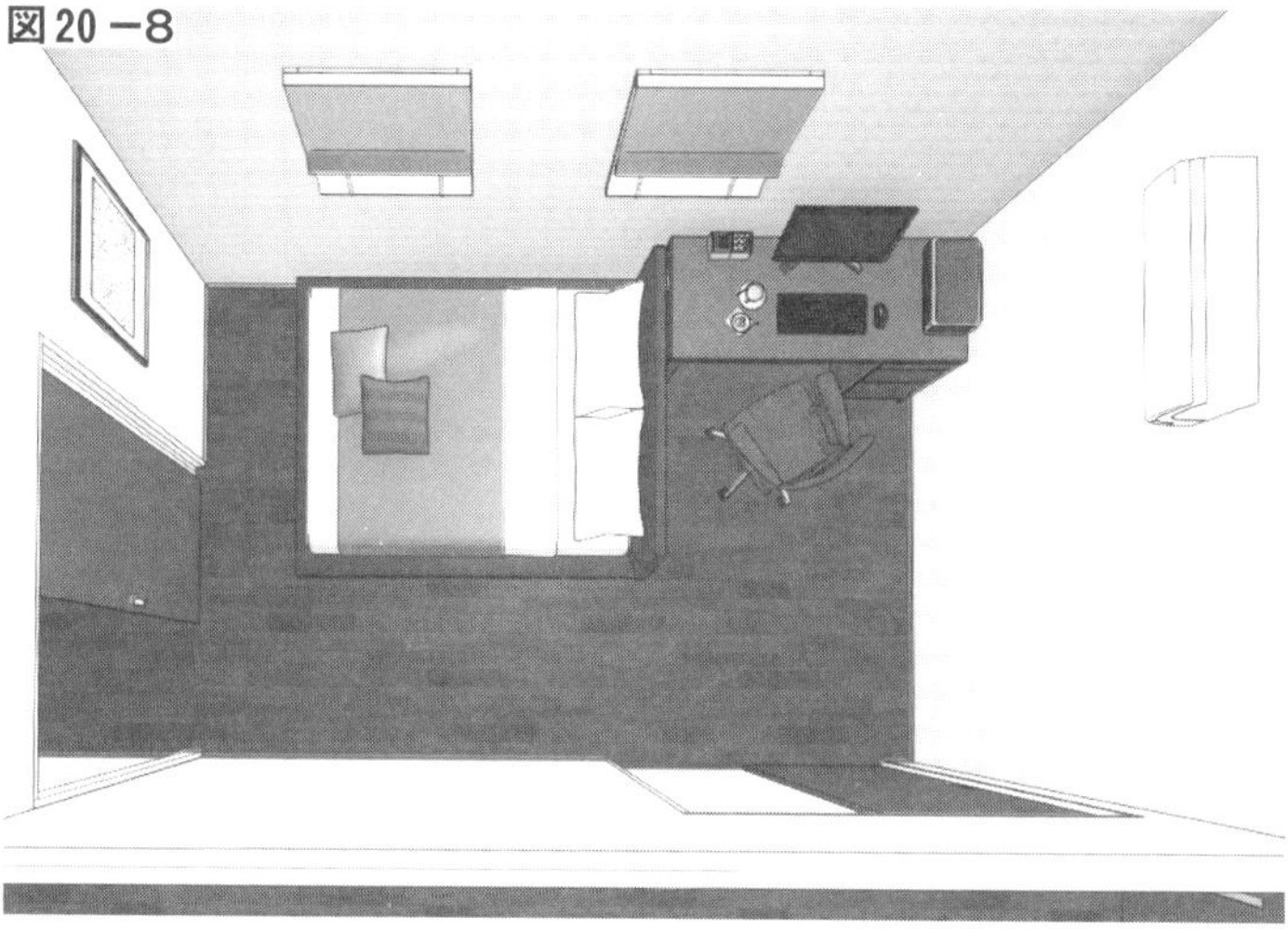

お悩みその3

ピアノがあるため、部屋が狭いです

~大きな家具は分散してレイアウトすると圧迫感を減らせる~

ピアノなどの大きな家具は、分散してレイアウトすることが大切

子供の習い事で、今も昔も人気があるのが、ピアノです。

しかし、バイオリンやフルートなどとは違い、ピアノはとても大きいため、多くのご家庭で、その置き場所に困ります。

どのくらい大きいかといいますと、一般的なアップライトピアノのサイズは幅150センチ前後、奥行60センチ前後あるので、半畳ほどの面積が必要になります。さらに、椅子に座って練習する空間をプラスすると、**結果的に1畳程度の広さが必要**になります。例えば10畳のリビング・ダイニングであっても、ピアノを置くことで、その広さが9畳になってしまうのです。

ピアノを置く前には広く感じたリビング・ダイニングが、ピアノを置いた後は、とても

図21－1

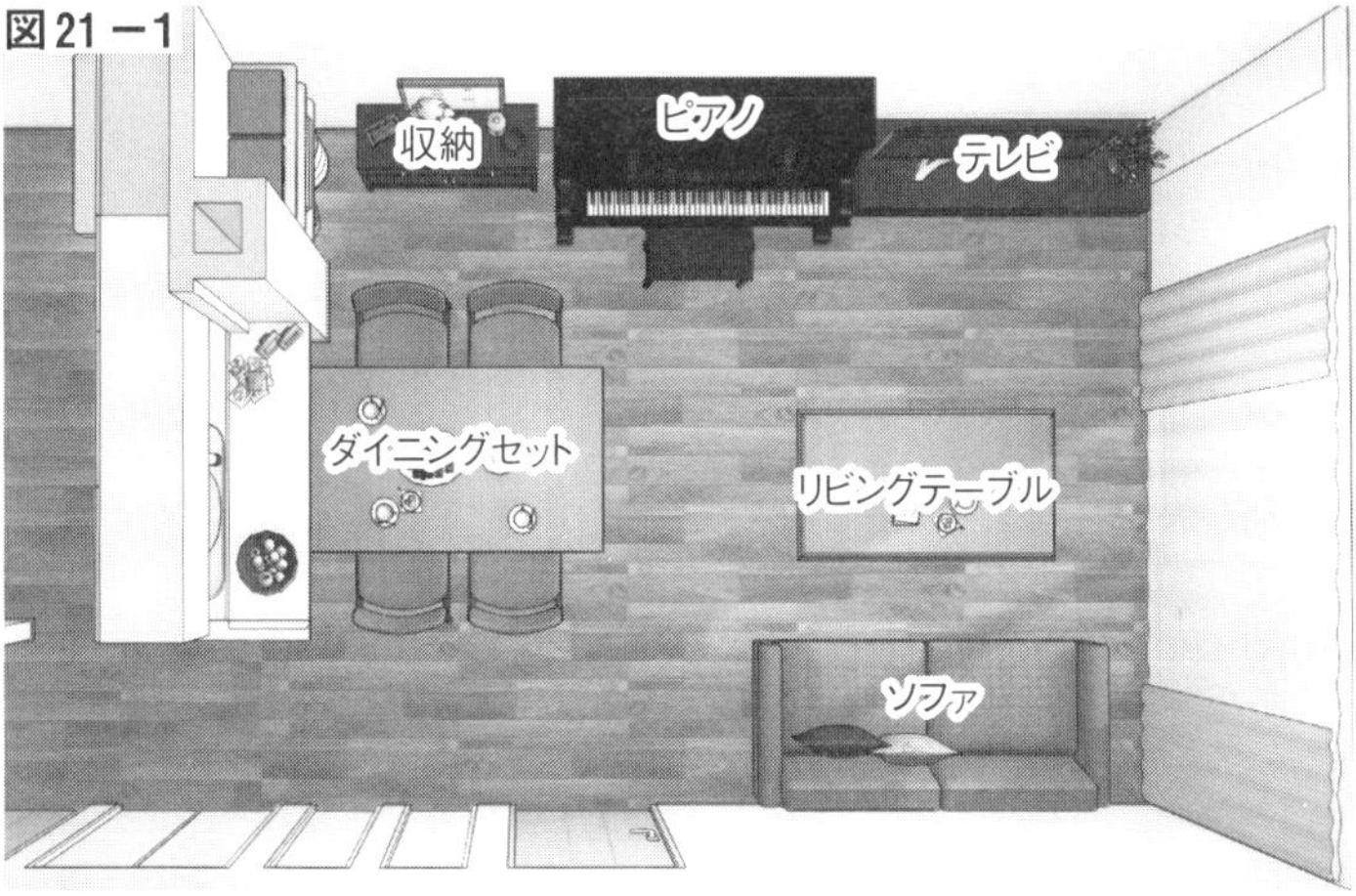

狭く感じるのはこのためです。

ピアノは、ほかの家具と一緒に並べると、さらに圧迫感が増す

このように、1畳ほどの面積を占めるピアノですが、その高さは120センチ以上あります。そのため、部屋に与える圧迫感も強く、ピアノを置くと、部屋はとても窮屈になります。

図21－1は3LDKマンションの家具配置の様子です。リビング・ダイニングの9畳という限られた空間に、ダイニングセットとソファ、リビングテーブル、テレビ、収納のほか、ピアノを置いていました。

ピアノは、ほかの家具と一緒に壁に沿って、

図21－2

部屋の中央にレイアウトされていましたが、高さがあるため、図21－2のように、背後の壁がほとんど見えなくなってしまっていました。

さらに両隣には、テレビボードやテレビ、収納があるため、白い壁がほとんど隠れてしまっていました。

部屋は、**白い壁を多く見せると、視覚的に広く見えます。この部屋を広く感じさせる白い壁の部分が、ピアノや家具で隠れてしまっているため、圧迫感がさらに増してしまう**家具レイアウトになっていました。

また、先ほど述べましたように、ピアノは約1畳の面積を必要とします。そのため、こちらの部屋は9畳ほどの広さがありますが、実際の広さはピアノ置き場の1畳を除いた8畳ほどの

図21－3

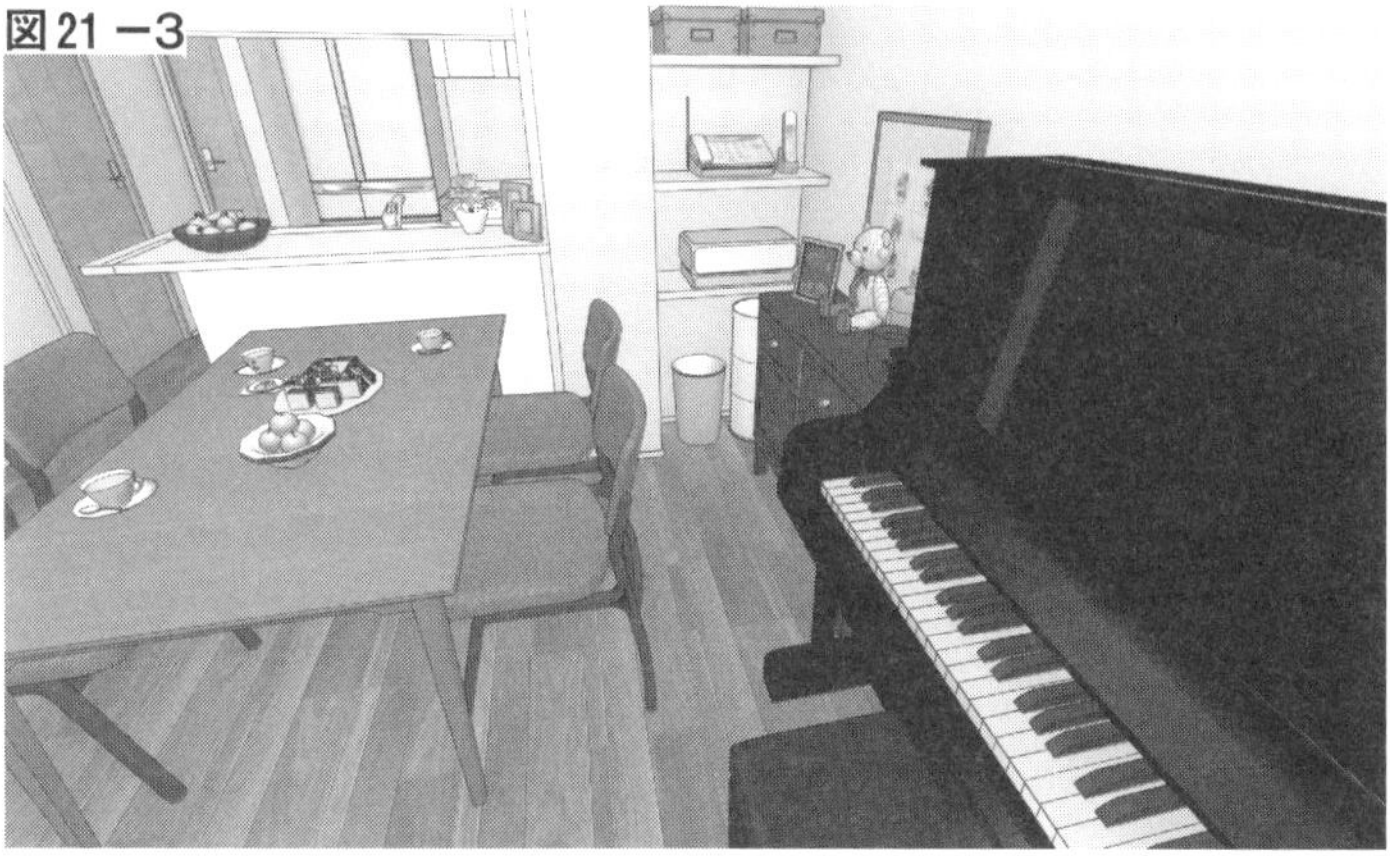

空間に、ダイニングセットとソファ、リビングテーブル、収納を置いていることになります。

8畳の空間に、これだけ多くの家具をレイアウトすると、部屋はとても狭くなります。

とくに、図21－3のようにダイニングテーブルとピアノが近くに位置するため、収納や棚への動線・収納周りの空間が大変狭く、とても使いづらい状態になっていました。

そのほかにも、ピアノの横に近接してテレビがレイアウトされているため、ソファ前は広いのですが、テレビが角度的に見にくいなどの問題もありました。

そこで、ピアノや家具のレイアウトを変えて、圧迫感が少なく、また使いやすい家具レイアウトに模様替えしてみました。

図21－4

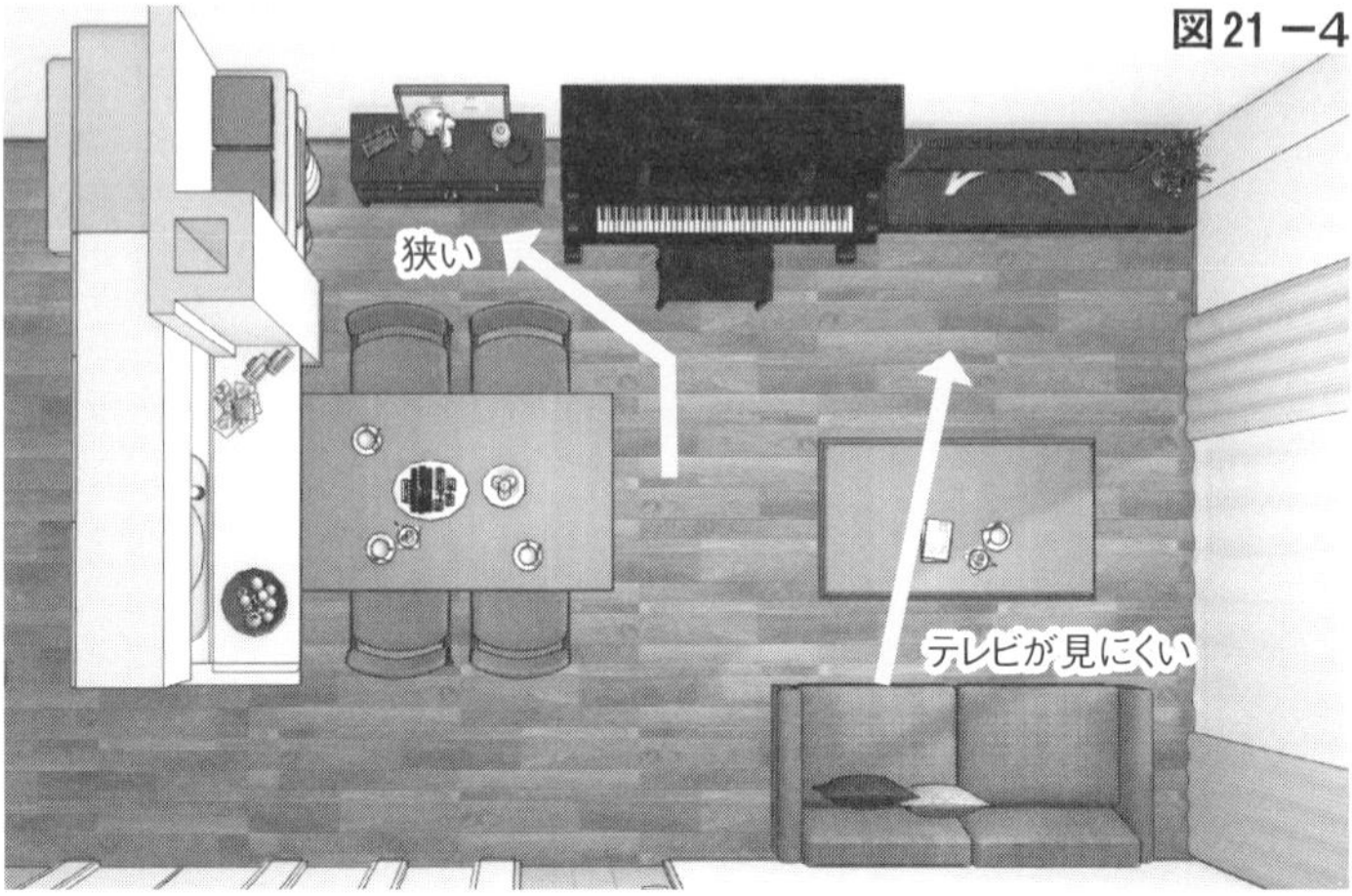

図21－4は模様替え前の、図21－5は模様替え後の、間取りの様子です。

壁に一列に並んでいたピアノ、収納、テレビボードは、圧迫感を少なくするため、それぞれ離して別の壁にレイアウトしました。

そして1番大きいピアノは、バルコニーへの動線上にレイアウトしました。

動線上には、基本的に、その妨げとなる家具は、置くべきではありません。

しかし、動線の幅が十分確保され、スムーズな動きが妨げられない場合は、図21－5のように、動線上に家具を置くことも可能です。

テレビボードは、アンテナジャックのある壁に、角度を変えてレイアウトしました。

ソファは、そのテレビに対し正面にレイアウトし、見やすい距離に置きました。

図21－5

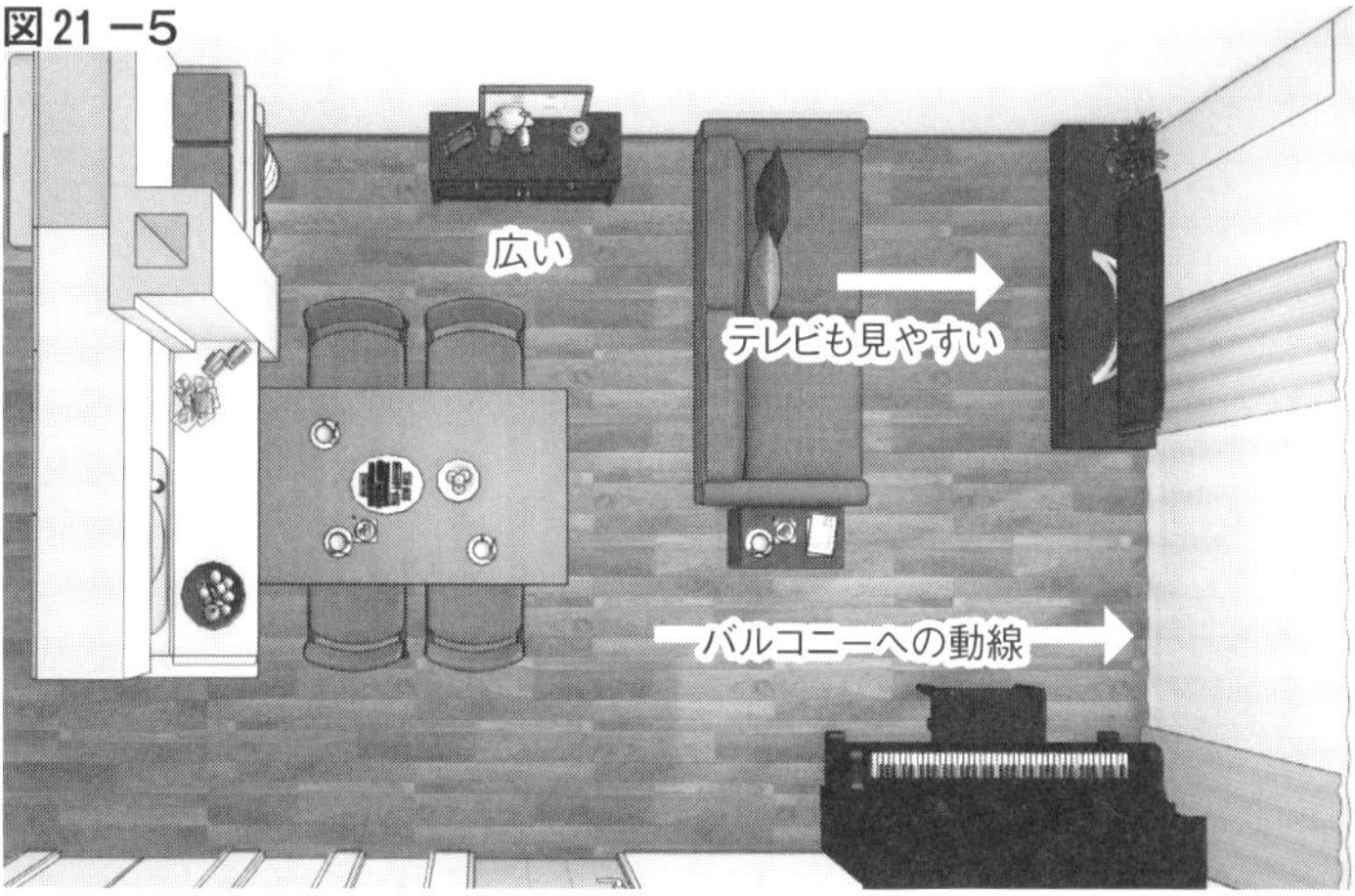

リビングテーブルは、大きくて使いやすいというメリットはありますが、部屋に対して、少し大きすぎたため、マガジンラック付きのサイドテーブルに買い替えました。

収納は、動線を確保できるように、家具同士のスペースを空けてレイアウトしました。

このことにより、不便だった収納も、出し入れが楽になり、使いやすい収納になりました。

ピアノや収納など、家具を集中させないことで、圧迫感がなくなり、また、狭かった収納への動線もスムーズになりました。（図21－6、図21－7）

ピアノをリビングにレイアウトする場合は、圧迫感を少なくするように、家具を分散してレイアウトすることが大切です。

図21－6

図21－7

お悩みその4

2人で1つの子供部屋、いつも荒れ放題です
～空間分けをすることで、片付けやすく使いやすい部屋に！～

子供部屋は3つの空間（スペース）に分ける

子供部屋の数は、子供の数だけあることが、理想的です。

しかし、日本の住宅事情を鑑みると、子供1人に1つの子供部屋を与えられるご家庭は少なく、とくに兄弟姉妹が多い場合は、子供の数に合った部屋数を確保するのは難しい、というのが現状です。

そのため、1つの子供部屋を、兄弟姉妹で、上手に使う必要が出てきます。

この**1つの子供部屋を兄弟姉妹で上手に使うためには、部屋の空間分けが大切**です。

子供部屋の場合の空間分けとは、子供部屋を、図22－1のように、「就寝空間」「学習空間」「収納空間」の3つの空間に分けることです。

図22－1

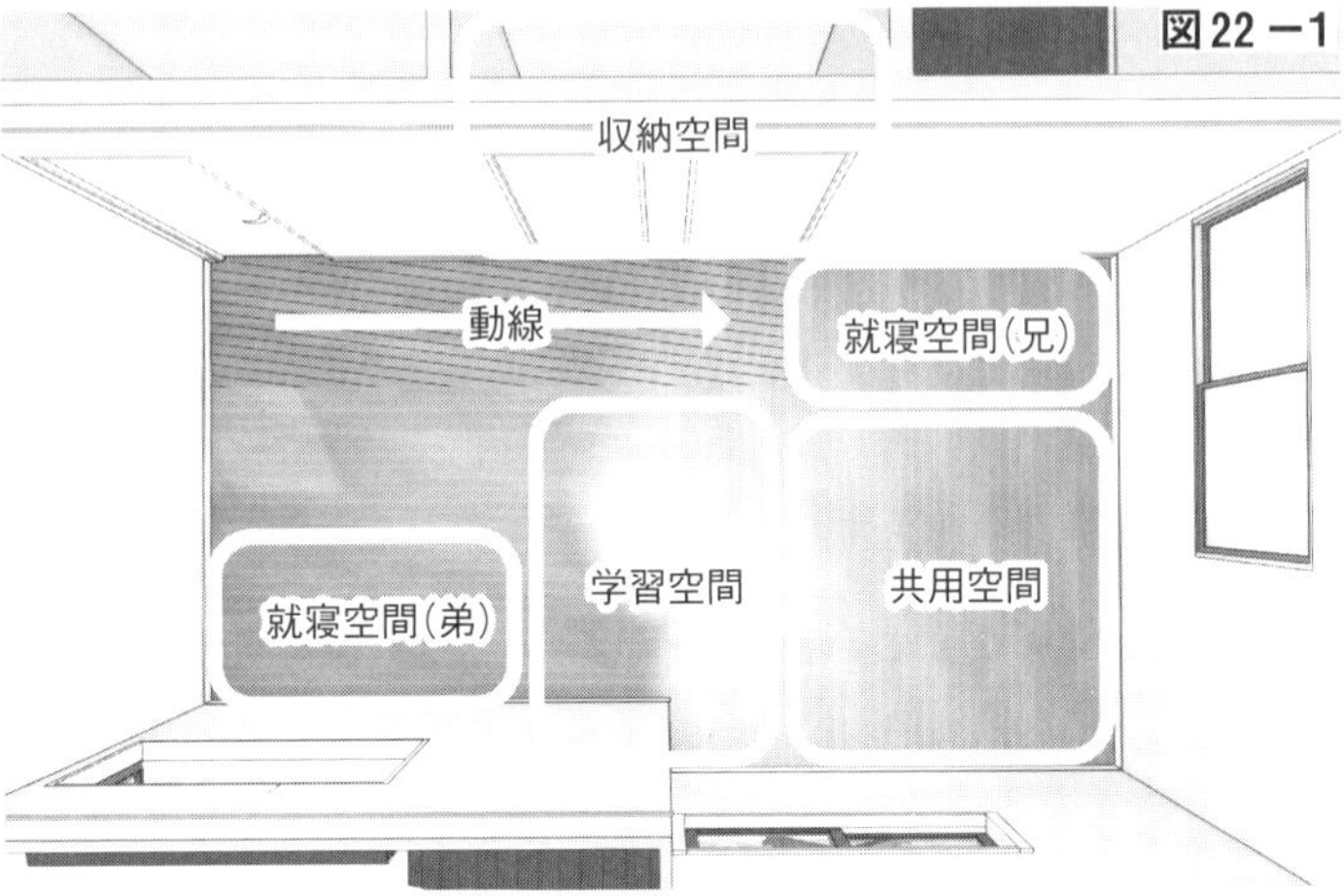

「就寝空間」は、ベッドで眠るための空間、「学習空間」は、学習机で勉強をする空間、そして「収納空間」は、衣類や学習用品などをしまう空間です。

そして、３つの空間の中に、兄弟姉妹それぞれにスペースを振り分けていきます。

兄弟姉妹それぞれのスペースを造ることで、個人の管理する範囲が明確になります。

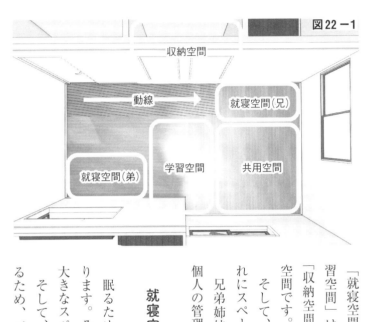

就寝空間の造りかた

眠るための就寝空間には、大きなベッドがあります。そのため、３つの空間の中では、最も大きなスペースを必要とします。

そして、就寝行為は静かな場所が理想的であるため、ベッドは部屋の落ち着いた空間に設置

図22－2

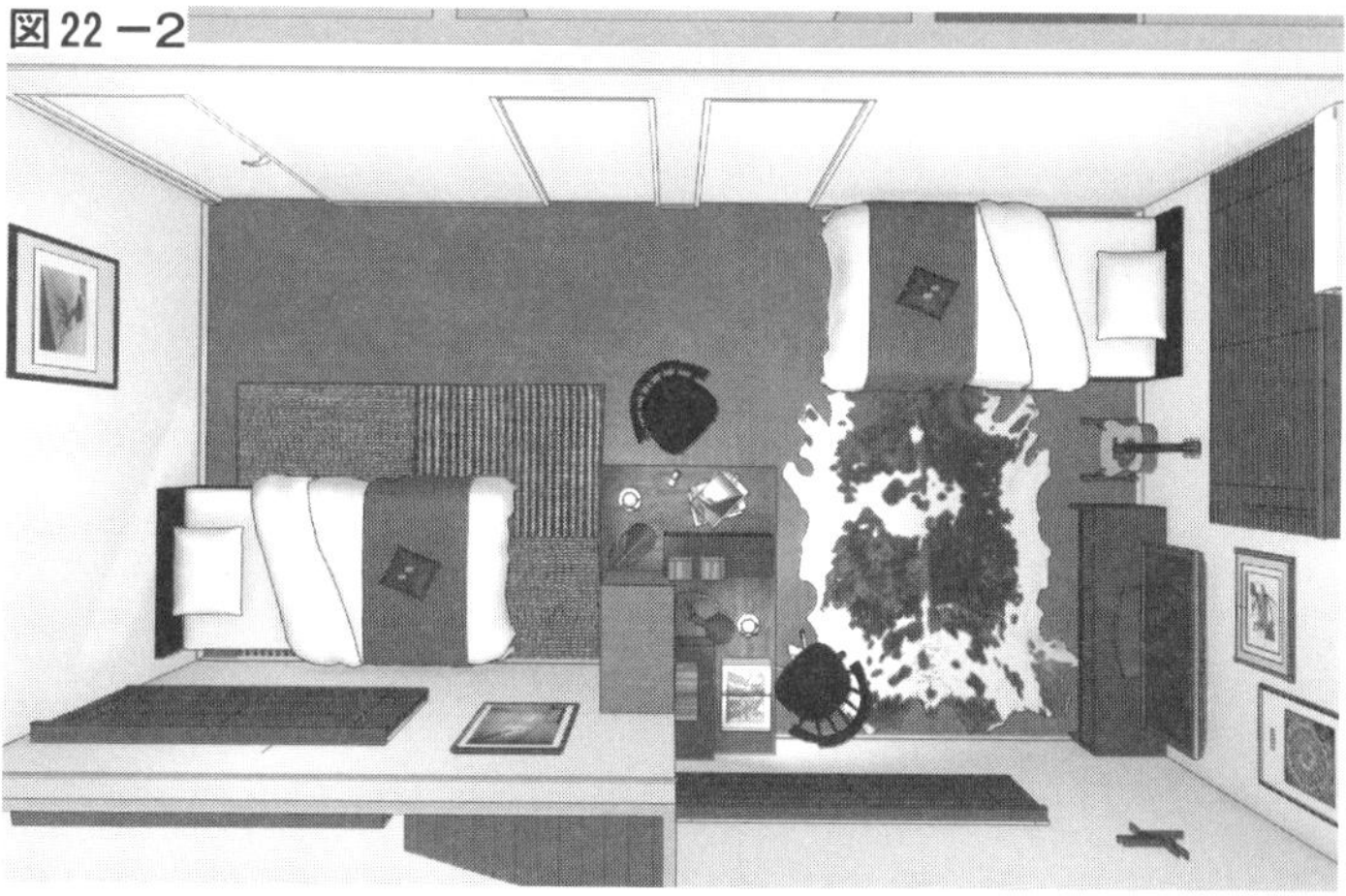

するべきです。そのため、**部屋の隅の壁際などに寄せてレイアウトし、ベッドを部屋の中心から避けることが大切**になります。

ベッドの様式は図22－2のように、シングルベッドをそれぞれの子供に与え、就寝空間を分けることが、プライバシーの観点から理想的です。

しかし、6畳以下の子供部屋の場合、シングルベッドを2つ置いてしまうと、ほかの学習机などが置けなくなるため、物理的には不可能です。その場合は、部屋の高さを利用して、2段ベッドを置くことになります。

2段ベッドの場合、部屋の天井照明の位置と、近くならないことが大切です。なぜなら、上のベッドの高さは約150センチですので、天井照明との距離が近くなるからです。

ただし、2段ベッドは、奥行や幅もあるうえ

図22－3

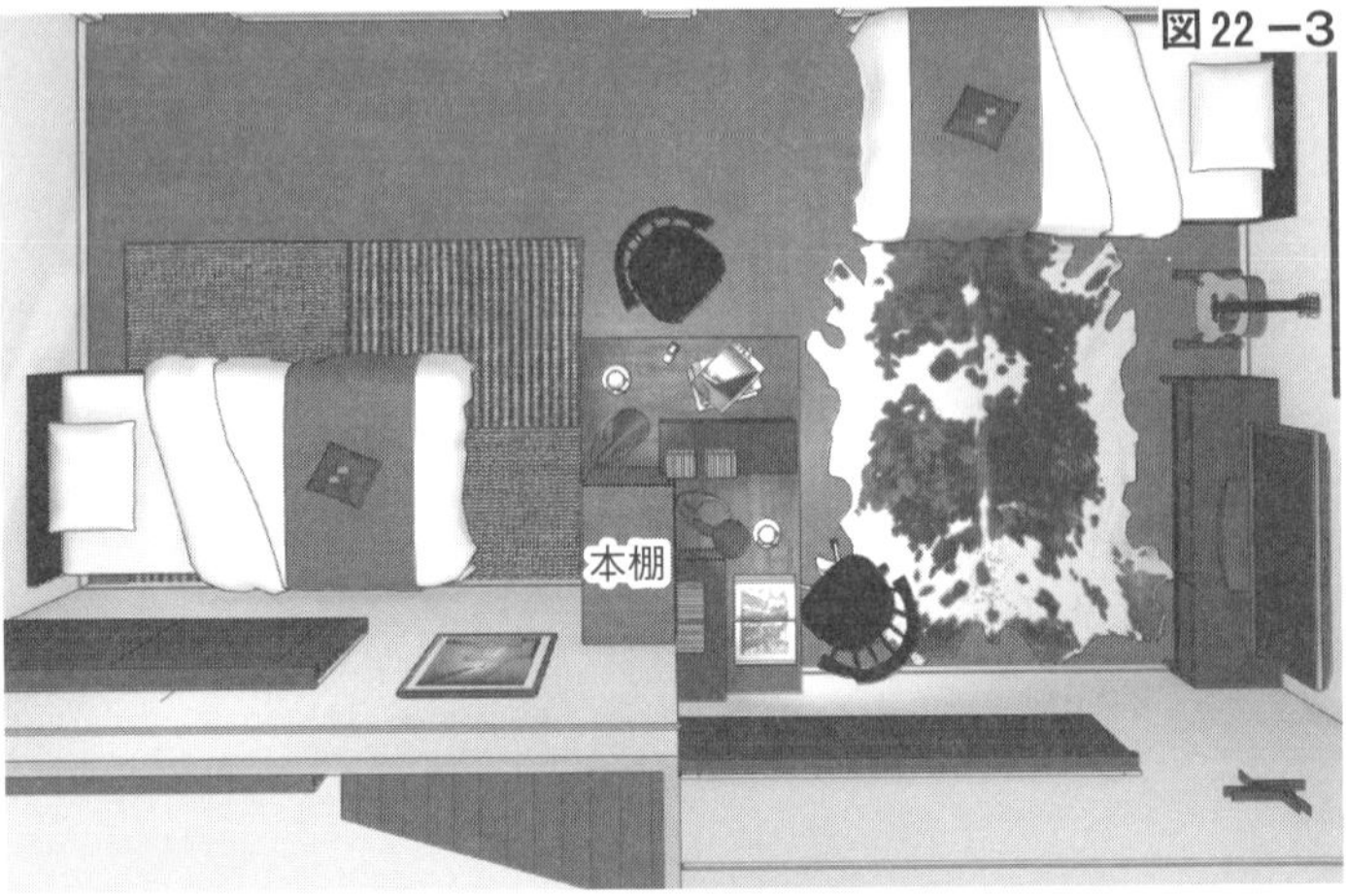

に、高さもあるので、とても圧迫感が出てしまうというデメリットがあります。

学習空間の造りかた

学習机で勉強をする空間が、学習空間です。**学習机は、別々にレイアウトするより、隣り合わせてレイアウトした方が、兄弟姉妹の動線がシンプルになるため、使いやすい部屋になります。**

また、机には学習のためのデスクライトを置くため、学習空間にはコンセントが必要になります。そのため、学習空間の位置は、コンセントのそばにレイアウトすることが、ポイントになります。

学習机のそばにデッドスペース（無駄な空

図22－4

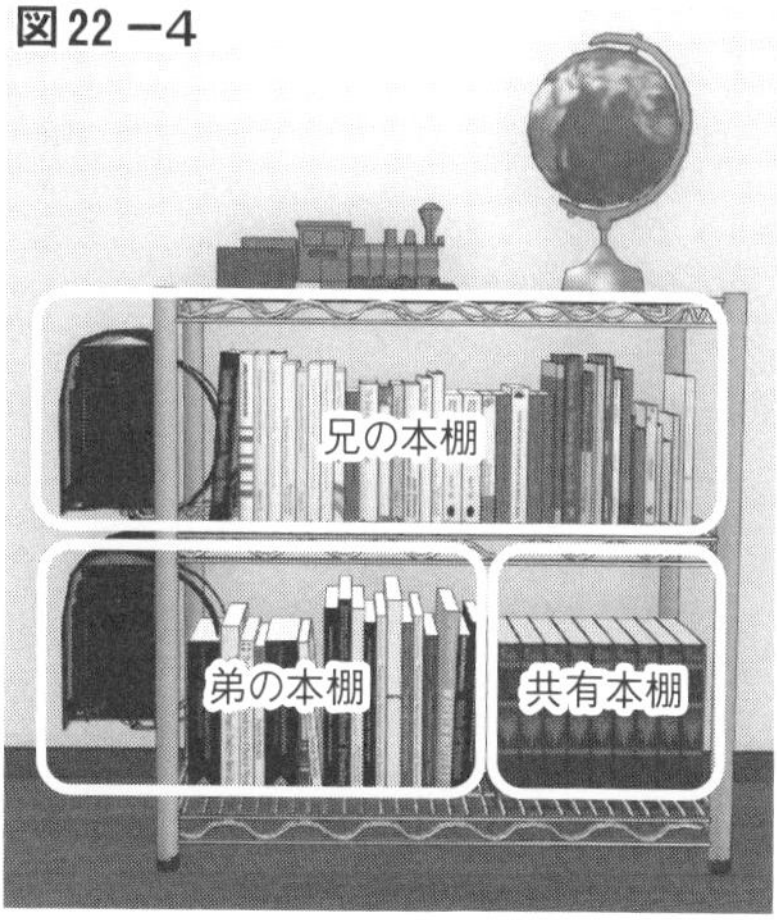

図22－5

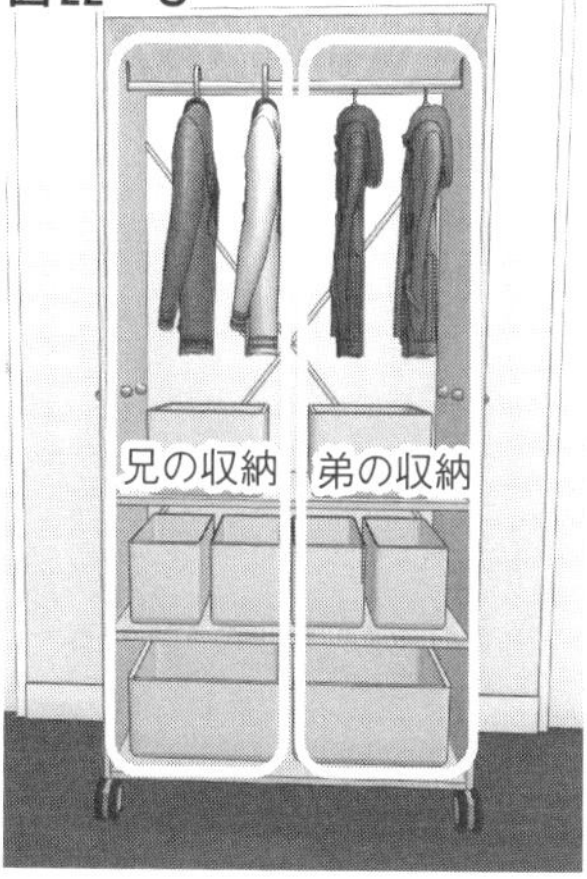

間）がある場合は、図22－3のように、本棚をそのデッドスペースに設置することも可能です。しかし、基本的に本棚は、次に説明するように収納空間にまとめた方が、片付けやすい部屋になります。

収納空間の造りかた

衣類や学習用品などをしまう場所が、収納空間です。

クローゼットや押入れなど、部屋にすでにある収納のそばに、本棚やオープン棚などを設置し、収納空間を造ります。

本棚やオープン棚には、教科書や辞書などの学習用品や、部活や趣味の物・雑貨などを収納します。図22－4、図22－5のように、左右または上下に分けて、兄弟それぞれの管理場所を造りましょう。

1つの部屋を2人で使う場合、この明確な収納分けをすることが大切です。明確な収納分けをすることで、それぞれのテリトリーができ、自分の持ち物に関しては、責任をもって片付けをするようになります。

本棚は、衣類などの収納空間のそばに置いたほうが、物を片付ける収納ゾーンとして空間分けができるため、片付けやすい部屋になります。

しかし、先ほども言いましたが、学習机のそばにデッドスペース（無駄な空間）がある場合は、その空間を利用して、学習机のそばに置いてもかまいません。

2人で使う子供部屋の造り方

図22－6は、広さが約6畳の子供部屋の間取り図です。

小学生の兄弟2人で部屋を使っていました。

部屋は6畳と広くないため、シングルベッドを置かず、2段ベッドを置いています。また、ベッドのレイアウトも、部屋の隅であり問題はありません。

しかし、学習机が図22－6のように、2方向の壁に向かって別々にレイアウトされてい

図22－6

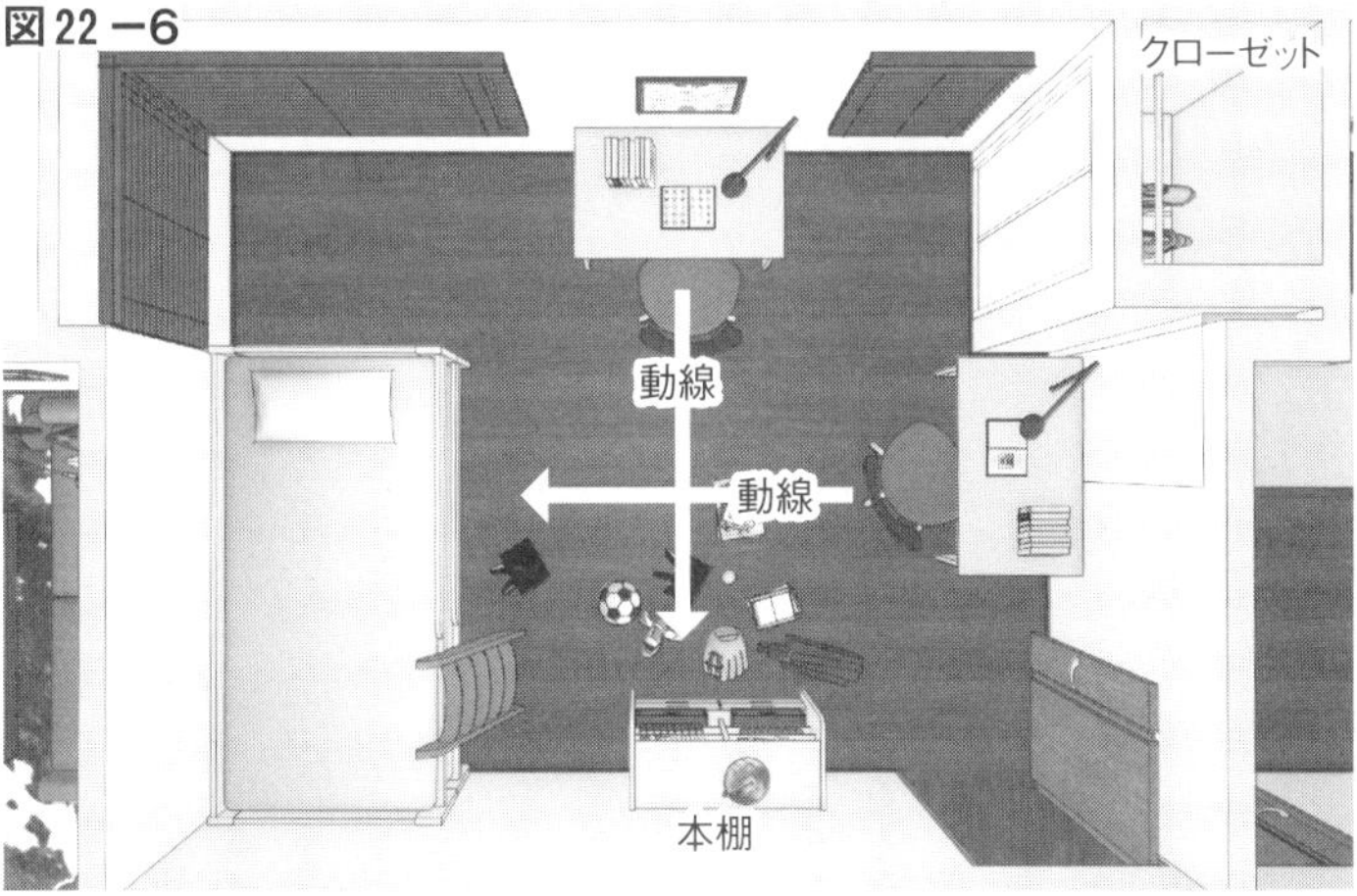

るため、学習空間が2つに分かれていました。
このことで、机を起点とした兄弟の動線がぶつかりやすく、イライラしやすいレイアウトとなっていました。
また本棚も、扉のそばにあり、クローゼットなどの収納空間と離れているため、本棚に収納しきれないものが、部屋の中心にあふれてしまっていました。

そこで、学習空間・収納空間をそれぞれまとめ、部屋を3つの空間に分けて、家具をレイアウトし直してみました。（図22－7）
はじめに、収納空間に合った学習机をコンセントのあるもう1つの学習机の横に移動しました。

図22－7

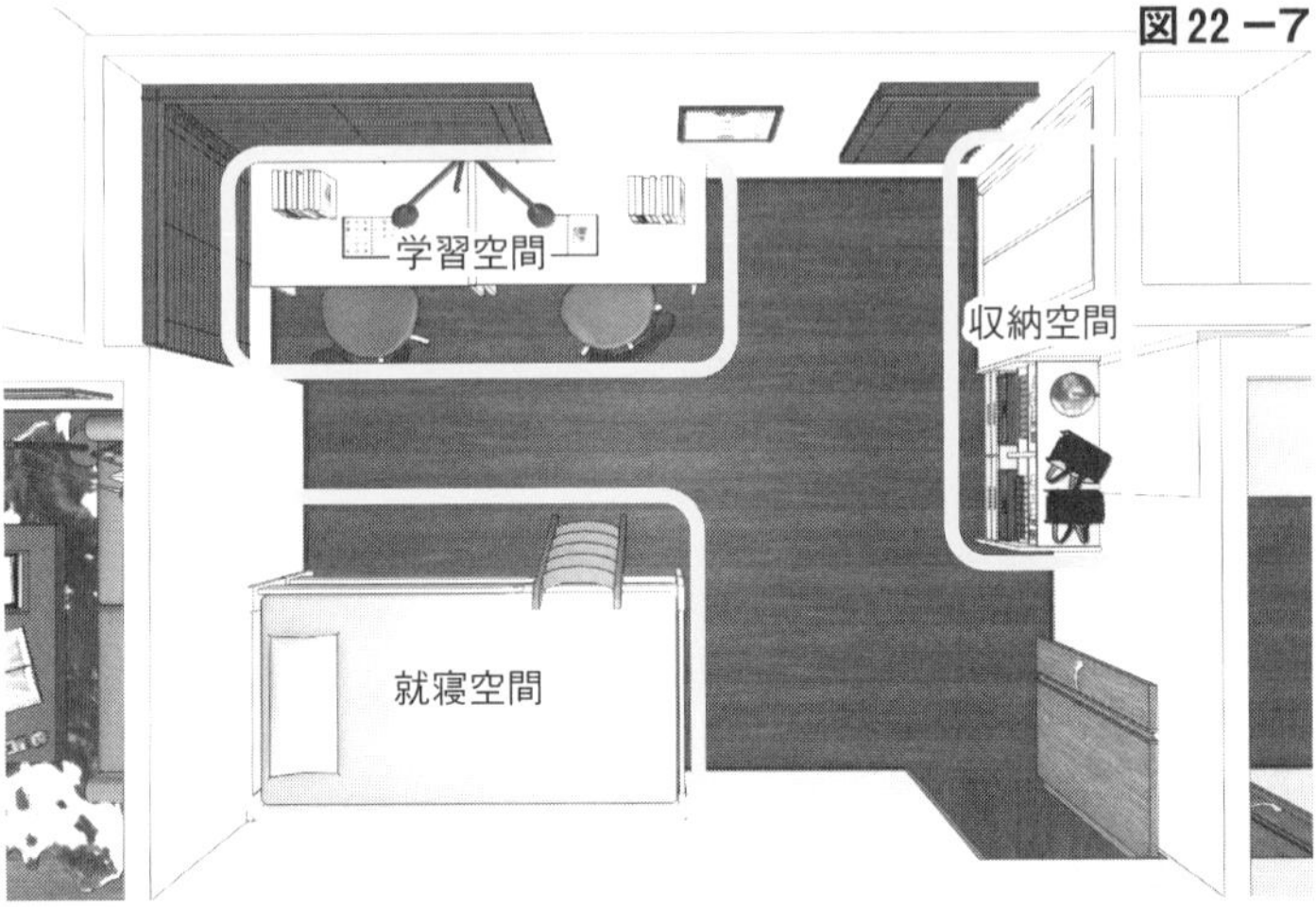

このことで、別々にレイアウトされていた学習机は1つにまとまり、机を起点とした兄弟の動線が、ぶつかることがなくなりました。

学習机を動かしたクローゼット横のスペースには、本棚を移動し、まとまった収納空間ができました。

収納空間と学習空間をまとめたことで、部屋の中心が散らかることもなくなり、動きやすくスッキリした部屋になりました。

クローゼットは、一時的に扉を外してオープン収納にし、子供にとって片付けやすくしました。（図22－8）

また、オープン収納には、ざっくりと片付けができるように兄弟それぞれの収納ケースを置き、本棚に入らなかったものも簡単に収納できるようになりました。

図22－8

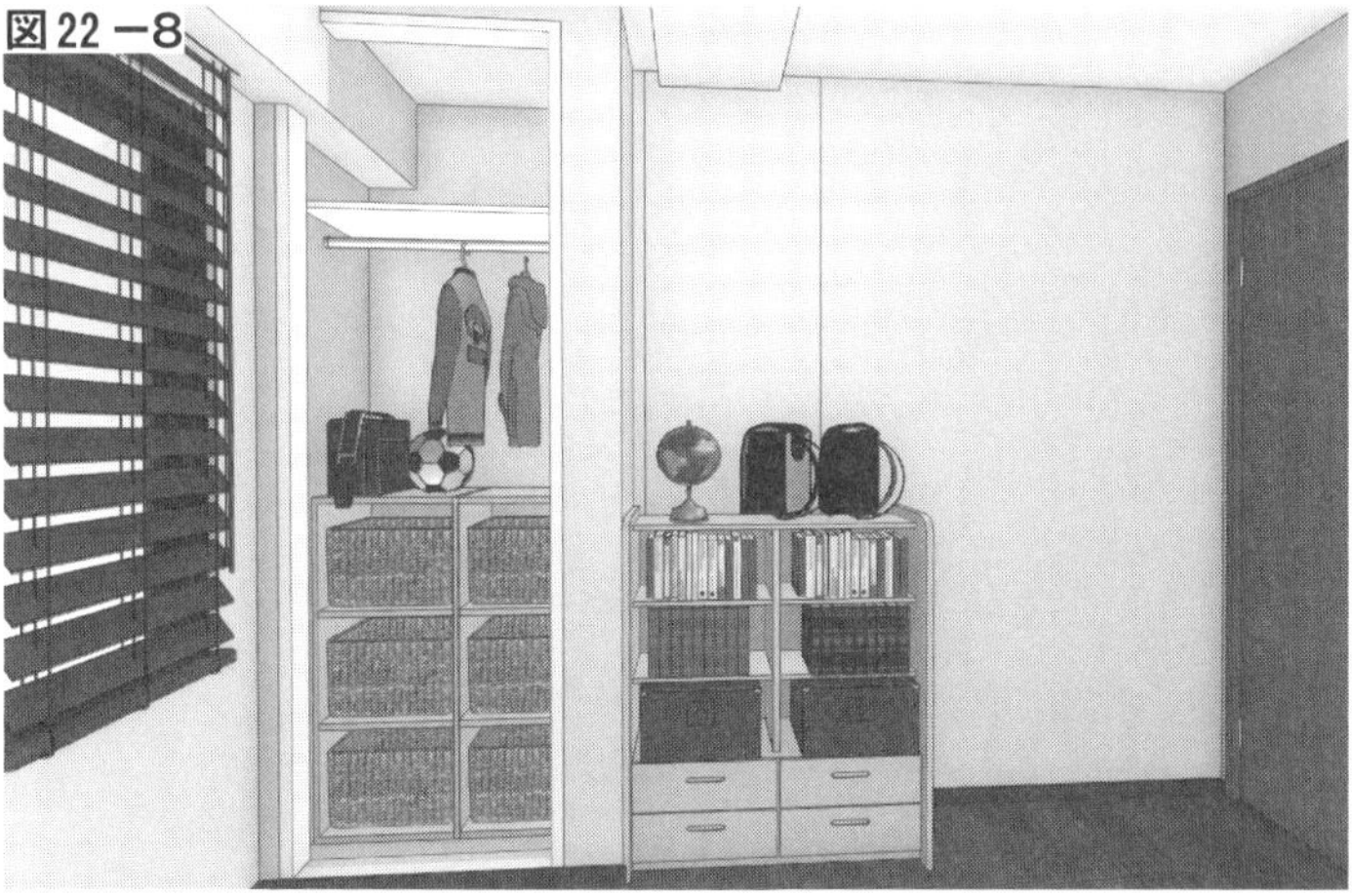

最後に就寝空間ですが、スペースをとる2段ベッドは、学習空間と平行に横向きにして部屋の中心を避け、壁に沿わせてレイアウトしました。

部屋を就寝空間・学習空間・収納空間の３つの空間に分けることで、２人で使う子供部屋でも、動きやすく片付く部屋にすることができます。

お悩みその5

猫の糞尿の臭いが、食事中に気になります

～ペットのいる家庭では、空気の流れを考えて～

臭いは、広がる前の発生源対策が基本

住まいの臭いは、トイレ臭やエアコンなどのカビ臭、排水溝や生ごみによるキッチン臭、カーテンや家具などからの家具臭など、様々なものがあります。

なかでも、とくに頭を痛めるものは、ペットの糞尿や、ペット自体の体臭などによるペット臭です。

このペット臭ですが、尿に関してはアルカリ性の悪臭を発生し、また糞に関しては酸性の悪臭を出すといわれています。これらの悪臭は、臭いの性質から一度発生し、住まいに広がってしまうと、消臭は難しくなります。

そのため、臭いの性質に合った消臭剤などで、**臭いの発生や拡大を抑える「発生源管理」**や**「発生源対策」**が、**悪臭を抑えるための基本**となります。

24時間換気は、換気による「空気の流れ道」に注意

このように、ペットによる悪臭は、発生源で対策することが基本となり、広げないことが大切です。

しかし、一度発生し、広まってしまったペット臭などの悪臭は、換気によって解決する必要があります。

住宅の換気については、2つの考え方があります。1つは、キッチンでの料理やトイレでの排泄行為の後、お風呂の後などに、一時的に臭いや水蒸気を換気する**「局所換気」**です。

そして、もう1つの換気は、常時、室内の換気を行なう**「24時間換気」**です。

この24時間換気ですが、文字通り、室内の空気を1日中、24時間換気するものです。システムには2時間で室内の空気を丸ごと取り換える性能の換気扇が使われており、正しく稼働すれば、臭いや有害物質の排出には大変有効で優秀な建築設備になります。

しかし、ここで重要なことは、換気により発生する「空気の流れ道」です。

ペット臭などの悪臭も、いったんこの「空気の流れ道」に流れてから屋外に排出されま

す。そのため、悪臭などを換気する「空気の流れ道」の中に、食事をするダイニングや、リラックスするリビングなどがあると、悪臭に悩まされることとなります。

換気には3種類がある

24時間換気の換気方法には、第1種換気と呼ばれるものから第3種換気と呼ばれるものまで、3種類あります。

第1種換気とは、新鮮な空気の取り入れと、汚れた室内の空気の排気を両方とも機械で強制的に行なう換気方法です。

大型施設で採用されていることが多いですが、セキスイハイムや大和ハウスなど、大手ハウスメーカーも採用しています。室内の空気の流れは、機械による給排気のため、最も効率的で、換気状態が安定しています。

第2種換気とは、病院の手術室や、精密機械の工場などで採用される換気方法で、住宅で使われることはほぼないため割愛します。

第3種換気とは、汚れた室内空気の排気は、機械を使い強制的に行ない、新鮮な空気は、給気口から自然に取り入れる換気方法です。

多くの住宅で、この第3種換気が使われており、戸建てはもちろん、マンションでも、最も一般的に使われている換気方法です。部屋の壁やサッシにつけられた給気口から、直接外の空気を取り入れ、トイレや浴室、洗面室などに設置された機械により、汚れた室内空気を屋外に排気します。

このように換気方法には、色々なものがあります。そして、どの換気方法も目に見えない「空気の流れ道」ができています。

そして、この目に見えない**「空気の流れ道」が、家の中の悪臭問題に、深く関係しているのです。**

ペット臭を発生させる家具は、給気口のそばを避けてレイアウト

図23－1は、戸建てリビング・ダイニングの間取りです。こちらの住宅では、第3種換気を採用していました。

具体的には、図23－1のように、リビング・ダイニングの給気口から新鮮な空気を取り入れ、洗面室に設置された24時間換気扇で、汚れた室内の空気を屋外に排出するという方

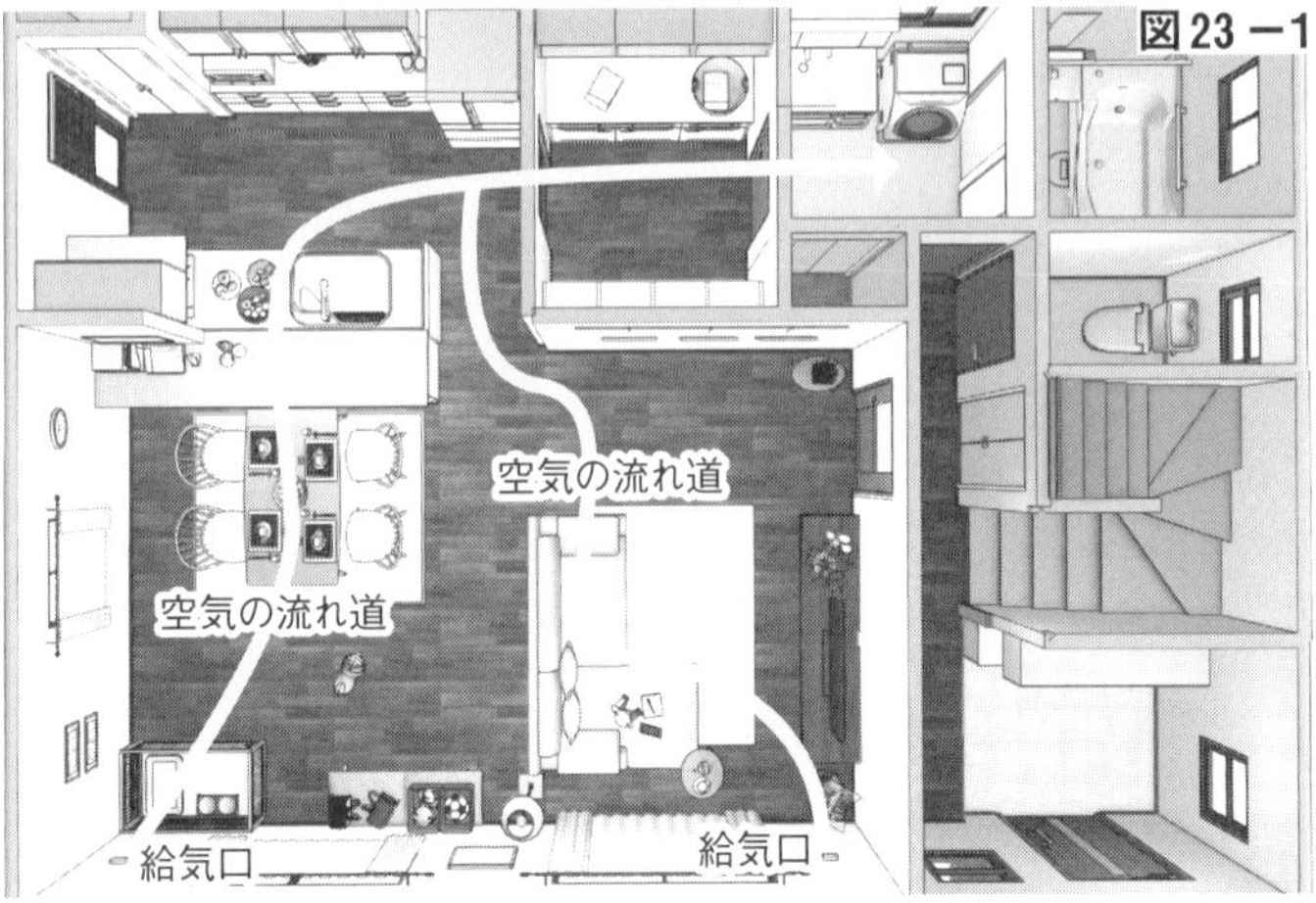

法です。

この給気口から洗面室の24時間換気扇までをつないだラインが、「空気の流れ道」です。

この「空気の流れ道」に沿って、臭いは換気されます。

しかし、間取り図のように、給気口のそばにペットゲージやペットトイレなどがレイアウトされていると、トイレ臭やペットの毛などが「空気の流れ道」（矢印）にのって、洗面室に向かって引っ張られ、食事中のダイニングやキッチンを直撃してしまいます。

ペットの糞尿による臭いが食事中に気になるのは、このレイアウトに原因があったのです。

そのため、ペットゲージやペットトイレなどの悪臭の発生する家具は、この目に見えない

図23－2

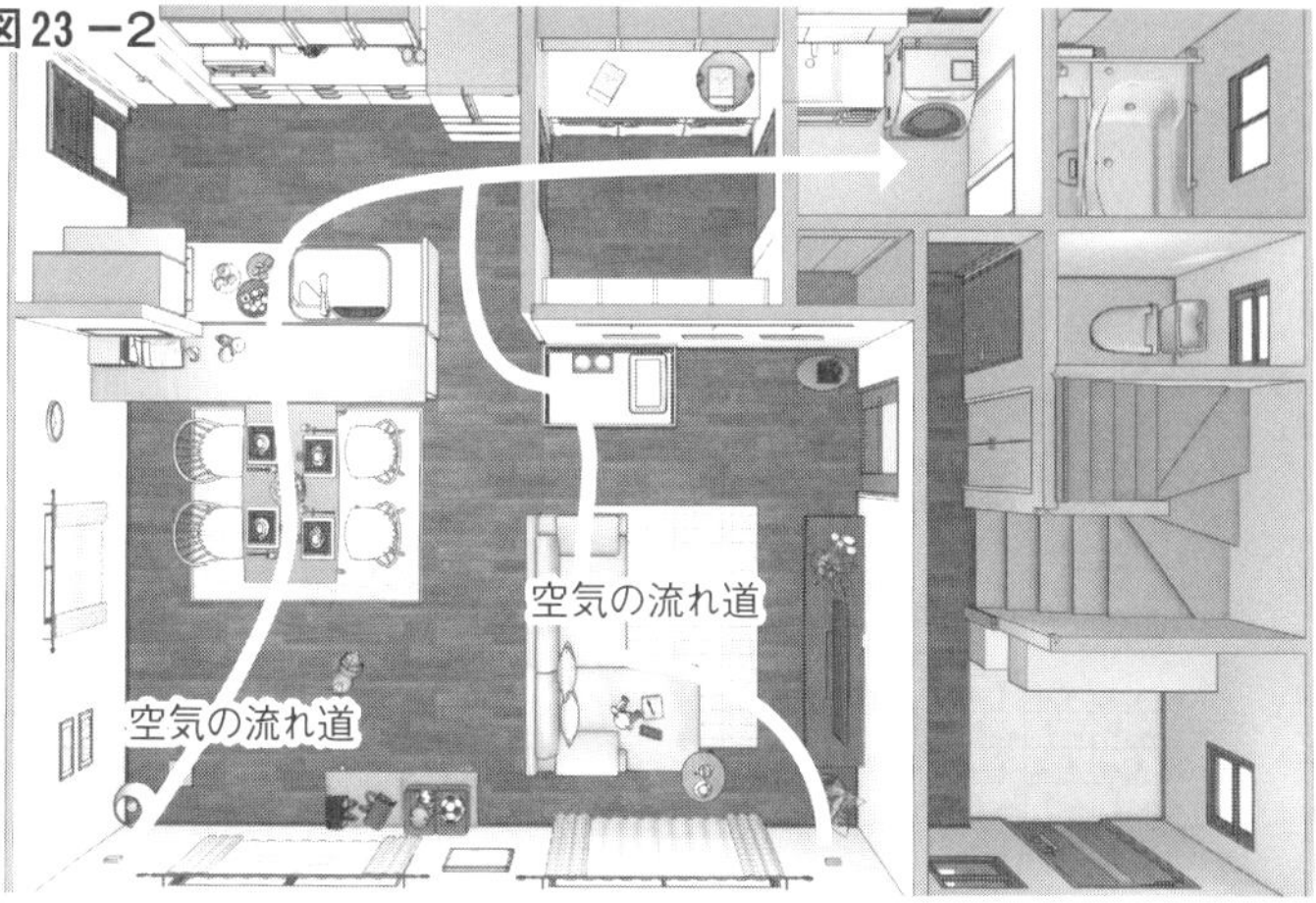

「空気の流れ道」を考えて、給気口のそばを避けて設置し、臭いの拡散をできるだけ抑えることが大切です。

そこで、図23－2のように、ペットゲージやペットトイレを給気口から離し、なるべく洗面室に設置された24時間換気扇の近くに移動してみました。

給気口からペットの家具を離したことで、ペット臭やペットの毛などが「空気の流れ道」に沿ってダイニングを直撃することがなくなり、臭いに悩まされることが少なくなりました。

さらに臭いを抑えたい場合は、図23－3のように、**ペットトイレだけでも24時間換気扇の近くに移動する**ことをお勧めいたします。ペットトイレが換気扇の近くにあることで、より、臭

図23－3

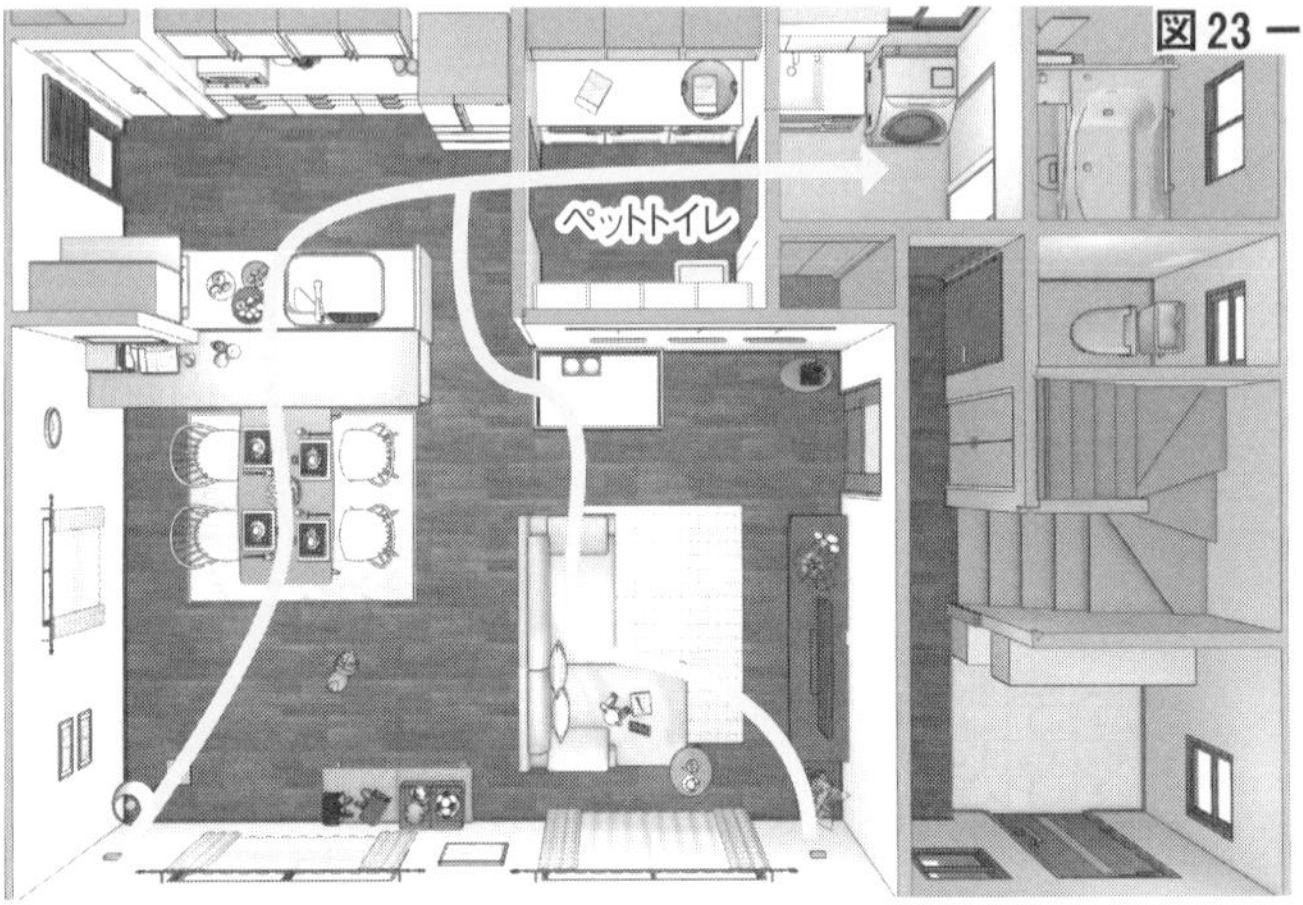

いの拡散を防ぐことができます。

換気システムのある住宅では、目に見えない空気の流れが常にあります。

ペットのいるご家庭では、この目に見えない空気の流れを考えて、家具をレイアウトすれば、ペット臭などの悪臭に悩まされることが、少なくなります。

お悩みその6

壁が少なくて、家具が置きにくいです

～壁が少なくて家具が置きにくい場合は、圧迫感のない壁を簡易に造る～

窓の多い間取りや、壁の少ない間取りは、家具が置きにくい

最近は、デザイナーズルームなどの影響により、新築やリノベーションを問わず斬新な間取りを好む傾向が増えてきています。

なかでも、間仕切り壁が少なく、いくつかの部屋がつながった大きな空間の間取りは、開放感があり、大変人気の間取りです。また、大きな窓がたくさんある間取りも、明るく開放感があり、人気の間取りの1つです。

しかし、**間仕切り壁が少なかったり、大きな窓がたくさんあると、家具をレイアウトするための壁が少なくなってしまいます**。そのため、収納家具やソファなど、家具が上手く置けないという状態になり、テレビが見にくかったり、ソファの位置がおかしくなったりと、居心地の悪い部屋になってしまいます。

ラブリコ(右:2×4アジャスター /DIY収納パーツ1,100円・税込み)。柱とセットになったものも販売されています(左:柱セット(2×4材) JXO-11 12,410円・税込み)。

突っ張り式の家具で簡易的な壁を造る

壁が少なく、家具を置きにくいという問題は、家具をレイアウトしてみて、初めて気が付くことが多いです。しかし、後から壁を造ることは容易ではなく、まして賃貸となると壁を自分で造ることは不可能です。

そこで、**壁が少ない場合は、突っ張らせるスタイルのスリットや間仕切りを使って、壁や柱などの構造体を傷つけることなく、簡単に簡易的な壁を造ります。**

例えばラブリコ（平安伸銅工業）やディアウォール（若井産業）といった市販の製品を複数並べてスリット壁を造ることがで

図24－1

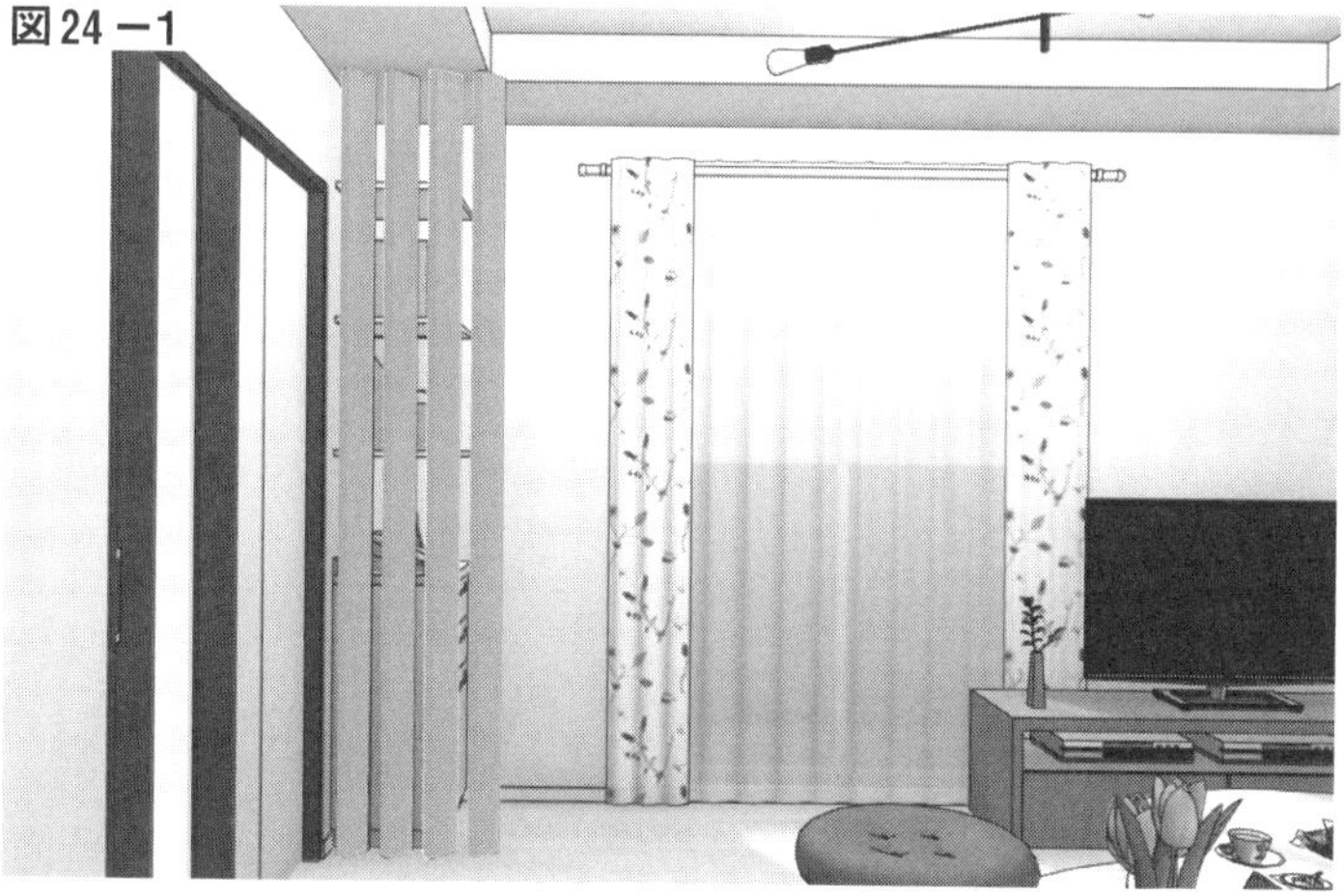

きます。（図24－1）

また、突っ張るタイプの間仕切りも、多くのメーカーから市販されており、間仕切り壁として使用できます。

このように、圧迫感を与えないスリット壁や間仕切り壁を使えば、壁の少ない間取りでも、簡単に壁を造ることができ、機能的に家具をレイアウトすることができます。

空間分けをしたい場所に壁を設置する

スリット壁や間仕切り壁を設置する場所は、どこでも良いわけではありません。基本的には、本来、間仕切る壁があるべきところ、つまり、部屋と部屋の間になります。

図24－2

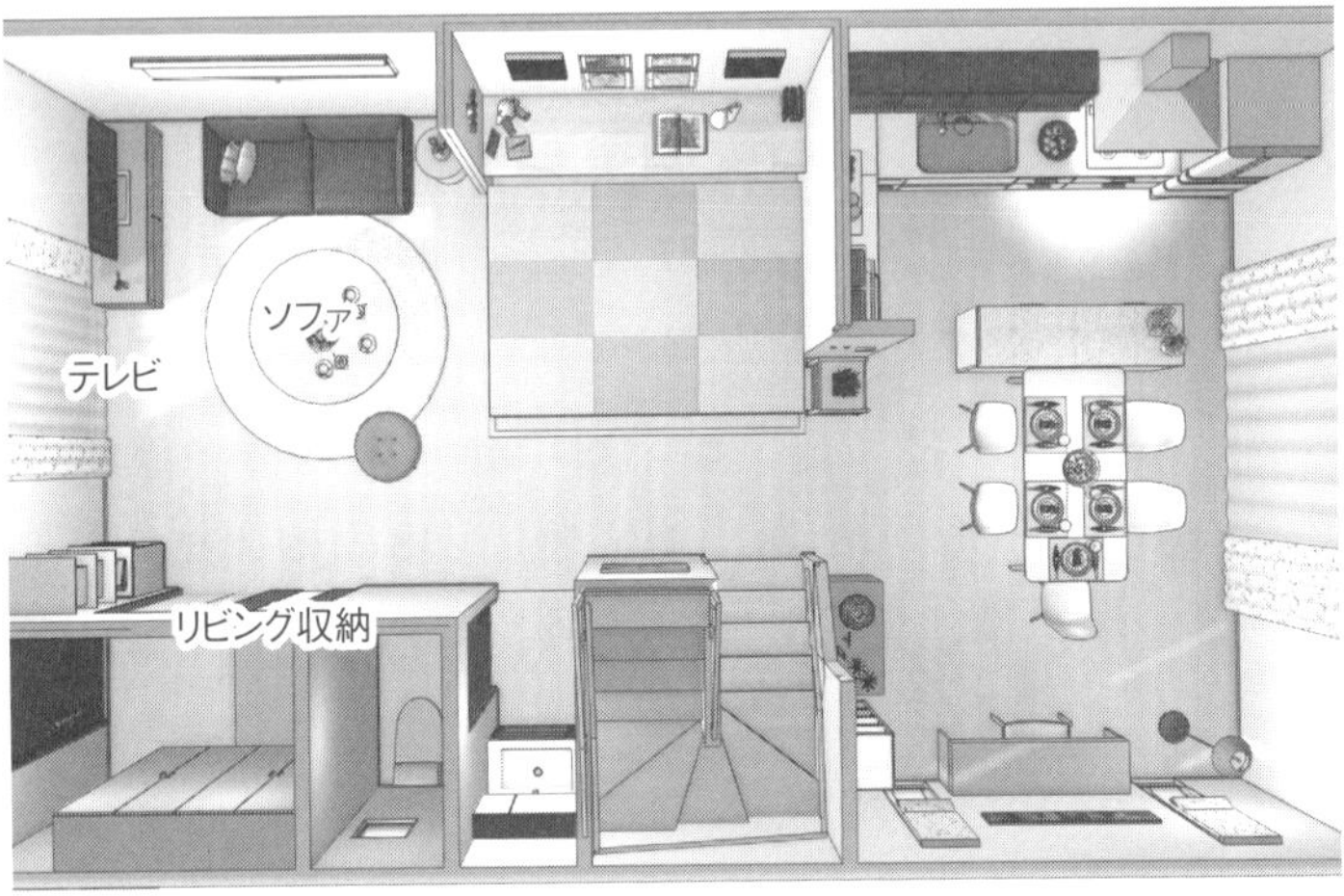

図24－3

図24－2は、約16畳のLDKに約4畳の和室がついた間取りの様子です。リビング・ダイニング・キッチンと和室、それぞれに大きな間仕切りがなく、大変広々とした空間になっています。（図24－3）

しかし、ソファなどの大きな家具をレイアウトすることは、大変難しい部屋になっています。なぜなら、壁が少ないため、ソファを設置できる壁が、図のような位置に限定されてしまうからです。

そして、このソファの位置からテレビを見ることは、身体が歪みやすく、かなりのストレスになります。

また、リビング収納も、リビングからその様子が丸見えになっていました。きれいなコレクションなどの「見せる収納」は、そのままでも良いですが、リビング周りの雑貨など、「隠す収納」の場合は、リビングからその様子が丸見えになることはあまり好ましくありません。

そこで、図24－4のように突っ張り式のスリット間仕切り壁を、和室とリビングの間に、そして、リビング収納の横にも設置してみました。

簡易的な壁ですが、このスリット壁ができたことで、図24－5のように、ソファをレイアウ

図24－4

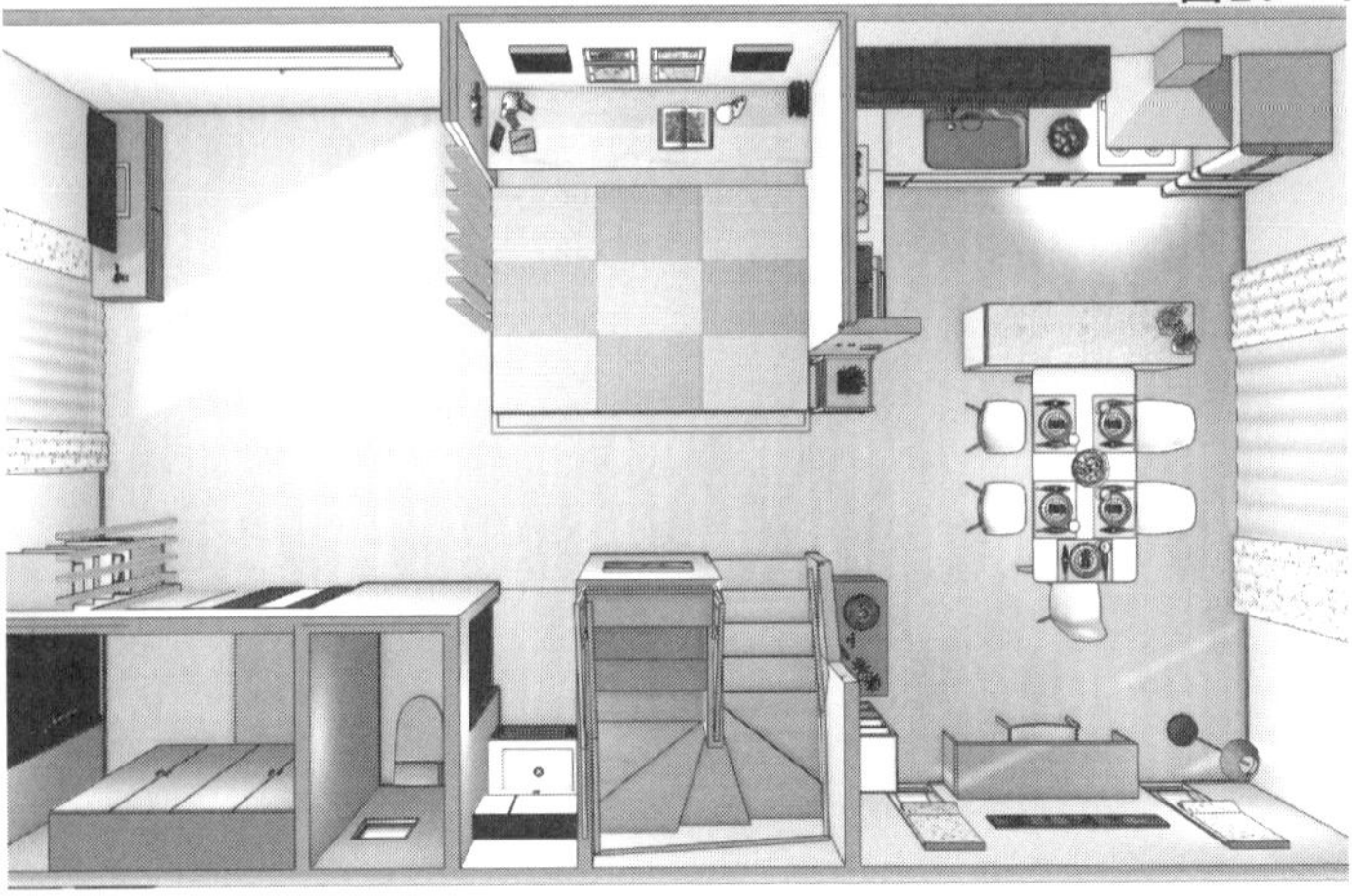

図24－5

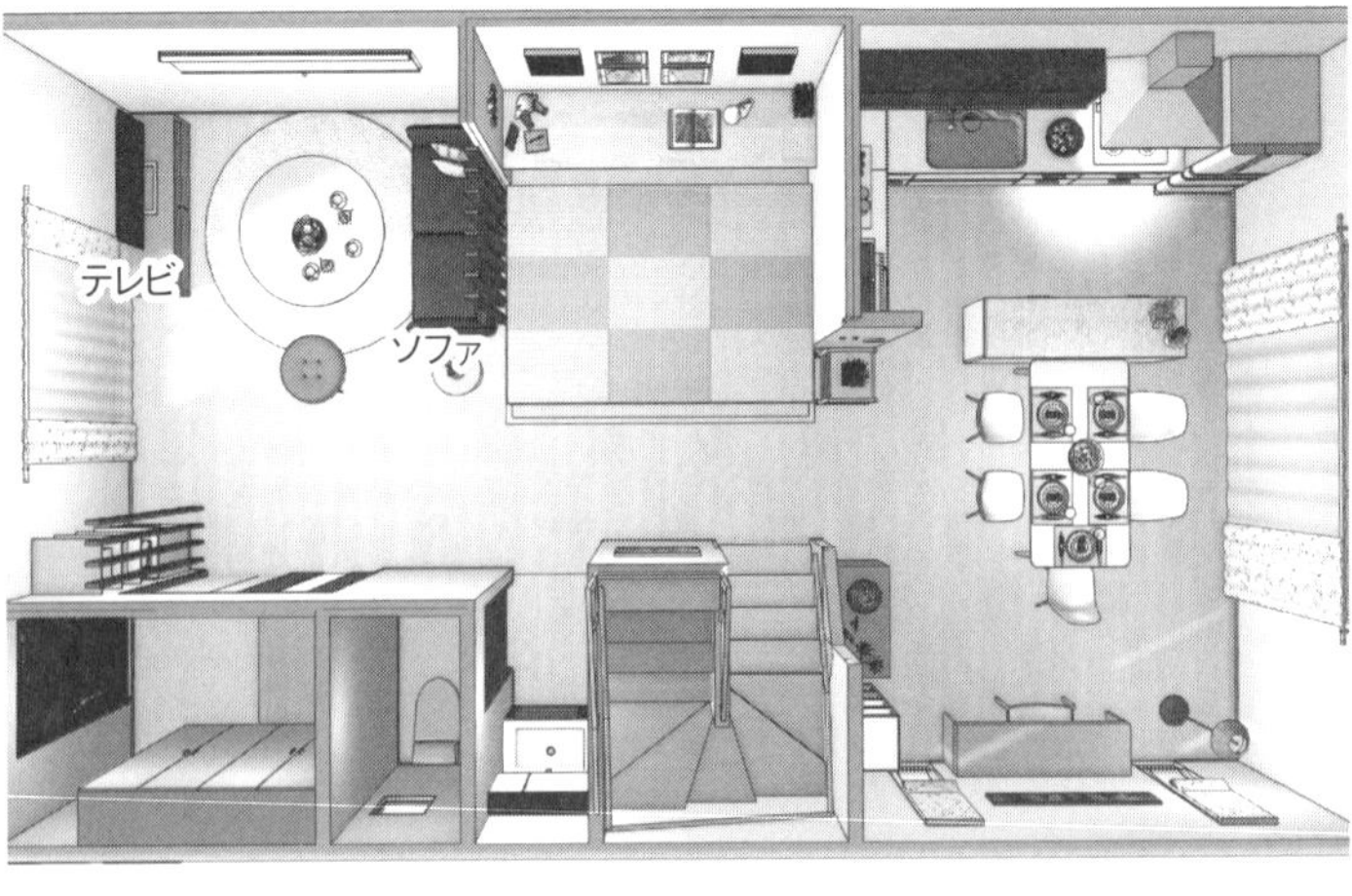

図24－6

トすることができ、テレビが見やすくなりました。また、丸見えだったリビング収納を隠すことでスッキリ片付いた印象にすることができます。

工夫次第でフレキシブルな壁に変身！

このスリット壁ですが、工夫次第で、さらにフレキシブルな壁に変身させることができます。例えば、スリット壁に絵や植栽を飾ることもできます。また、スリットの角度を変えてレイアウトすれば、立つ位置によっては部屋の様子が見えにくくなるなどの目隠し壁にすることができます。

このように、簡易なスリット壁や、突っ張り式の間仕切りを使えば、壁が少ない部屋でも、上手に家具をレイアウトすることができます。

お悩みその7
照明とテーブルの位置が合いません
〜ダクトレールを取り付ければ、照明の位置も自由自在に〜

テーブルと照明の位置がずれる場合はダクトレールを利用する

部屋の模様替えは、空間を効率的に使いやすくしてくれると同時に、気分を一新できます。しかし、快適になる反面、ときには、天井に設置されている照明の位置がずれてしまうなどの問題も発生しやすくなります。

なぜなら、天井の照明は、家の新築時にあらかじめ設置されているもので、多くの場合、リビングやダイニング・キッチンなど、それぞれの空間の中心に設置されているからです。

そのため、例えばダイニングテーブルやソファなどの家具の位置を、部屋の中心からずらして設置すると、照明と家具の位置がずれてしまうため、上手く照明があたらず、食事や作業などに支障が生じてしまう場合があります。

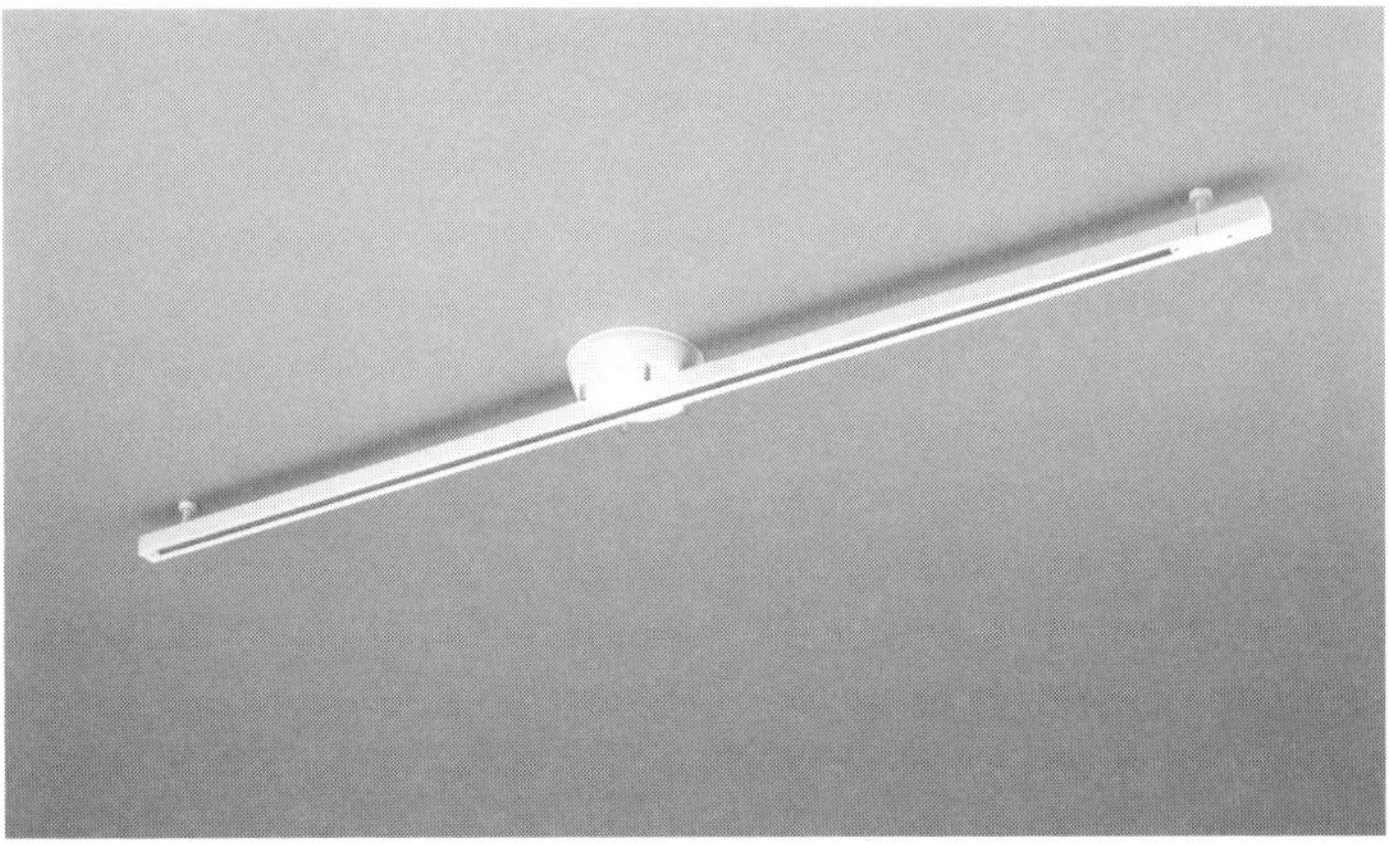

簡易取付ライティングレール（オーデリック／OA523 363 20,350円・税込み）長さは100センチから160センチと、様々なものが販売されており、レールが回転するものや、リモコン機能を付属して明るさや色味を調整できるものなどもあります。

照明の位置ずれは、ダクトレールで解決

このように、家具と照明の位置がずれてしまうという問題は、購入する家具の大きさやレイアウトにより頻発しやすいものです。

しかし、**ずれてしまった照明の位置は、ダクトレールというツールを使えば、大掛かりな工事をすることなく、簡単に適正な位置に移動できます**。

このダクトレールですが、別名ライティングレールともいわれ、バー状のレールの形をしたものです。レールの内側に電流が通っていて、レール上のどこの位置でも照明の取り付けが可能です。

簡易取付ライティングレール（オーデリック／OA523 363 20,350円・税込み）の取付けイメージ。※ダクトレールや照明の取り付けには、メーカーごとの制約がありますので、購入前には必ず商品がご自宅に取り付け可能かなどをご確認ください。

ダクトレールは、もともと店舗や舞台などで使われているものです。しかし、最近は家庭でも使用する方が増え、簡易取り付けのダクトレールというものも販売されています。

この簡易取り付けのダクトレールですが、天井に引っ掛けシーリングや埋め込みローゼットなどの照明金物が設置されていれば、取り付けが可能です。

取り付けられる照明器具の数ですが、こちらもメーカーにより多少のばらつきがありますが、ＬＥＤ１００Ｗ型照明が６個〜８個程度取り付け可能です。

注意点としては、レールに取り付ける際には、引っ掛けプラグなどの専用の取り付け部品をあいだに挟む必要があることです。

また、レールに取り付けられる照明器具の重さに制限があるため、シャンデリアなどの重量感のある照明器具は取り付けることができません。

そのほかにも、照明の移動距離が1メートル以上などの長い場合は、簡易取り付けのダクトレールでは対応できないため、長さのあるダクトレールを購入する必要があり、その場合は電気工事も必要になります。

シーリングライトからペンダントライトへの変更も可能

このダクトレールですが、照明位置の補正以外にも活用方法があります。

例えば、天井に直に取り付けられているシーリングライトから、デザイン性の高い吊り下げるタイプのペンダントライトへの変更などです。

装飾性のあるペンダントライトを使うことで、空間にデザイン性が生まれ、おしゃれな部屋になります。


図25－1は、LDK約16畳の間取り図です。そして黄色で塗られた場所が、照明の位置になります。

ダイニング空間の中心には、図のように天井にシーリングライトがありますが、ダイニ

図25－1

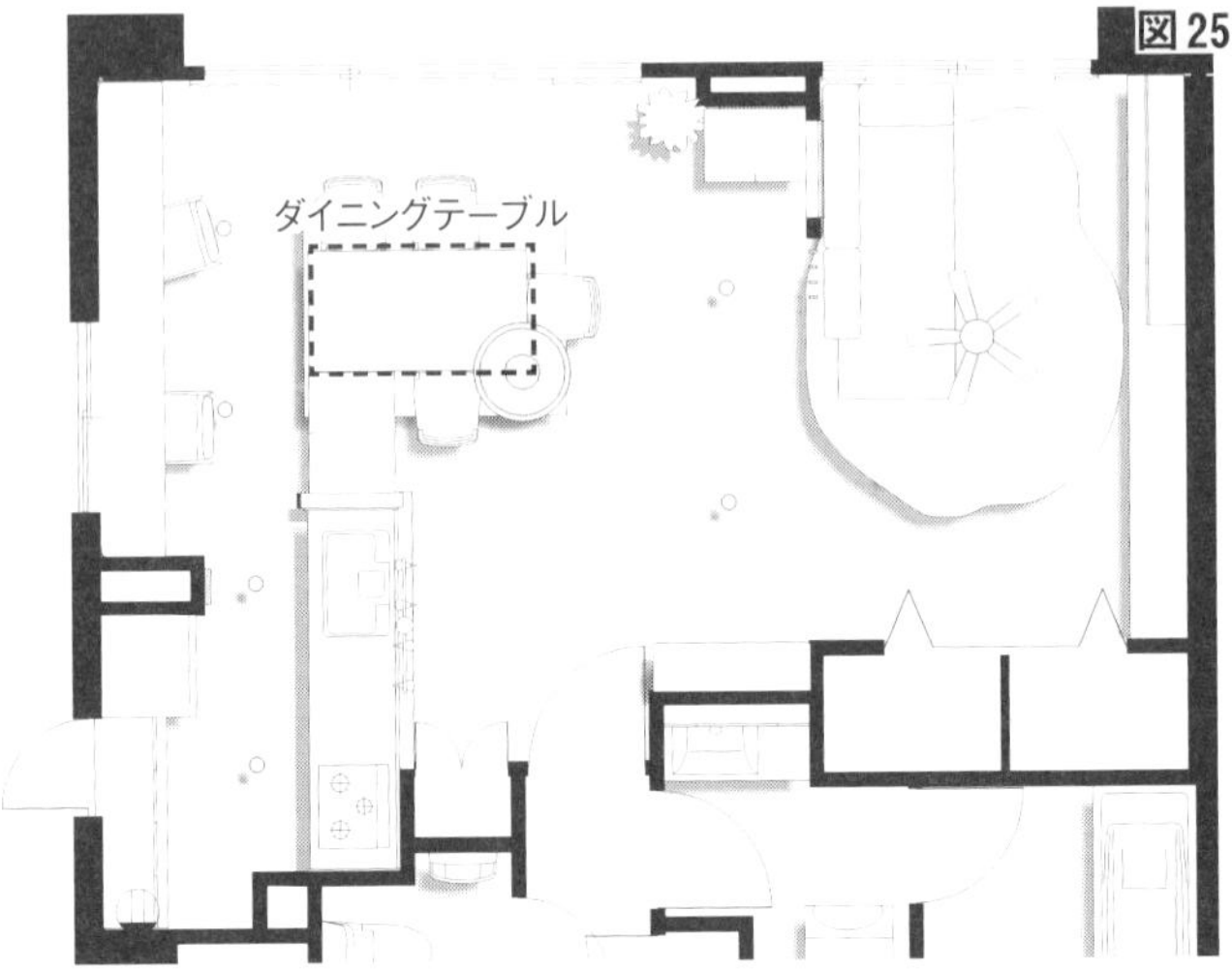

図25－2

ングテーブルからは位置がずれています。そのため、テーブル面をピンポイントで照らすことができず、せっかくの料理もおいしく見えません。（図25－２）

また、ダイニング空間をおしゃれに楽しむためには、シーリングライトよりも、デザイン性のあるペンダントライトが効果的です。

そこで、ダクトレールを使い照明の位置を変え、またシーリングライトからおしゃれなペンダントライトに変えてみました。（図25－３）

ダクトレールは１灯のペンダントを取り付けるのに便利なペンダントサポーターという種類のものを使いました。

このペンダントサポーターは、電気工事が要らないため、持ち家はもちろん、賃貸でも手軽に設置できます。

シーリングライトを外した照明金物に、このペンダントサポーターを取り付け、ペンダントライトをテーブルの中心にくるように、ペンダントサポーターのレールに取り付けました。

ダイニングテーブルの中心にペンダントライトを置いたことで、図25－４のようにテーブルの中心にライトがあたるようになったため、料理などの演色性がＵＰし、食事時間も

図25 −3

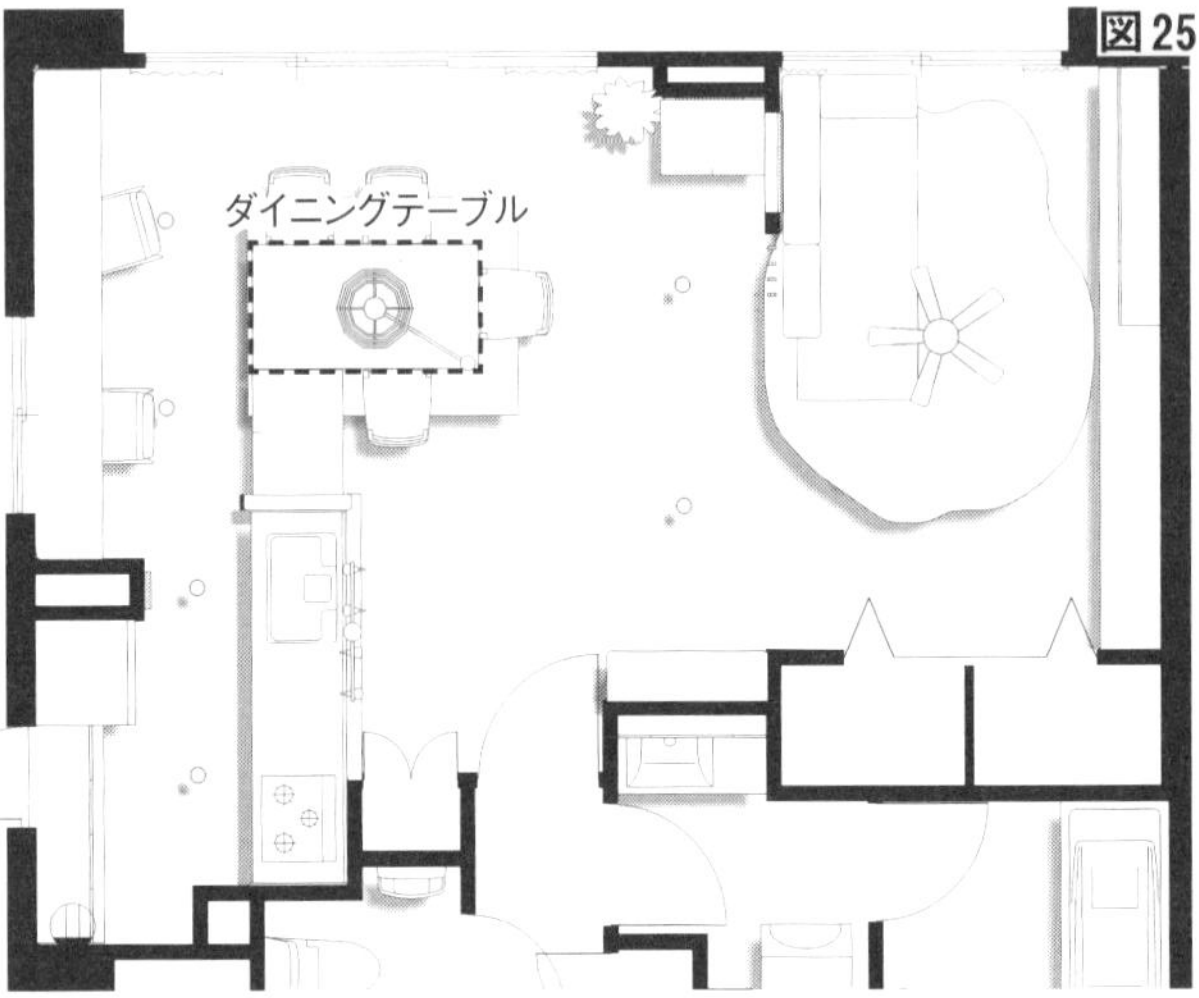

図25 −4

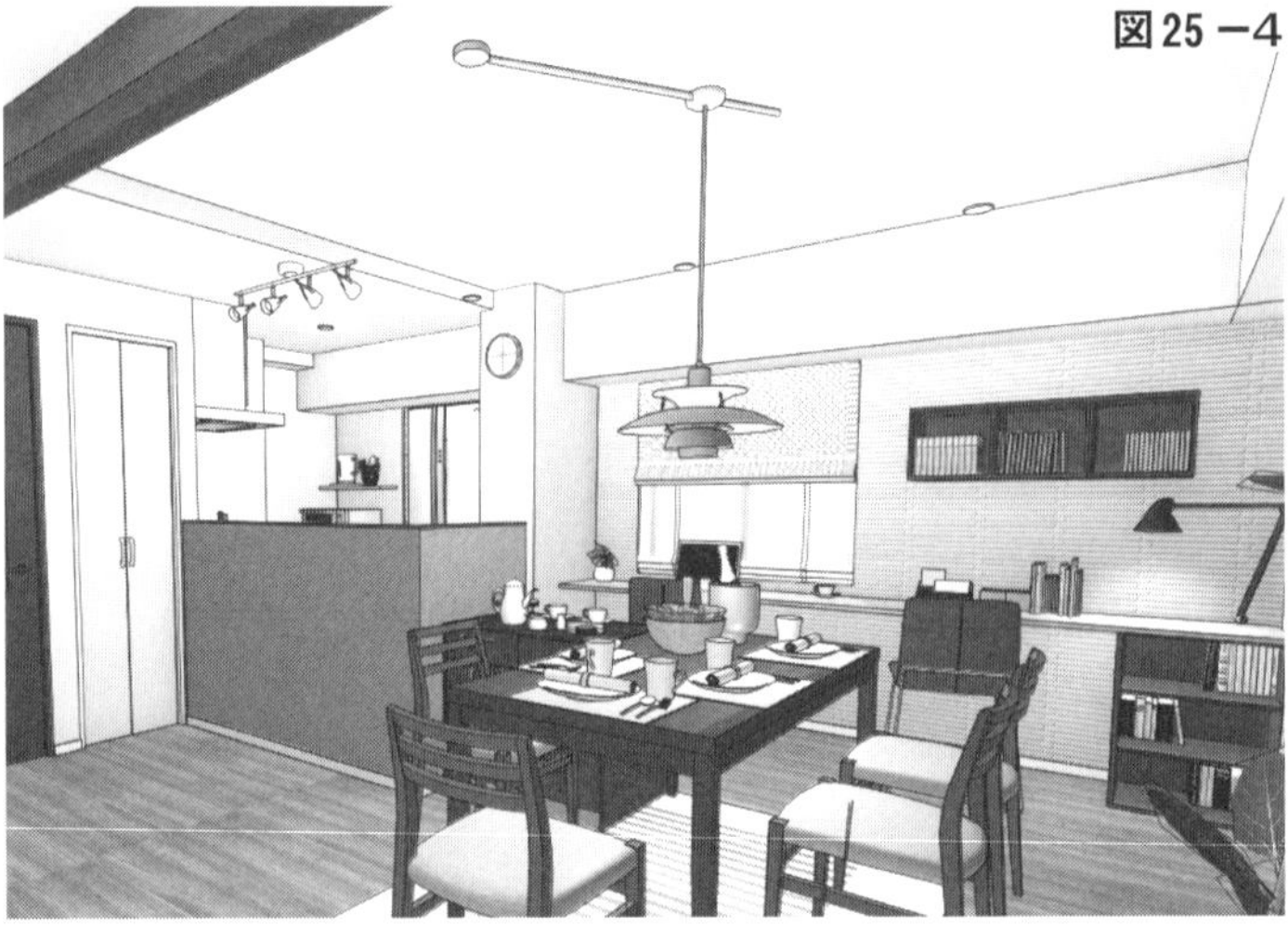

楽しくなりました。

このように、ダクトレールを使うことにより、部屋の照明を自由に動かすことができるようになり、家具のレイアウト替えや模様替えをする際には、大いに活躍してくれます。

お悩みその8

安価で手軽に模様替えを楽しみたいです

〜身近で安価なものを使って、手軽に部屋を模様替えする方法〜

模様替えはハードルが高い？

部屋を居心地よくしたいという希望はあるけれど、なかなか行動に移せる人は少ないのが現状です。

その理由の1つとして、模様替えというと、大型家具の買い替えや、DIYなど、大掛かりな作業をイメージする人が多いからです。

とくに、家具を一式買い換えるとなると、数十万円以上のお金がかかるため、一般的にはハードルの高いものとなっています。

ホームセンターやネットショップを使えば、安価で手軽に模様替えが可能

しかし、模様替えには、手軽で安価な方法もあります。それは、身近な**ホームセンターやネットショップなどで販売されている既製品を活用する**方法です。

最近のホームセンターなどでは、お値段が安価であることはもちろんですが、一流メーカーやセレクトショップに引けを取らない、機能性やデザイン性を有した製品も多く販売されています。そのため、これらの製品を上手に使えば、実用的でおしゃれな部屋を造ることができます。

また、ホームセンターなどで販売されている商品は、壁などを傷つけないで、簡単に設置できるものも多く、持ち家はもちろん、賃貸でも活用できることも特徴です。

では、ホームセンターなどで販売されている商品を、実際はどのように模様替えに活かせば良いのか？

これまで色々なルールをお話ししてきましたが、最後に実践編として、ホームセンターなどで販売されている商品を使った模様替え実例をご紹介しましょう。

実践！　手軽で安価な模様替え

図26－1は、賃貸マンションで、約9畳の広さをもつリビング・ダイニングの様子

図26－1

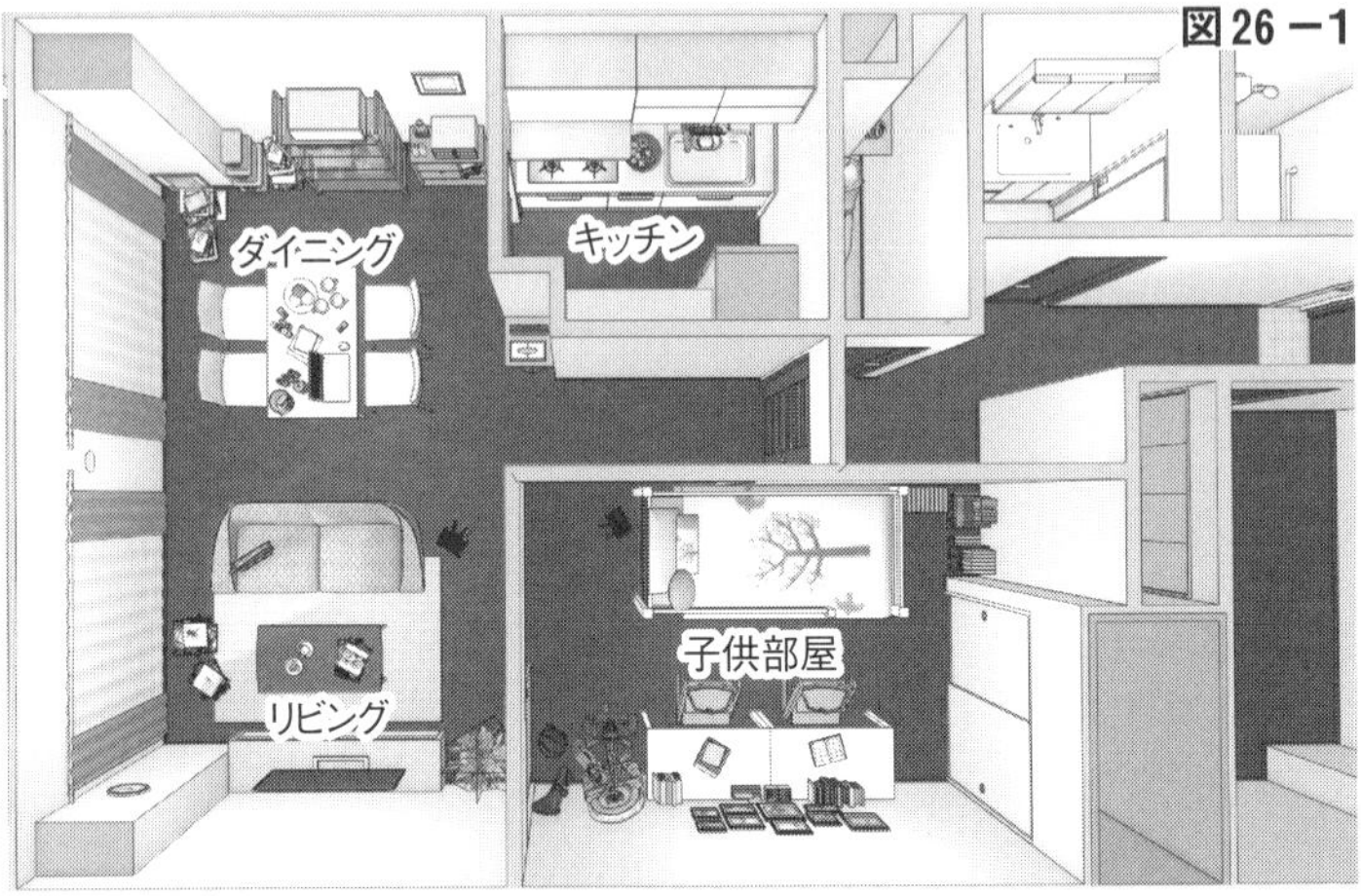

です。

隣には、間仕切り扉で仕切られた、約5畳の子供部屋が接しています。

家族構成は、小学生の兄弟を育てる30代の夫婦。動きにくく散らかりやすい子供部屋やリビング・ダイニングを、5万円以内の模様替え予算で解決したいというご希望でした。

そこで、ホームセンターやネットショップなどで販売されている商品を使って、リビング・ダイニングや子供部屋を、手軽に模様替えしてみました。

要らない動線は整理

ダイニングには、図26－2のように、狭い2本の動線があります。しかし、広くはないダイ

図26－2

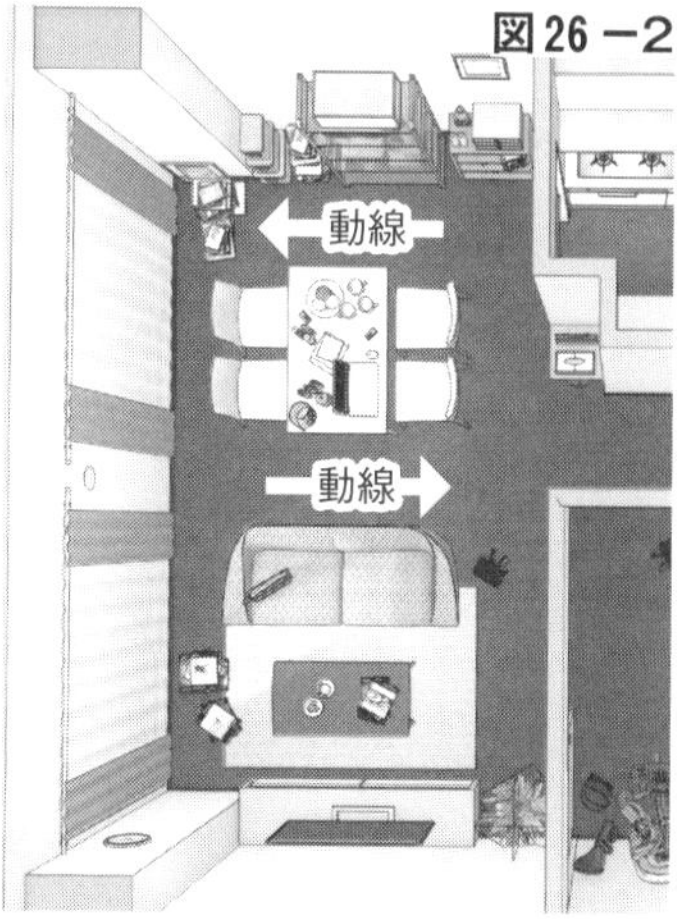

図26－3

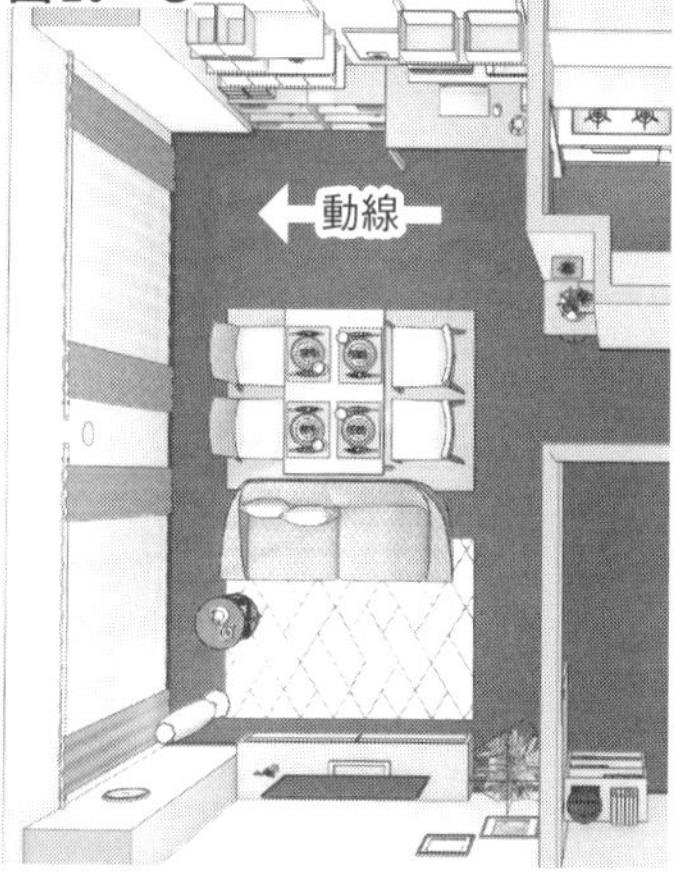

ニングに2本も動線は必要ありません。

そこで、ダイニングテーブルをソファの方向に移動して、2本あった動線を広い1本の動線にまとめました。（図26－3）

また、床の保護や足元の保温のために、リビングソファに敷いていたラグを、ダイニングテーブル下に敷きなおしました。

デッドスペースは収納に

次に、ダイニング周りの収納を見てみましょう。（図26－4）

柱と壁で囲われた壁面には、収納家具が並んでいます。しかし、収納量も多くなく、また不揃いであるため、片付かないばかりか、部屋が雑然と見えてしまいます。

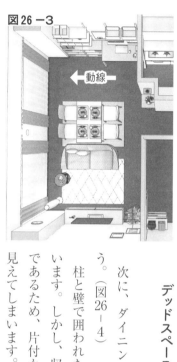

図26－4

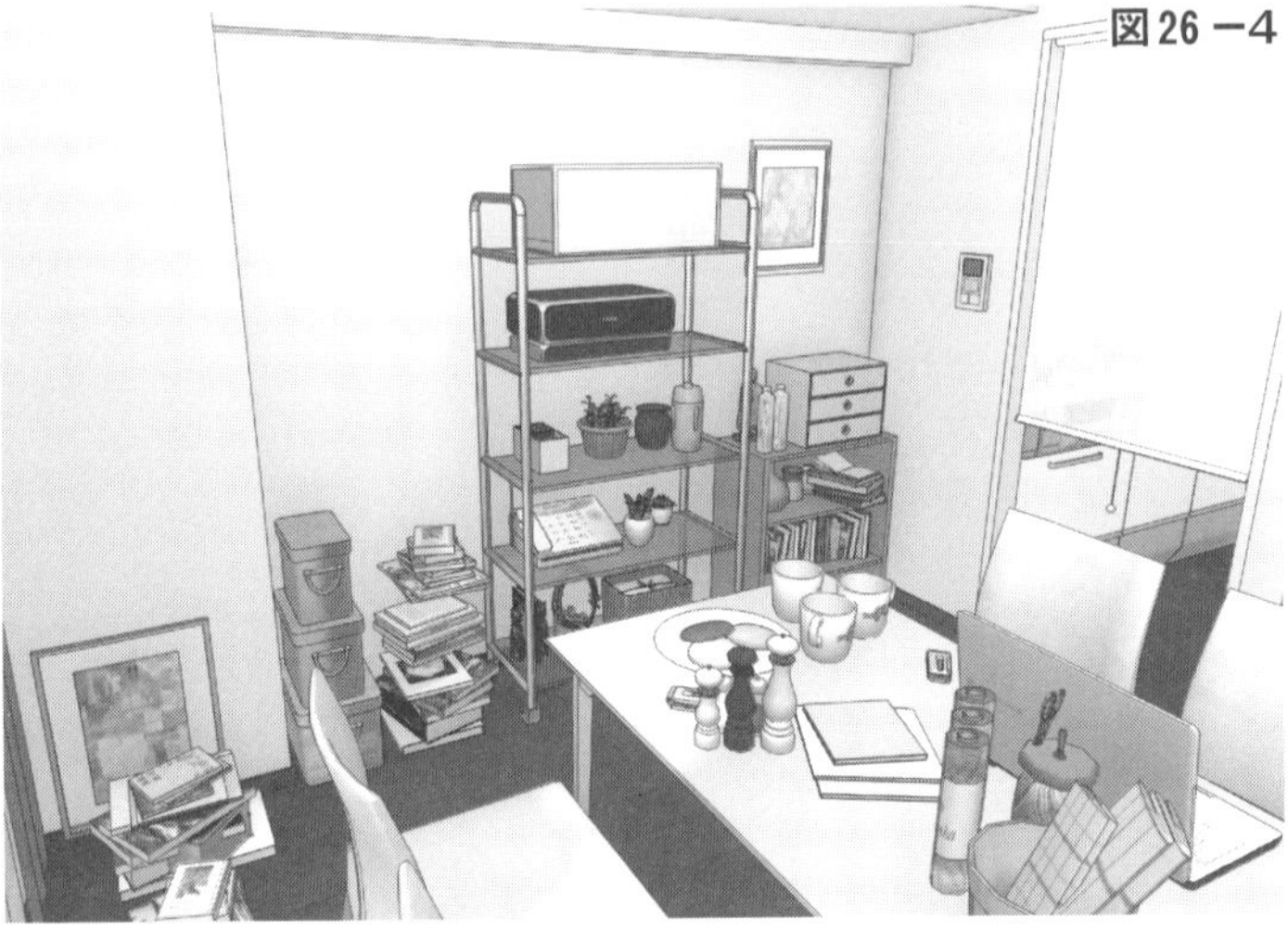

図26－5

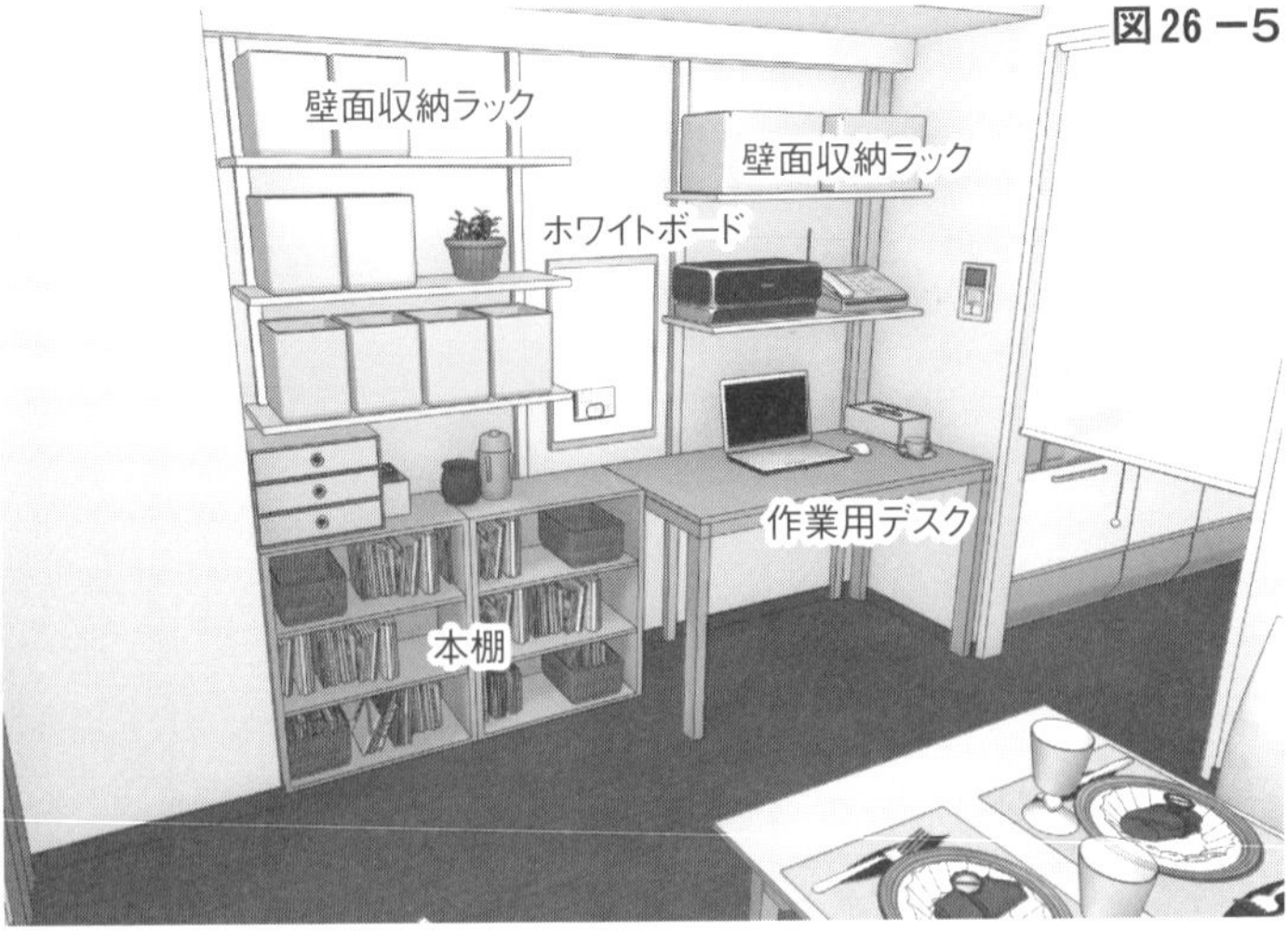
壁面収納ラック
壁面収納ラック
ホワイトボード
作業用デスク
本棚

そこで、68ページの「ルール８　デッドスペースを利用して収納スペースを造る」でご紹介した〝デッドスペースにリビング収納を造る方法〟を利用して収納を造ってみました。

まず、図26－５のように、既製品の突っ張り壁面収納ラックを２つ購入して、壁際に設置しました。ラックには収納ケースを設置し、そこに雑貨や文具などを収納しました。

また散らかった本を収納するために、本棚を２つ設置し、作業用デスクをその隣に置きました。この作業用デスクには、あえて専用の椅子などは置かずに、そばにあるダイニングチェアを兼用すると、物が増えることを防ぎ、また、スペースが節約できます。

デスク前の壁には、壁紙に貼ることのできるホワイトボードを付け、学校からのお知らせを貼ったり、家族の伝言を書く場所にしました。

ちょっとした収納を壁に

ダイニングの角にある壁はアクセントがなく殺風景な状態でした。（図26－６）

そのため、付け棚を２段に分け、壁に取り付けました。ちょっとした工夫ですが、絵や小物を飾って、インテリアを楽しむことができるようになりました。（図26－７）

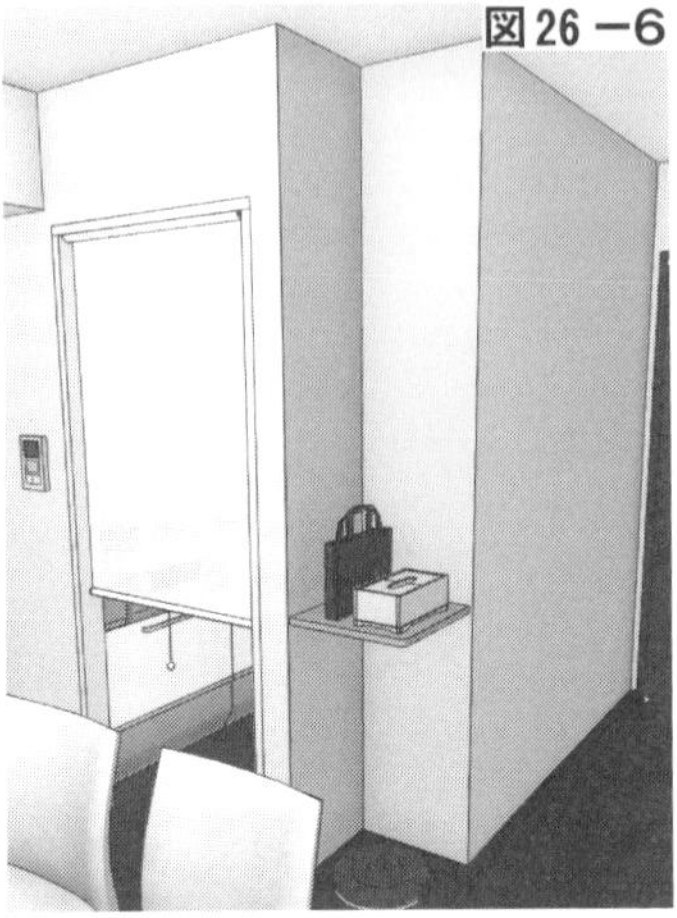

図26－6

図26－7

家具はサイズの合ったものに

続いて、リビングです。

図26－8のように、１００センチ×54センチサイズのリビングテーブルが、部屋に対して大きく、リビングを動きにくくしていました。

また、テーブルは長方形で角があるため、狭い空間では体をぶつけやすく危険です。

そのためリビングテーブルは、図26－9のように、サイズ39センチの、小さめの円形テーブルに買い替えました。

そして、リビングに敷いていたラグはダイニングに移動したため、新しいデザインラグを敷き、ソファには、クッションを置きました。また、暗くなりがちな部屋の隅にはフロアライトを置き、

図26－8

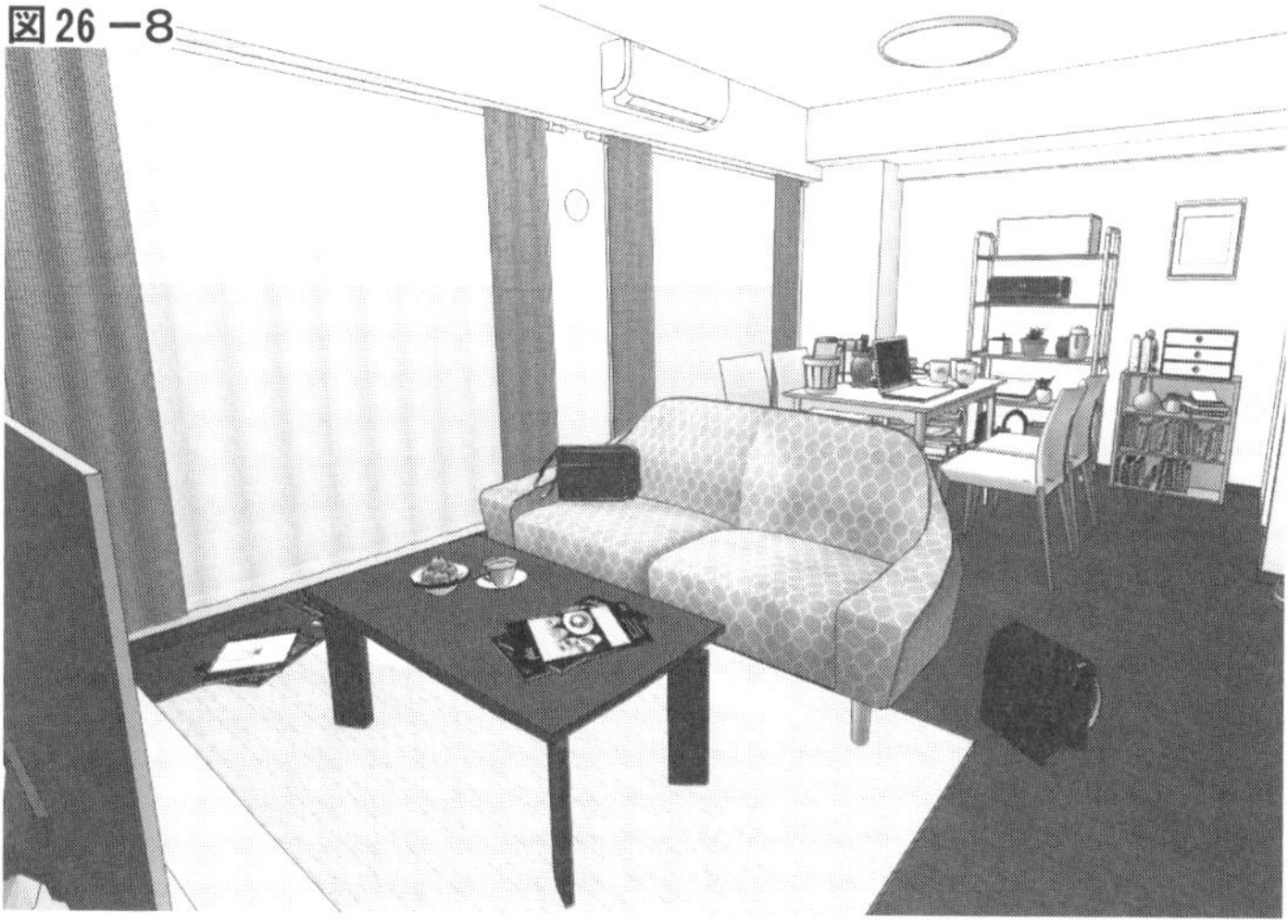

図26－9

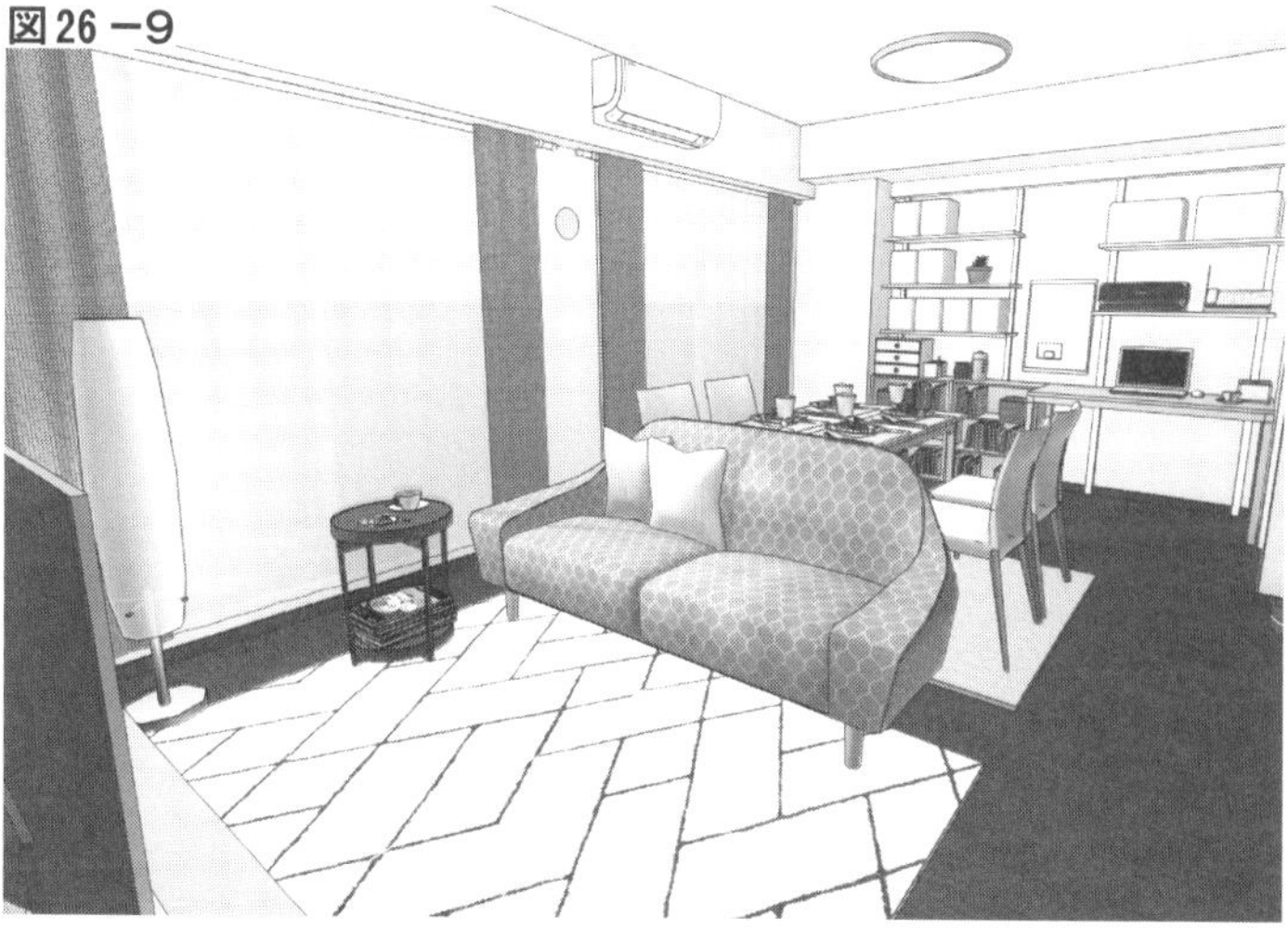

明るさを出しました。

壁は後からでも追加できる

最後は、子供部屋です。

子供部屋は間仕切り扉を開けた時に、図26－10のように、リビング・ダイニングから二段ベッドが丸見えになってしまうこともお悩みでした。

そこで、191ページの「お悩みその6　壁が少なくて、家具が置きにくいです」でご紹介したように、突っ張るタイプの間仕切り（突っ張りワイヤーネット）をベッドの後ろに取り付け、図26－11のように、ベッドの目隠しにしました。

このワイヤーネットですが、フックをかければ、色々なものを吊るして収納することもできます。

また、ハンガーポールは、あらゆる方向から洋服をかけると、全体的にふくらみが出て、場所をとります。そのため、部屋奥の壁に突っ張り棒を取り付け、洋服をかけました。（図26－12）一方向から洋服をかけることにより、ふくらみを抑え、また取り出しや

図 26 － 10

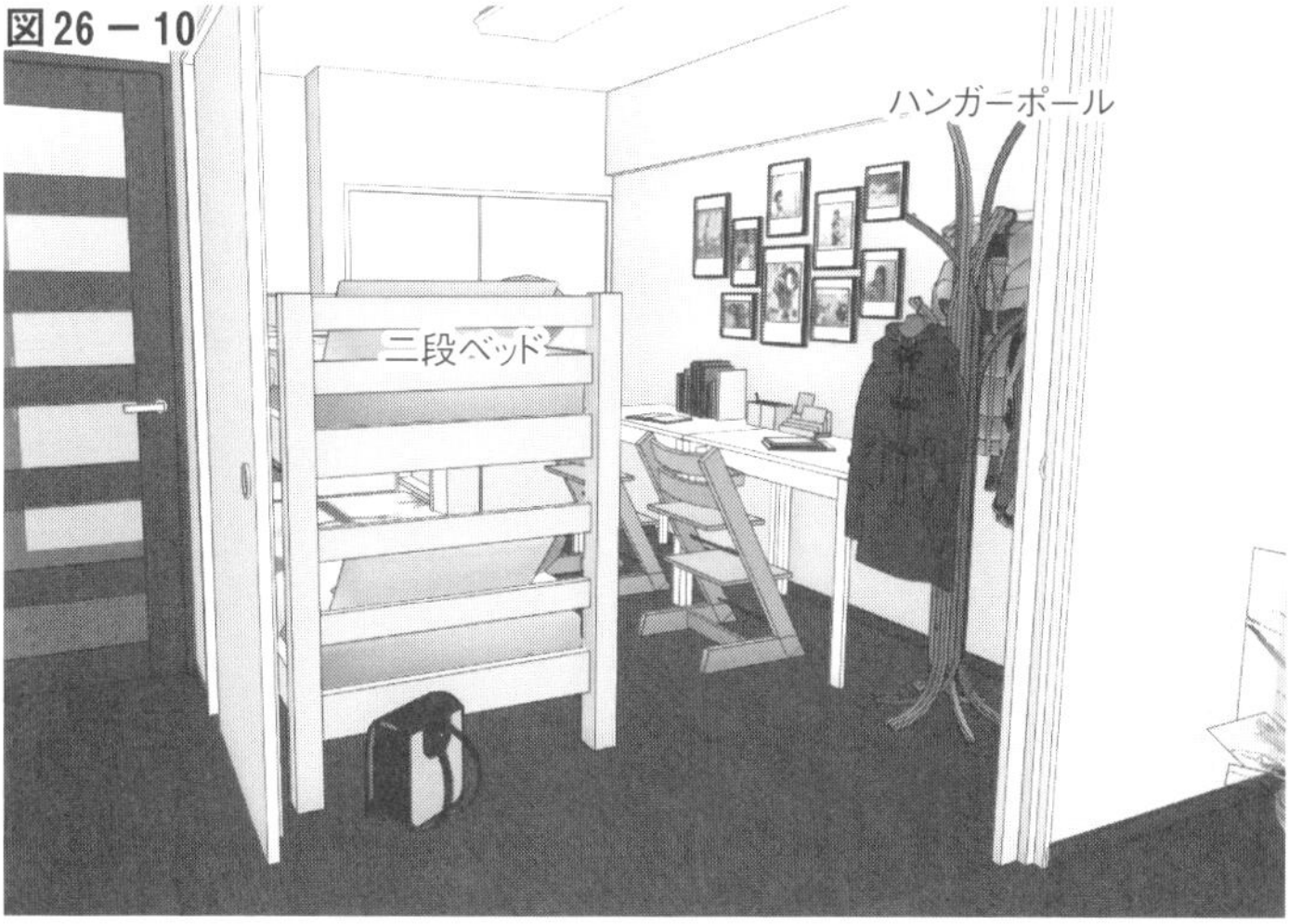

図 26 － 11

図26－12

すい洋服収納になります。

そして、突っ張りハンガー下のスペースには、引き出し収納（リビングチェスト）を置き、押入れも含めた収納ゾーンとしてまとめました。

80ページの「ルール10　子供の衣類は、成長に合わせて移動できるリビングクローゼットに収納してスッキリ」でもご紹介しましたが、衣類の収納がまとまることで、動線が短くなり、収納作業が楽になります。

最後に、部屋の奥の床に置いてあった教科書や参考書などの学習用品（図26－13）は、図26－14のように本棚に収納し、学習机のそばに設置しました。

図26－13

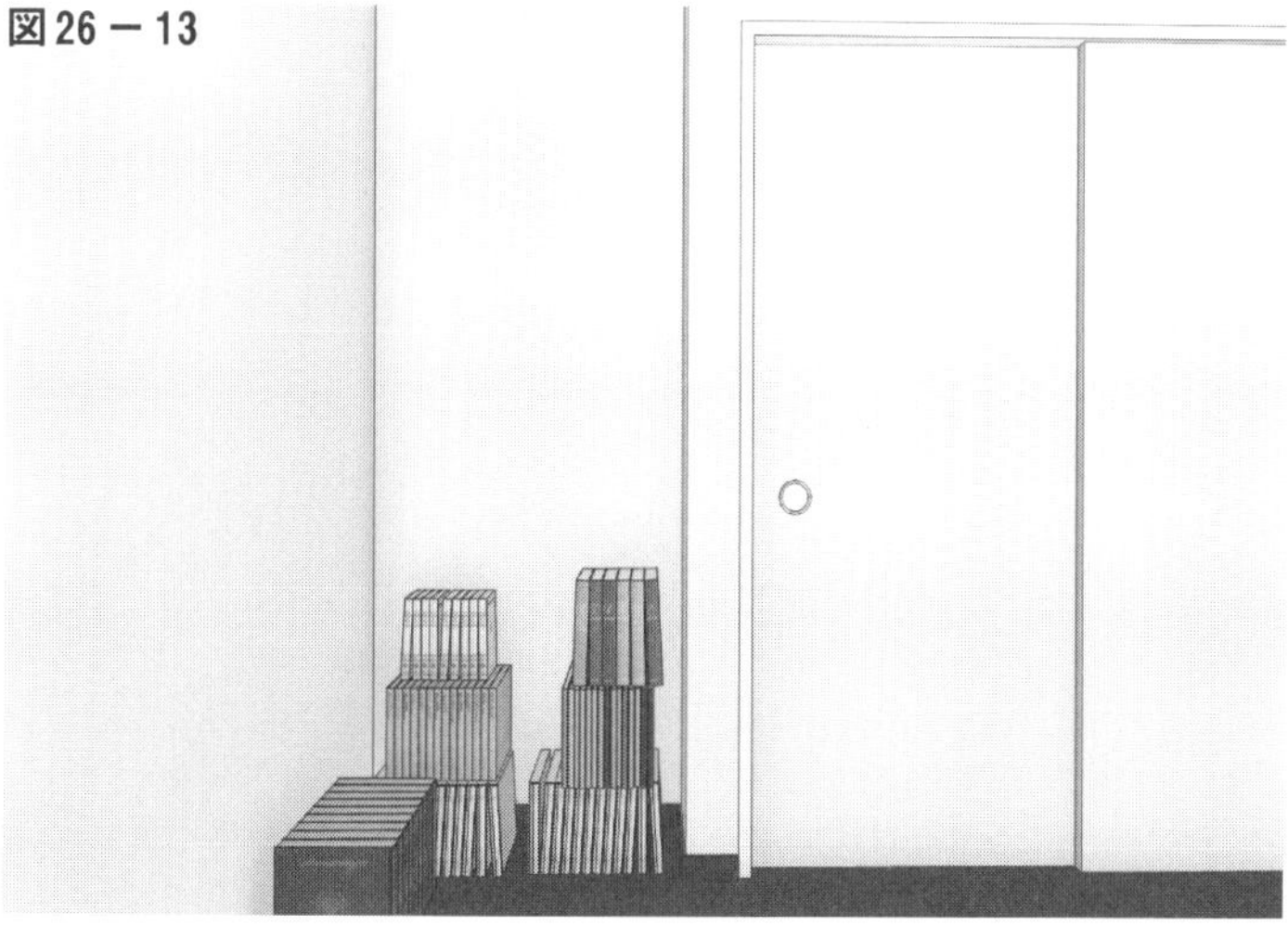

図26－14

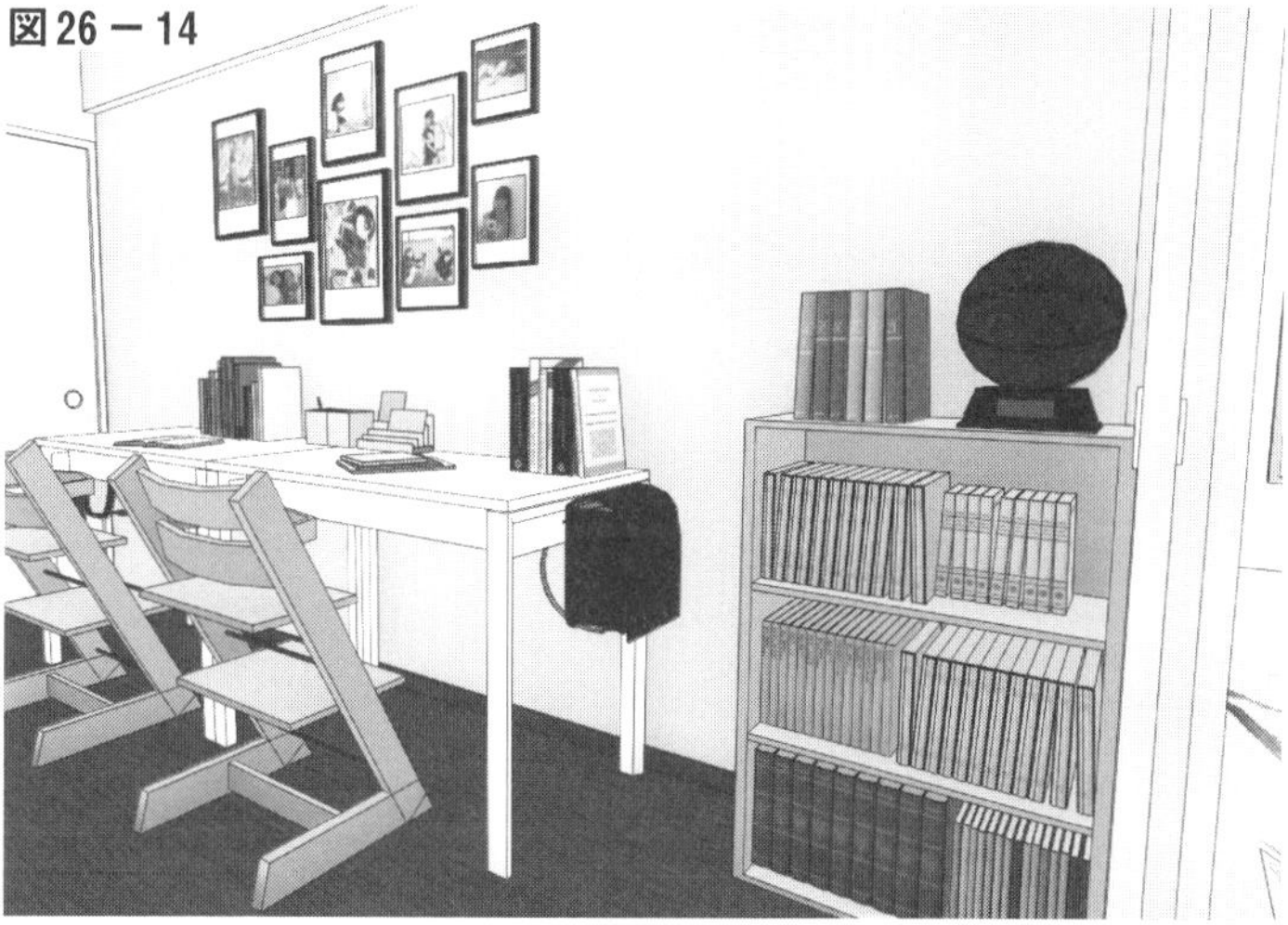

今回の模様替えにかかった費用は、合計14品／約5万円（税込み・詳しい内訳は〈参考〉を参照）でした。

このように、ホームセンターやネットショップなどを利用することで、安価な既製品を使って、手軽な模様替えを実現することができます。

before

after

〈参考〉

リビング・ダイニング ……………………… 35,755円（税込み）

①突っ張り壁面収納ラック:2,948円× 2 ＝5,896円
（アイリスオーヤマ／ワイド:幅約80×奥行約26.5×高さ約170～260センチ× 2個）

②収納ケース:712円× 2 ＋610円× 8 ＝6,304円
（ニトリ／幅38.9×奥行26.6×高さ23.6センチ× 2個　幅19.2×奥行26.4×高さ23.6センチ× 8個）

③本棚／カラーボックス:2027円× 2 ＝4,054円
（ニトリ／幅60.9×奥行29.8×高さ71.8センチ× 2個）

④作業用デスク:5,390円
（モノタロウ／ 幅120×奥行60×高さ70センチ）

⑤ホワイトボードシート／マグネットタイプ:1,690円
（アマゾン／ 40×60センチ）

⑥円形テーブル／トレースタンド:2,980円
（カインズホーム／直径39×高さ50センチ）

⑦付け棚:1,690円× 2 ＝3,380円
（ハイベルオンラインショップ／幅20.4×高さ12.3センチ× 2個）

⑧ラグ:4,064円
（ニトリ／幅130×奥行185センチ）

⑨クッション:499円× 2 ＝998円
（イケア／ 50×50センチ× 2個）

⑩フロアライト: 999円
（イケア／直径22×高さ116センチ）

子供部屋…………………………………… 11,128円(税込み)

⑪突っ張りワイヤーネット:5,699円
(山善／幅90×奥行5×高さ166.5～295.5センチ)

⑫突っ張り棒:866円
(平安伸銅工業／幅75～120×奥行4×高さ7センチ)

⑬引き出し収納(リビングチェスト):2,027円
(ニトリ／幅54×奥行40×高さ63.5センチ)

⑭本棚:2,536円
(ニトリ／幅60.9×奥行29.8×高さ87.8センチ)

リビング・ダイニングと子ども部屋の模様替え費用総額

46,883円(税込み)

※価格／商品情報は模様替え当時のものです。在庫切れや詳細が変更になっているものがあるかもしれませんのが、ご了承ください。

あとがき

「自分の家を好きになりたい」

模様替え相談にいらしたお客様からのこの一言は、住まい造りを業としている私には、重く響く言葉でした。

20年以上、住まい造りに携わり、雨や地震に強く、機能的に設計された日本の建築に誇りをもっていましたが、「自分の家が好きではない」と思い悩んでいる人が多いという現実は、私にとって衝撃でした。そして、なんとしてでも「自分の家を好きになってもらいたい」という熱い思いから、この本を書き上げました。

泣きべそをかいた日も、仕事でつらいことがあった日も、家に帰ると、ほっとしたことはありませんか。

このように「家」は、「帰りたくなる大好きな場所」であるべきです。

その「家」を、居心地の良い快適な住まいに整えることができるのは、あなたなので す。そして、この本を読んだあなたには、心地良い部屋に整える技術が身についているはずです。

本書には「動線」や「空間分け」など目に見えない考え方が出てきますが、慣れてしまえば決して難しいことではありません。デパートやショッピングセンター、レストランにおいても「動線」や「空間分け」などが行なわれていますので、意識してみてください。

部屋の模様替え時はもちろん、結婚や出産、お子様の入学・受験、就職など、ライフスタイルの変化のときにも、本書を役立てていただければ幸いです。

家具レイアウトや模様替えについて、さらに知識を深めたい方は、一般社団法人日本模様替え協会が実施する「模様替えアドバイザー」の資格取得をお勧めいたします。

本書の編集にあたり、彩図社の大澤泉さんには大変お世話になりました。改めて感謝を申し上げます。また、当事務所の模様替えサービスを通じて、数々のニーズや事例をご提供くださいましたお客様には、この場を借りてお礼を申し上げます。

最後までお読みいただき、ありがとうございました。

あなたも、本書を読んで「自分の家が大好き」になってくださいね。

2021年　2月　COLLINO一級建築士事務所　しかまのりこ

【著者略歴】

しかま　のりこ

模様替え作家／一級建築士／建築基準適合判定資格者

「〜地球にやさしい　家族にやさしい〜」をコンセプトに、延べ5,000件以上の住戸の設計・検査・審査に携わる。また、これまで300軒以上のリビング・寝室・子ども部屋の模様替えを行なった実績から、模様替えのスペシャリストとして、日本テレビ「ZIP!」、テレビ朝日「グッド！モーニング」、扶桑社「住まいの設計」、小学館「週刊 女性セブン」などのテレビ・雑誌でも活躍中。

※本書でご紹介した家具の詳細については2021年2月現在のものであり、今後商品の詳細が変更される場合や欠品となる場合もございます。恐れ入りますがご了承ください。

狭い部屋でも快適に暮らすための
家具配置のルール

2021年3月22日　第1刷
2023年3月1日　第5刷

著　者　しかまのりこ

発行人　山田有司

発行所　〒170-0005
株式会社　彩図社
東京都豊島区南大塚3-24-4
MTビル
TEL：03-5985-8213　FAX：03-5985-8224

印刷所　シナノ印刷株式会社

URL https://www.saiz.co.jp　https://twitter.com/saiz_sha

ISBN978-4-8013-0509-0 C0077